Relações públicas estratégicas

Dados Internacionais de Catalogação na Publicação (CIP)
(Câmara Brasileira do Livro, SP, Brasil)

Relações públicas estratégicas: técnicas, conceitos e instrumentos /
Luiz Alberto de Farias (org.). – São Paulo: Summus, 2011.

Vários autores.
Bibliografia.
ISBN 978-85-323-0712-5

1. Relações públicas 2. Relações públicas - Empresas I. Farias, Luiz
Alberto de.

10-12652   CDD-659.2

Índice para catálogo sistemático:
1. Relações públicas   659.2

Relações públicas estratégicas

Técnicas, conceitos e instrumentos

Luiz Alberto de Farias (org.)

summus
editorial

Editora executiva: **Soraia Bini Cury**
Editora assistente: **Salete Del Guerra**
Assistente editorial: **Carla Lento Faria**
Projeto gráfico e diagramação: **Luargraf Serviços Gráficos**
Capa: **Teco de Souza**
Impressão: **Sumago Gráfica Editorial**

Summus Editorial
Departamento editorial
Rua Itapicuru, 613 – 7º andar
05006-000 – São Paulo – SP
Fone: (11) 3872-3322
Fax: (11) 3872-7476
http://www.summus.com.br
e-mail: summus@summus.com.br

Atendimento ao consumidor
Summus Editorial
Fone: (11) 3865-9890

Vendas por atacado
Fone: (11) 3873-8638
Fax: (11) 3873-7085
e-mail: vendas@summus.com.br

Impresso no Brasil

Vânia, Miguel e Heitor:
todo dia, toda hora, vocês me fazem entender o que é essa tal felicidade.

Luiz Alberto de Farias

Sumário

◆◆◆

Prefácio

PROFA. DRA. MARGARIDA M. KROHLING KUNSCH
(PROFESSORA TITULAR DA ESCOLA DE COMUNICAÇÕES
E ARTES DA UNIVERSIDADE DE SÃO PAULO)

Os campos acadêmico-científicos de comunicação organizacional e relações públicas estão instituídos no Brasil e contam com pesquisas e literatura significativas. Essas áreas passam por um momento de grande efervescência criativa e produtiva, tanto no meio acadêmico como no mercado profissional. No passado, as publicações especializadas eram raras. Nos últimos anos, temos tido um aumento relevante de novos lançamentos, sobretudo de obras coletivas, o que expressa a potencialidade dos nossos pesquisadores, professores e profissionais, bem como os avanços alcançados.

Enfim, as perspectivas são promissoras para as duas áreas. Os novos trabalhos desenvolvidos indicam uma produção inovadora, com pesquisas empíricas e reflexões teóricas com mais rigor metodológico e científico. O estágio avançado da comunicação no Brasil e as novas exigências de uma crescente profissionalização impulsionarão a universidade a criar mais espaços para a pesquisa e o ensino nessas áreas. Temos hoje um mercado amplo e competitivo, tanto no âmbito das organizações quanto no da prestação de serviços.

A conjuntura política aliada ao fortalecimento das instituições democráticas certamente contribuirá para o florescimento e a expansão das duas áreas. Além disso, a nova postura das organizações diante da sociedade, dos públicos e da opinião pública postula bases conceituais mais sólidas para a prática profissional.

A globalização, a revolução tecnológica da informação e a complexidade contemporânea exigirão, cada vez mais, que elas concebam estrategicamente a sua comunicação, para o que não podem prescindir da contribuição da pesquisa científica.

Esta coletânea, *Relações públicas estratégicas: técnicas, conceitos e instrumentos*, organizada por Luiz Alberto de Farias, professor da Escola de Comunicações e Artes da Universidade de São Paulo (ECA-USP) e da Faculdade Cásper Líbero (SP), é mais uma obra que registra esse momento efervescente da produção científica nessas áreas.

A obra reúne, marcadamente, autores de toda uma nova geração de estudiosos, cujas contribuições são resultantes, em grande parte, de pesquisas desenvolvidas em programas de pós-graduação. Os textos, em síntese, sinalizam uma forte simbiose entre conceitos e práticas profissionais. Com uma abordagem temática diversificada e abrangente, os autores contemplam vertentes do papel de relações públicas na gestão da comunicação no cotidiano das organizações e demonstram as inúmeras possibilidades de atuação.

As relações públicas constituem parte integrante do subsistema institucional das organizações, tendo como papel fundamental cuidar dos relacionamentos públicos desses agrupamentos sociais, os quais podem ser configurados tendo em vista diferentes tipologias e características estruturais, que vão das instituições públicas às organizações privadas e aos segmentos organizados da sociedade civil ou do terceiro setor. Tal incumbência implica uma série de questões que envolvem planejamento, gestão, processos, desempenho de funções e atividades com bases científicas, uso de instrumentos adequados e suporte técnico e tecnológico. Acredita-se que as contribuições aqui reunidas perpassam tudo isso e oferecem ao leitor novos aportes metodológicos e aplicados.

Relações públicas, como área acadêmica e atividade profissional, têm como objeto as organizações e seus públicos, instâncias distintas, mas que se relacionam dialeticamente. É com elas que a área trabalha, promovendo e administrando relacionamentos e, muitas vezes, mediando conflitos, valendo-se para tanto de estratégias e de programas de comunicação de acordo com diferentes situações reais do ambiente social.

Parabenizo o organizador da obra por sua concepção e por ter conseguido contemplar aspectos teóricos e aplicados de forma abrangente e construtiva com vistas a contribuir para o pleno desempenho profissional das funções de relações públicas nas organizações, tanto no contexto da sociedade contemporânea como em uma era digital complexa e repleta de grandes desafios para todos nós.

Apresentação

PROF. DR. ABRAHAM NOSNIK O.

(CADEN, CENTRO DE ALTA DIRECCIÓN EN ECONOMÍA Y NEGOCIOS,

FACULTAD DE ECONOMÍA Y NEGOCIOS,

UNIVERSIDAD ANÁHUAC − MÉXICO NORTE, MÉXICO)

É sempre um prazer muito particular apresentar o trabalho de colegas e, em especial, de colegas de um país irmão como o Brasil. O surgimento de um novo livro cria uma expectativa muito especial pelas visões, problemáticas e soluções que oferece para enriquecer o nosso pensamento e ordenar a nossa experiência em um campo científico e profissional como o das relações públicas e da comunicação organizacional.

Relações públicas estratégicas − Técnicas, conceitos e instrumentos, obra organizada por Luiz Alberto de Farias, expõe coletivamente e de forma organizada as inquietudes, sugestões e respostas de acadêmicos e especialistas no nosso campo, com base nas principais questões de preocupação, conjuntura e fronteiras no exercício profissional da gestão da informação organizacional e nos diálogos que empresas, governos e sociedade civil estabelecem − ou ao menos deveriam entabular − com os seus públicos, sejam esses clientes, consumidores ou mercados, cidadãos e todo tipo de público que necessite de qualquer espécie de informação.

Enquanto se escrevem estas linhas, o desastre petrolífero e ecológico do Golfo do México protagonizado pela British Petroleum (BP) transcorre e ainda não sabemos qual será o desfecho e o custo para a própria companhia inglesa, o governo federal dos Estados Unidos, os governos locais dos Estados diretamente afetados pelo acidente e as centenas de milhares − quem sabe milhões − de pessoas comprometidas em suas tarefas cotidianas. Também não sabemos as consequências do acidente para a manutenção da qualidade de vida.

Tony Hayward, o controvertido CEO da BP nos Estados Unidos, e a sua equipe de diretores e *experts* têm cometido uma série de erros de relações públicas e de comunicação com os seus públicos. Esse exemplo torna ainda mais oportunas e relevantes as reflexões e opiniões técnicas e especializadas dos colaboradores deste livro. O "desastre do Golfo" nos relembra que sem inteligência nas exposições, sem transparência na informação e sem maior interesse nos nossos públicos criam-se *segundos desastres*: os que correspondem à má utilização da informação que causa lesões – irreparáveis em certos casos – à imagem e à credibilidade das organizações, em especial às de maior visibilidade.

O enfoque clássico do campo das relações públicas e da comunicação nas organizações aponta para três áreas estratégicas de debate: comunicação institucional, comunicação externa e comunicação interna. Em se tratando de uma obra que enfatiza as relações públicas estratégicas, o trabalho apresentado por Farias e pelos demais autores privilegia temas, enfoques e variáveis pertinentes à organização como sistema completo e os efeitos decorrentes de um bom gerenciamento – ou, no caso relatado, dos erros – na satisfação e no bem-estar de seus públicos.

O livro começa explicando amplamente questões históricas das relações públicas, bem como expondo as perspectivas do que elas têm sido e podem ser (Parte I, Capítulos 1 e 2). Na sequência, analisa o modo de construir e repensar tanto o discurso (Capítulo 3) como os públicos das organizações (Capítulo 4), assim como a identidade e a imagem das organizações (Capítulo 5).

Estabelecidos os fundamentos da discussão, a segunda parte do livro aborda um *mix* de temas da comunicação organizacional.

Essa complexidade de assuntos, trabalhos e esforços de conceituação para mostrar a vigência do nosso campo acadêmico e de sua respectiva prática profissional engloba os *âmbitos* da comunicação organizacional já mencionados: institucional (Parte 2, Capítulo 2), interna (Capítulo 4) e externa (Capítulo 8); os *setores* da sociedade e suas organizações: o privado (capítulo 1) e o público (Capítulo 9); a discussão de *ferramentas e processos* (Capítulos 3, 7, 10 e 11) até a relevância de nossa atividade em *temas de vanguarda* como governança corporativa, responsabilidade social e desenvolvimento sustentável (Capítulos 5 e 6).

As relações públicas e a comunicação organizacional não são responsáveis diretas por desastres naturais, acidentes industriais ou pela incapacidade, negligência, imoralidade e falta de ética dos dirigentes e líderes que geram efeitos negativos – em ocasiões desastrosas, como já se advertiu – às organizações, tampouco podem evitá-los. Sem dúvida, uma vez ou outra se repetem as lições que nos oferecem a realidade acerca de uma gestão cuidadosa, responsável, profissional e criativa das relações públicas e da comunicação organizacional: as ferramentas que nos proveem esses campos de estudo e a sua prática profissional são um magnífico investimento que resultam em reputação e respeito das comunidades para com as organizações que levam a cabo esse tipo de postura.

Este livro organizado por Luiz Alberto de Farias oferece os fundamentos e os meios para justificar que os recursos e o esforço aplicados em estratégias de relações públicas e comunicação organizacional sejam, efetivamente, um investimento inteligente para as organizações que respeitam seu próprio trabalho e as necessidades de seus públicos.

Huixquilucan, Estado do México, 27 de julho de 2010.

Introdução

LUIZ ALBERTO DE FARIAS
(PROFESSOR TITULAR DA FACULDADE CÁSPER LÍBERO E
PROFESSOR DOUTOR DA UNIVERSIDADE DE SÃO PAULO)

Afinal de contas, por qual boca falam as organizações? Por quais ouvidos elas recebem informações para que se posicionem de um ou de outro modo? Dentre as muitas metáforas que se aplicam às organizações de todo o tipo – e têm sido utilizadas para entender os processos organizacionais –, é muito mais comum associar a comunicação ao ato de enunciação do que à capacidade de escuta e de percepção. Costumamos ter conhecimento do momento em que começamos a falar. Isso muitas vezes está registrado em nossos álbuns de fotografias de infância. Dificilmente, todavia, temos a lembrança de nosso ingresso à arte de ouvir. Talvez alguns até passem pela vida sem o fazer, motivados pela ânsia de expressar-se por meio da fala, de apenas dizer.

Pode-se mesmo ter certo controle do que cada organização diga, mas não acerca da recepção do que foi dito, da maneira como cada qual compreendeu cada ideia. Não se pode, por outro lado, gerenciar com muita facilidade o que se entende por organização, com base nas inúmeras mensagens recebidas pelas organizações diariamente.

Por relações públicas, assim, compreende-se um campo realmente complexo porque muitos acreditam piamente tratar-se de um espaço exclusivo para emanação de informações, sem levar em conta que até mesmo o não comunicar comunica. Vale ainda lembrar que a pura e simples informação em muitos casos tem pouca ou nenhuma utilidade, pois sua importância crescerá à medida que possa ser compreendida e utilizada de forma estratégica. A eloquência, tão valorizada por muitos – de fato é um diferencial para o exercício de qualquer área profissional –, não é a marca de relações públicas, por mais que alguns menos avisados cheguem a acreditar nisso.

Ainda que em alguns países a área de relações públicas seja associada à comunicação com públicos externos e chegue mesmo a ser sinônimo de assessoria de imprensa, trata-se de um campo de gestão e, por isso, não se pode imaginar um único caminho. Sua missão é tornar-se ponto de encontro e de entendimento das diversas mensagens organizacionais – internas e externas – dirigidas a todos os públicos de relacionamento, em especial àqueles que têm perfil estratégico nos resultados da empresa.

Reunir um conjunto de brilhantes relações-públicas, com atuação no espaço organizacional e acadêmico, é antes de tudo uma grande oportunidade de discutir o desempenho da profissão e de seus profissionais – podendo-se, antes de tudo, ouvi--los –, com uma história que já ultrapassa os cem anos. No Brasil temos mais de quarenta anos de regulamentação da profissão e da criação dos primeiros cursos, quase sessenta da criação da Associação Brasileira de Relações Públicas (ABRP). É também momento para discutir o crescimento do campo, em uma atividade que agrega cada dia mais pessoas – oriundas de diversos matizes de formação profissional – e amplitude de pesquisas, as quais têm efetivamente consistência e maturidade.

O livro *Relações públicas estratégicas – técnicas, conceitos e instrumentos* procura dar conta de um universo que, por sua amplitude, acaba por não parecer cabível em apenas uma obra. E não é. Logicamente, trata-se de uma contribuição de certo fôlego, mas que dialoga com outros livros recentemente publicados para que possa ampliar a sua proposta de construção de sentido. O conceito estratégico e de gestão da comunicação integrada, essência e condição precípua de relações públicas, perpassa o princípio deste livro.

Ao longo dos quinze capítulos, encontramos profissionais de relações públicas falando sobre os temas mais contemporâneos e que geram maior volume de trabalho e discussão nessa área. Na primeira parte do livro, que se propõe a traçar um panorama do campo das relações públicas, Backer Ribeiro Fernandes trabalha o resgate cuidadoso da atividade, permitindo-nos uma visão mais ampla acerca de nossa realidade; Luiz Alberto de Farias discute dois temas essenciais na filosofia de relações públicas: o planejamento e a sua utilização estratégica no espaço organizacional; Júlio César Barbosa conceitua o dizer e o representar organizacionais com base em seus princípios, tirando-os do modismo e trazendo-os a um cenário real e complexo; Maria José da Costa Oliveira discute as caracterizações dos públicos em uma proposição contemporânea e próxima à sua importância atual; Flavio Schmidt explana sobre os caminhos de formação e de perda de identidades, traçando paralelos entre os universos pessoal e organizacional.

Na segunda parte tratam-se alguns dos principais instrumentos que compõem o *mix* da comunicação nas organizações, atividades de construção das relações com os públicos. Luiz Alberto de Farias trabalha a formação da atividade de assessoria de imprensa/relações com a imprensa, que, embora tão popular e controversa, ainda reúne boa parte dos esforços de construção de imagem por parte das organizações; Cínthia da Silva Carvalho aborda as crises e a sua importância em tempos nos quais a reputação organizacional pode fazer a diferença nos processos de ação dos públicos; Ethel Pereira analisa a presença dos eventos em nossa sociedade e a sua possibilidade de uso como diferencial em ações comunicacionais e modo como agregar significado a um planejamento; Else Lemos coloca em questão a comunicação interna, área de importância crescente, como ação da política de relações públicas; Tânia Baitello conceitua e avalia a necessidade da governança corporativa em um cenário no qual a comunicação necessita, além de ser, parecer ser correta; Rudimar Baldissera escreve sobre o impacto dos conceitos de responsabilidade social e de sustentabilidade no ambiente complexo das comunicações das organizações; Agatha Camargo Paraventi trabalha a área de publicações institucionais e seu uso e funções em nossos dias; Sérgio Andreucci Jr. demonstra como as ações de comunicação dirigidas à cultura podem ter tremendo impacto sobre a relação com os públicos; Paulo Régis Salgado explica o universo das relações públicas no ambiente da comunicação governamental; Carolina Terra traz as inquietações das novas tecnologias e seus usos nas ações de comunicação; Valéria Castro e Vânia Penafieri escrevem acerca da essência do trabalho e da atividade de relações públicas: a opinião pública e sua formação.

Nesta obra, além dos autores presentes em cada um dos capítulos – que de algum modo influenciam os demais autores e capítulos – estão presentes as clássicas obras e os conceitos de filosofia, antropologia, sociologia, entre outros, mas especialmente as obras de relações públicas construídas pelos mestres que, ao longo das últimas décadas, trouxeram o debate sistemático para o campo das relações públicas. A eles, de antemão e sempre, o muito obrigado. Aos autores deste livro, que se dispuseram a colaborar nesta construção, a satisfação de poder contar com mentes efervescentes, que fazem das relações públicas não um ambiente de paixão, mas um espaço de profunda razão.

O campo de relações públicas cresce significativamente nestes tempos. A presença de muitos profissionais integrando a área, seja pelo início de atividade, seja pelo redirecionamento de carreira, mostra a pujança e a força da comunicação a serviço das organizações e, sem dúvida, do público, além da maior clareza na formação da opinião pública, sem a qual nenhuma atividade de relações públicas teria a menor importância. Mais do que uma profissão ou mesmo um campo profissional e científico, relações públicas é filosofia de atuação na comunicação das organizações.

Enfim, aos amigos autores que se juntaram a mim neste trabalho, vale lembrar que ouço as suas palavras com toda a atenção, admiro-as e aprendo com os seus caminhos, certo de que nenhum aprendizado é derradeiro.

PRIMEIRA PARTE

Cenário de relações públicas

1
História das relações públicas: surgimento e consolidação na América do Sul

BACKER RIBEIRO FERNANDES

Introdução

Para entender a atividade ou profissão de relações públicas, é importante conhecer a sua história e o porquê do seu surgimento para que se possa pensá-la e recriá-la para o futuro. Apesar de alguns estudiosos afirmarem que as relações públicas existem desde os primórdios da humanidade, seus registros como atividade responsável por estabelecer e promover a comunicação com os diversos públicos de uma organização remontam ao início do século XX, nos Estados Unidos, em decorrência da grande hostilidade do povo norte-americano contra as práticas antiéticas das grandes corporações industriais e o comportamento imoral dos seus dirigentes no mundo dos negócios. Essa revolta foi estimulada pelos sindicatos de trabalhadores que se formavam e se manifestavam, na época, contra os abusos dessas empresas.

Nesse período, como conta Júlio Afonso Pinho, vários acontecimentos importantes ocorreram no cenário trabalhista norte-americano.

Em 1869, foi fundada a Ordem dos Cavaleiros do Trabalho (OCT), primeira organização trabalhista nos EUA que se transformou, nos anos seguintes, numa poderosa central sindical capaz de um intenso movimento de massa, congregando trabalhadores de diferentes ofícios. Seus associados chegaram a mais de 700 mil em 1885. A Ordem foi sucedida pela Federação Americana do Trabalho (FAT), fundada em 1886, que possuía, como um dos seus princípios básicos, a mobilização da opinião pública, visando torná-la favorável para com sua causa: "Os sindicatos devem cultivar a opinião pública com o objetivo de se tornarem mais aceitáveis para a economia e a sociedade americana". (Pinho, 2008, p. 25-27)

Além da importância que os sindicatos atribuíam à opinião pública, o fato que marcou a história do sindicalismo mundial foi a greve pela jornada de oito horas de trabalho, uma grande mobilização trabalhista nos Estados Unidos que culminou com a morte de vários operários na cidade de Milwaukee (estado de Wisconsin) após um confronto com a polícia. O acontecimento levou o Congresso norte-americano a aprovar uma lei que regulamentou a jornada de oito horas de trabalho e consagrou o dia 1º de maio como o Dia Internacional do Trabalho. Outro fato importante foi o pronunciamento da célebre frase dita por William Vanderbilt, empresário e presidente da Companhia Central de Caminhos de Ferro de Nova York, em entrevista a um grupo de jornalistas sobre o interesse público a respeito de um novo trem expresso entre Nova York e Chicago: "Estou a serviço dos meus acionistas. O público que vá para o diabo!" Logo após, Vanderbilt tentou desmenti-la em uma entrevista para o jornal *The New York Times*. Esse era o reflexo de como os dirigentes dos grandes monopólios norte-americanos se posicionavam perante a opinião pública.

A partir daí, sindicalistas e patrões perceberam a importância de trabalhar a opinião pública para conquistar o apoio da população às suas causas. Era preciso boa estratégia de comunicação tanto para os sindicatos – para estender sua influência para além de seus quadros de associados – quanto para os empresários que tinham essa consciência – para obter êxito nos conflitos de classe.

Além da pressão dos sindicatos, "a indústria começou a ser atacada por líderes do governo e escritores de fama" (Canfield, 1970, p. 22), e levou o governo norte-americano a promover leis contra os grandes conglomerados. O empresariado vê a necessidade de aparecer ao público para explicar suas atividades. Era preciso desenvolver um trabalho profissional direcionado aos meios de comunicação de massa, ou seja, "necessitavam da figura de um especialista que compreendesse tanto os seus públicos internos quanto os externos para o bom funcionamento das organizações" (Barquero e Barquero, 2001, p. 129).

Na época, o repórter Ivy Lee já demonstrava interesse sobre a política discriminatória que envolvia o mundo dos negócios e das grandes corporações e via potencial de trabalho na humanização das relações entre as empresas e o povo. Com George Parker, agente de imprensa, abre a Parker & Lee Associates, em 1906, para um "serviço de imprensa", e publicam a "Declaração de Princípios", que até hoje representa "uma excelente orientação para os especialistas modernos":

> Este não é um departamento de imprensa secreto. Todo o nosso trabalho é feito às claras. Pretendemos divulgar notícias, e não distribuir anúncios. Se acharem que o nosso assunto ficaria melhor como matéria paga, não o publiquem. Nossa informação é exata.

Maiores pormenores sobre qualquer questão serão dados prontamente e qualquer reda-tor interessado será auxiliado, com o máximo prazer, na verificação direta de qualquer declaração de fato. Em resumo, nossos planos, com absoluta franqueza, para o bem das empresas e das instituições públicas, é divulgar à imprensa e ao público dos Estados Unidos, pronta e exatamente, informações relativas a assuntos com valor e interesse para o público. (Wey, 1986, p. 31)

Com a publicação desse documento, Lee deu um importante passo para o surgi-mento das relações públicas e colocou a "transparência" – que se guardem as propor-ções no uso desse termo – como premissa básica para o desenvolvimento da atividade de relacionamento com os públicos. A declaração também marca o início do moderno conceito de relações públicas. Ivy Lee acreditava que a verdade era a melhor forma de obter a aceitação do público. Se a verdade não podia ser dita, a solução era mudar o comportamento das empresas para que ela pudesse ser transmitida sem qualquer receio. Segundo Marco António Antunes (2003), nascia a era do "público deve ser informado", "abrindo caminho para as discussões contemporâneas sobre a responsabilidade social e a ética nas organizações". Essa nova visão apresentada por Lee e Parker contrariou o modelo de "agendamento de imprensa" praticado pelos "agentes de imprensa", cuja missão consistia em persuadir os jornalistas para a publicação de informações favo-ráveis sobre pessoas, organizações ou acontecimentos. Os agentes de imprensa eram, na realidade, criadores de eventos ou pseudoeventos que, sem qualquer fato jornalís-tico, serviam apenas para persuadir o público. O representante máximo do modelo de agendamento de imprensa foi Phineas Taylor Barnum (1810-1891) e, segundo ele, "é possível enganar o público. Se o agente de imprensa não tem de dizer toda a verdade, deve-se esconder a informação do público" (Antunes, 2003).

Ivy Lee foi contratado pelo "todo-poderoso" empresário John Rockefeller Jr., que o tornou seu conselheiro pessoal. O Grupo Rockefeller estava com a imagem deteriorada, envolvido em ações tenebrosas e abalado pela morte de vinte grevistas de uma de suas empresas, a Colorado Fuel and Iron Co., acontecimento que ficou conhecido como o "Massacre de Ludlow". Lee propôs a adoção de algumas medidas emergenciais: a dispensa dos agentes de segurança da família, a abertura das portas da organização para a imprensa e o diálogo com líderes da comunidade e do governo. Segundo Wey (1986), "denunciados, acusados e acuados" pela imprensa encontra-ram uma saída: para eles, Lee era o único caminho que imaginavam para evitar novas denúncias "a partir de uma nova atitude de respeito pela opinião pública". Ivy Lee passou a fornecer à imprensa "notícias empresariais para serem divulgadas jornalis-ticamente e não como anúncios ou como matéria paga [...]. Eram informações corretas, de interesse e de importância para o público". Por esse registro, e pela mudança de paradigma na forma de atuação dos "agentes de imprensa", que se pode traduzir tranquilamente para os dias de hoje como "assessores de imprensa", colocando em prática novos princípios e técnicas de relações públicas, Lee pode ser considerado um dos pioneiros das relações públicas.

Bases sólidas das relações públicas

Na história e no pioneirismo das relações públicas, destaca-se, por exemplo, George Creel, jornalista convidado pelo presidente dos Estados Unidos Woodrow Wilson (1856-1924) para dirigir o United Public Information Office, conhecido como o Departamento de Propaganda do Governo dos Estados Unidos e um dos primeiros serviços de relações públicas no âmbito governamental.

Um dos objetivos do departamento era convencer a opinião pública sobre a importância de os Estados Unidos entrarem na Primeira Guerra Mundial ao lado dos aliados. Contrário ao modelo utilizado pelos "agentes de imprensa", em que a informação era usada de forma intuitiva, o grupo de Creel usava a persuasão por meio de métodos científicos. Dos que trabalharam com George Creel, destaca-se Edward Bernays, um dos responsáveis pela implementação das práticas bilaterais e assimétricas de relações públicas e pela disseminação da profissão de relações públicas nas empresas privadas.

Bernays (2004) publica, em 1923, a primeira edição do livro *Crystallizing public opinion*, considerado por muitos a primeira obra sobre relações públicas, na qual delineia a figura do relações-públicas imbuído de maior responsabilidade social, de posse de conhecimentos gerados pela ciência social para entender a opinião e a motivação pública e as técnicas de relações públicas. No mesmo ano, foi o primeiro professor da disciplina de relações públicas da Universidade de Nova York. Surgem, então, diversas universidades e colégios com cursos de Relações Públicas, mas a primeira escola de que se tem notícia foi a Escola de Relações Públicas e Comunicação da Universidade de Boston, criada em 1947.

Figura marcante para as relações públicas, Bernays era sobrinho do psicanalista Sigmund Freud e ajudou a popularizar nos Estados Unidos, com seus trabalhos de relações públicas, as teorias sobre a manipulação de massas e de indivíduos. Segundo Antunes (2009, p. 6), ele também "aplicou métodos da psicanálise, psicologia, sociologia e jornalismo nas suas campanhas de persuasão" e desenvolveu o modelo assimétrico de duas mãos, em que predominou a persuasão, e a atenção ao *feedback* dos receptores. Sua técnica ficou conhecida como "engenharia do consenso"; para Bernays, "se compreendermos o mecanismo e os motivos do cérebro do grupo, é então possível controlar e arregimentar as massas de acordo com a nossa vontade sem as massas se darem conta" (Antunes, 2009, p. 6). Muitos o colocam como antiético, mas entende-se que a persuasão pode servir tanto para o bem como para o mal. Aliás, na atividade de relações públicas, os públicos devem ser "trabalhados" para o bem: a missão do profissional de relações públicas é persuadir com base nos interesses da organização, mas sempre respeitando o interesse maior do público envolvido.

Bernays é considerado o pai do *spin*, arte de rodear um problema sem ir diretamente ao assunto, como Larry Tye aponta no livro *The father of spin* (1998), que traz uma visão crítica sobre as relações públicas. Para muitos, Bernays representa um ícone das relações públicas, pois inovou sobremaneira o processo de se pensar a área, dando-lhe *status* de filosofia de análise corporativa, valendo-se de sua trajetória brilhante e sua grande capacidade de articulação.

Os anos que seguiram foram marcados pela grande depressão econômica e pelo plano *New Deal* nos Estados Unidos. O plano representava solo fértil para as relações públicas, pois exigiram a presença efetiva de técnicas que visavam esclarecer a situação real que o país vinha atravessando no campo econômico-financeiro. Bernays chega a escrever que, "nesta época, estourou uma autêntica revolução em relações públicas por meio da ideia central de que o interesse público e o interesse privado deveriam coincidir exatamente" (História das relações públicas nos Estados Unidos, 2010). O período entre 1933 e 1945 marca o início da época de ouro das relações públicas na América, e até mesmo o presidente Roosevelt revelou-se um legítimo homem de relações públicas, pois utilizava os veículos de comunicação com habilidade e transparência.

Foi nesse período que surgiram os serviços de imprensa nas organizações governamentais. Os jornalistas eram credenciados e recebidos pelo presidente Roosevelt na Casa Branca para coletivas de imprensa – prática que ocorria semanalmente. Essa era a forma como Roosevelt prestava contas ao povo norte-americano das atividades e projetos do governo. Essas reuniões eram transmitidas pelas emissoras de rádio. As primeiras pesquisas de opinião pública, por meio de instituições especializadas, também foram realizadas pelo governo norte-americano, sempre preocupado com as reações do povo em face da revolução político-econômica que se efetuava por força do plano *New Deal*.

Com o término da Segunda Guerra Mundial, em 1945, "as relações públicas nos Estados Unidos da América alcançaram um estágio de progresso e de aceitação muito grande, e isso refletiu no surgimento de grandes empresas e consultorias de relações públicas que se perpetuam até os dias de hoje" (História das relações públicas nos Estados Unidos, 2010). É o caso da Burson-Marsteller, fundada em 1953 por Harold Burson e Bill Marsteller, cuja finalidade era o atendimento a corporações no segmento *business to business*. Harold Burson iniciou sua carreira em 1941 como jornalista em um diário de Memphis, no Tennessee (EUA). Recebeu uma proposta para ajudar uma grande empresa de engenharia e construção civil com seu trabalho de relações públicas, mas, com apenas 20 anos de idade, teve de interromper seu trabalho em decorrência da Segunda Guerra Mundial, em que foi combatente na Europa de 1941 a 1943. Logo que retornou, "tinha em mente a abertura de um escritório de comunicação. Foi, então, a seu antigo patrão e pediu a conta de relações públicas da empresa para que ele pudesse desenvolvê-la a partir de seu escritório. Começava, assim, a Burson" (Damante, 2010).

Em 1952, o publicitário Bill Marsteller mantinha uma agência de publicidade em Chicago e Pittsburgh e precisava de uma pequena empresa de comunicação para trabalhar para o seu cliente Rockfeller International, que, a partir de rápida análise, percebe-se que sempre contou com as relações públicas para a sobrevivência do seu negócio. Marsteller procurou uma associação com Burson, e surgiu a Burson--Marsteller em 1953. "Dizem que Harold disse a Bill que ele poderia ficar com 51% das ações da nova empresa se seu nome aparecesse em primeiro [plano] na logomarca. Quem conhece Bill Marsteller afirma que foi provavelmente a primeira vez na vida que o nome dele veio em segundo plano" (Damante, 2010). Em 1961, a Burson-Marsteller abriu escritório na Europa em resposta à necessidade das empresas norte-americanas que ingressavam nesse novo mercado. Aos poucos, também passou a captar contas de empresas locais. Quando a agência chegou a Genebra (Suíça), já era a 25ª maior agência de relações públicas nos Estados Unidos, tornando-se a segunda internacional (depois da Hill & Knowlton, que também já estava na Europa).

Em 1970, chegou ao 10º lugar no *ranking*, quando ganhou a conta da General Motors, posição alavancada gradativamente até atingir a liderança. Em seguida, abriu escritórios na Ásia, na Austrália, no Canadá, na América Latina e na África. Em 1983, passou a ser considerada a maior empresa global de relações públicas. Em 2007, foi eleita a Agência Internacional do Ano pela *Holmes Report*, conceituada publicação do setor de relações públicas, e seu fundador Harold Burson foi apontado pela revista *PR Week* como o mais influente profissional de relações públicas do século XX.

Harold Burson lançou e executou várias tendências na área de comunicação, sendo a principal delas a introdução do conceito de "marketing integrado". Ele também é membro de diversas organizações de relações públicas, culturais e ONGs, dentre elas a Comissão Nacional de Belas Artes, o Conselho Nacional de Educação Econômica, a ONG ambientalista World Wildlife Fund e a comissão consultiva de relações públicas da United States Information Agency.

Atualmente sob o controle da WPP, um dos maiores conglomerados de comunicação do mundo, com mais de oitenta empresas e sessenta e cinco mil funcionários em cento e dois países, a Burson-Marsteller integra a divisão Y&R Brands e está presente em todos os principais mercados internacionais, empregando cerca de dois mil profissionais. Na América Latina, mantém escritórios no Brasil desde 1976; a agência existe há vinte e dois anos na Argentina, no Chile, na Colômbia, na Guatemala, no Panamá, no Peru, em Porto Rico, no México e na Venezuela.

Outra história de sucesso nas relações públicas norte-americanas é a Hill & Knowlton. "A história inicia-se em 1927, quando John W. Hill abriu as portas do seu gabinete de relações públicas em Cleveland, Ohio, após uma carreira de dezoito anos como repórter, editor e colunista financeiro" (Hill & Knowlton, 2010). Quando o banco de um cliente entrou em liquidação durante a recessão americana, contratou o diretor de relações públicas do banco, Donald Knowlton. Apesar das dificuldades econômicas na época, a empresa cresceu rapidamente, John Hill ganhou uma reputação de eficácia e de defensor de políticas corporativas e transparência em lidar com a imprensa. "Em 1934, a sede da empresa muda para Nova York e Hill passou a ser conselheiro de relações públicas para a América Latina do Iron Steel Institute. Já Knowlton ficou em Cleveland e a Hill & Knowlton funcionou separada por vários anos" (Hill & Knowlton, 2010). Após a Segunda Guerra Mundial, a agência de RP foi uma das primeiras nos Estados Unidos a se expandir para a Europa. A abertura do escritório em Paris foi o primeiro passo no desenvolvimento de uma rede global de oitenta e um escritórios em quarenta e três países, até o presente momento, além de uma grande rede de associados.

John Hill dirigiu a organização até 1962 e permaneceu ativo até pouco antes de sua morte, em 1977, em Nova York. A postura ética de John Hill e o julgamento das prioridades sustentam as relações com os clientes em todo o mundo. Hill não tinha paciência com a extravagância de alguns de seus concorrentes. Ele acreditava em equipes, em uma rede de profissionais talentosos. Atualmente, aqueles que herdaram a liderança da agência devem manter o seu ideal ético no aconselhamento em matéria de relações públicas. A Hill & Knowlton é uma empresa líder mundial no mercado de relações públicas. Na América Latina, possui escritórios próprios no Brasil, na Argentina, no Chile, na Guatemala, no México, em Porto Rico e no Uruguai. Em Miami o escritório é fruto de uma recente aquisição. A Hill & Knowlton também faz parte do WPP Group.

Outra grande agência de relações públicas que fez história e está presente no cenário norte-americano e mundial é a Edelman. Seu fundador, Daniel J. Edelman, nasceu no bairro do Brooklyn, em Nova York, em 1920. Também foi convocado para lutar na Segunda Guerra Mundial, ocasião em que passou a analisar a propaganda nazista do exército alemão. Ao retornar da guerra, trabalhou em diversos projetos e, em 1952, abriu sua própria empresa de relações públicas em Chicago. Como conta Oliveira Jr. (2009, p. 103), "a Edelman começou com uma equipe de três pessoas e desde o início foi definida como referência em relações públicas, atendendo clientes em ascensão, como Sara Lee, PaperMate, Real Lemon, California Wine Institute e outras marcas de consumo". Em 1960, a empresa tinha aproximadamente 25 contas e, nos anos que se seguiram, abriu escritórios em Nova York, Los Angeles, Londres, Montreal e Toronto. À medida que a reputação da companhia ia crescendo, novos serviços e áreas de atuação eram desenvolvidos. Na década de 1970, criaram-se as áreas de especialização, que no decorrer dos anos se multiplicaram e agregaram novas práticas.

Nas décadas de 1980 e 90, a Edelman ampliou o seu raio de atuação atingindo continentes como Ásia, Oceania, América Latina, além de expandir suas atividades nos Estados Unidos. Nesse período, também, a companhia investiu em serviços especializados, criando empresas e divisões para dar conta de atividades segmentadas para setores cujo nível de especialização assim demandasse, enveredando também pela publicidade e por atividades nos segmentos de responsabilidade social corporativa. O fundador da Edelman, Daniel J. Edelman, retirou-se da gestão da corporação em 1976 e foi sucedido por seu filho Richard Edelman. Seguindo os passos do pai na gestão da corporação de relações públicas, Richard divulgou em 1997 que recebera ofertas de compra dos dois maiores concorrentes da empresa, mas as recusou, mantendo a companhia como a única empresa privada dentre as *top ten* do setor em termos de receita. Após mais de meio século de atividade a empresa conta com quarenta e cinco escritórios espalhados pelo mundo, estando no Brasil desde 1997 e ofertando um leque de serviços voltados a marcas, gestão de crises e formação de porta-vozes, relacionamento com a mídia, *professional marketing*, mídias sociais etc.

Nesses mais de cinquenta anos de história, a Edelman ganhou o mundo e hoje conta com quarenta e cinco escritórios e mais de sessenta afiliados. É a maior agência independente de relações públicas do mundo. No Brasil, a Edelman está presente em São Paulo desde 1997. A Edelman do Brasil contabiliza uma série de casos de sucesso em todas as áreas que compõem a cesta de produtos e serviços em comunicação oferecidos pela agência, sendo os principais: *brand care*, preparação e gerenciamento de crises, responsabilidade social corporativa, treinamento de porta-voz, assessoria de imprensa, relações governamentais, marketing profissional e digital (Edelman).

Relações públicas na América Latina

As atividades de relações públicas na América Latina foram inicialmente desenvolvidas de maneira empírica. Posteriormente, com o advento do ensino superior na área específica, elas foram exercidas por profissionais com formação acadêmica. A grande contribuição para atingir o posicionamento da profissão de relações públicas na América Latina foi respaldada pelo trabalho consciente e efetivo da Federação Interamericana de Associações de Relações Públicas (Fiarp), que conseguiu um lugar de destaque na sociedade latino-americana. Surgia, nos anos 1950, uma grande demanda de conhecimento e exigências que recaíam sobre a atividade de relações públicas: "as empresas começaram a adotar medidas para preparar diretores que soubessem relacionar-se com seus públicos numa sociedade cada vez mais complexa" (Relações Públicas Univali, 2010). A função de relações públicas começa a tomar maiores proporções e a requerer maior atendimento por parte das universidades e dos profissionais. Começam a surgir associações profissionais nas diferentes cidades da América Latina para promover e retroalimentar a atividade que começava a enfrentar novos e constantes desafios.

O mexicano Federico Sanches Fogarty, importante personagem no âmbito das comunicações corporativas, vislumbrou a necessidade de uma instituição que reunisse todas as associações, conselhos e colégios profissionais do continente americano para formular respostas aos novos paradigmas comunicacionais, regulamentar o exercício cabal da profissão e colaborar com o desenvolvimento das nações. Convocou, então, todas as instituições do continente. Segundo Teobaldo Andrade (1983, p. 67), este foi "o marco histórico das relações públicas na América Latina, com a realização da 1ª Conferência Interamericana de Relações Públicas, realizada em 1960 na Cidade do México" e que deu origem, em 26 de setembro, à Federação Interamericana de Associações de Relações Públicas (Fiarp), hoje Confederação Interamericana de Relações Públicas (Confiarp), como elucidado adiante. A data de fundação da Fiarp é até hoje celebrada como o "Dia Interamericano das Relações Públicas". Em 1961, foi realizada a 2ª Conferência Interamericana em Caracas, na Venezuela, quando foi escrita a ata de constituição da Fiarp, composta pelas associações que participaram das duas primeiras conferências interamericanas, consideradas membros-fundadores: Argentina, Brasil, Chile, Colômbia, Cuba, Estados Unidos, México, Panamá, Peru, Porto Rico, Uruguai e Venezuela. Em 1962, na 3ª Conferência Interamericana de Relações Públicas, em Santiago, no Chile, a Fiarp foi oficializada. Caracas, na Venezuela, é a sede oficial da entidade, onde funciona sua secretaria-geral. São finalidades principais da Fiarp:

◆ promover a unidade e colaboração recíproca de todos os organismos públicos e privados que agrupam profissionais de relações públicas nos países americanos;
◆ estabelecer as bases necessárias para facilitar o intercâmbio de ideias e experiências;

- ◆ promover o renome continental da profissão de relações públicas;
- ◆ depurar e unificar o ensino e a prática de relações públicas.

Em outubro de 1963, durante a presidência da Fiarp no Brasil, e na 4ª Reunião do Conselho Diretor realizada no Rio de Janeiro, é definido o conceito da área:

> Relações públicas são uma disciplina sócio-técnico-administrativa mediante a qual se analisa e avalia a opinião e atitude do público e se leva a cabo um programa de ação planificado, contínuo e de comunicação recíproca, baseado no interesse da comunidade, destinado a manter uma afinidade e entendimento proveitoso com o público.

Na assembleia do ano 1966, com o impulso do brasileiro Cândido Teobaldo de Souza Andrade, foi criada a Comissão Interamericana para o Ensino das Relações Públicas (Ciperp), formada por um professor de cada país-membro. Essa comissão, formada com o objetivo de propor e orientar um currículo mínimo para os cursos superiores de Relações Públicas na América Latina, é hoje um órgão permanente da Fiarp. Em 1968, foi criada na Colômbia o Centro Interamericano de Investigação e Documentação em Relações Públicas (Cinidrep), responsável pela implementação de pesquisas sobre as práticas e os estudos da profissão, que determinou que as relações públicas abandonassem a visão reducionista na relação empresa-público e começassem a responder aos principais problemas apresentados por suas comunidades.

O brasileiro Cândido Teobaldo de Souza Andrade foi presidente da Fiarp em 1973 e 1974, e em seu mandato a instituição se reuniu pela primeira vez nos Estados Unidos com a Public Relations Society of América (PRSA), maior entidade de relações públicas naquele país. A PRSA surgiu em 1948, em virtude da fusão da Associação Nacional de Conselheiros de Relações Públicas com o Conselho Nacional de Relações Públicas, fato que impulsionou a Fiarp como novo membro consultor não governamental das Nações Unidas. Sua influência foi decisiva para que a Fiarp criasse o Centro Interamericano de Estudos Superiores em Relações Públicas e Opinião Pública (Ciesurp), que teve como sede inicial a Universidade de Curitiba e depois a Universidade de Londrina, no Paraná, e, posteriormente, a Universidade San Martín de Porres de Lima, no Peru. Sob a presidência do Brasil por duas vezes e sediada na ABRP, Associação Brasileira de Relações Públicas, a Fiarp recebeu o prêmio "El Chasqui de Ouro" pela atuação de alguns profissionais e pelas conquistas para o campo profissional. Recebeu também o prêmio "El Chasqui de Prata" pelos três brasileiros que prestaram atividades relevantes às relações públicas: Ney Peixoto do Valle, Candido Teobaldo de Souza Andrade e Milton Cavalcanti.

A instituição foi denominada Fiarp de 1960 a 1985, quando se converteu em Confiarp (Confederação Interamericana de Relações Públicas). Um fato marcante aconteceu em 1987, quando a Confiarp recebeu a distinção de "Mensageira da Paz" outorgada pela Organização das Nações Unidas (ONU). São muitos os desafios que ainda estão por vir. As demandas atuais produzem uma diferença entre os requerimentos tecnológicos, a agilidade na comunicação mundial e a realidade dos países latino-americanos, realidade muito distante dos países ditos desenvolvidos, mas também muito distante dos países subdesenvolvidos. Segundo o professor Julio César Parodi, da Universidad Empresarial Siglo XXI, de Córdoba, na Argentina, "as relações públicas estão inseridas numa filosofia humanística que supera o entendimento da disciplina como instrumento exclusivo de construção de imagem, enfoque já superado na visão latino-americana de relações públicas". É preciso que as relações públicas na América Latina adentrem a "era global", mas não antes de refletir sobre os temas de cada região, procurar novas formas de incentivar a pesquisa, o desempenho profissional e a aproximação com as problemáticas sociais, econômicas e ambientais próprias de cada país latino. Para isso, é importante registrar o esforço do Conselho Latino-Americano que promove a cada dois anos a Conferência Interamericana sobre os problemas relacionados com a profissão do ponto de vista profissional e acadêmico.

Existem poucos estudos nos quais podemos nos debruçar sobre a questão da trajetória histórica das relações públicas na América Latina. Alguns estudos específicos sobre a história das relações públicas, como os realizados no Brasil por Andrade (1983) e Becerra (1983), e o resgate histórico elaborado por Délano (1990), no Chile, são conhecidos. Nos demais países, encontram-se relatos de profissionais que mencionavam fatos da trajetória das relações públicas, porém sem a estrutura lógica que requer um texto histórico. Um destaque maior, que se pretende resumir nas próximas páginas, são os registros feitos pela professora Maria Aparecida Ferrari (2004). Esse estudo faz um resgate histórico importante das relações públicas nos países-membros do Mercosul: Argentina, Chile, Paraguai e Uruguai, porém resta ainda uma grande lacuna no que se refere aos registros dos países latinos do Cone Norte, América Central e Caribe.

Argentina

Segundo Ferrari, os primeiros sinais formais da prática de relações públicas na Argentina apareceram com as empresas estrangeiras que começaram a se instalar no início do século XX. Para citar as mais conhecidas ou globais, em 1930 já existiam grandes corporações, como a Unilever, Shell, Siemens, Swift Armour, Ericsson, Colgate Palmolive, Goodyear, Citibank, Kodak, Esso, Ford, IBM, entre outras. No início, as empresas do segmento industrial não produziam no país e se limitavam a importar produtos. Seu tamanho e estrutura não justificavam ainda a presença de uma área específica de relações públicas no organograma. Por outro lado, as empresas locais, que não tinham contato com o que ocorria no exterior quanto à comunicação institucional, ainda estavam imaturas para cogitar a possibilidade de criar um departamento de relações públicas. Quando existia, sua prática era realizada de maneira informal e muitas vezes executada por uma secretária-geral ou pela área jurídica.

Somente a partir dos anos 1950 é que se pode falar de relações públicas na Argentina como atividade profissional sistematizada. Com uma política desenvolvimentista de abertura aos capitais estrangeiros, a economia argentina tomou outra dimensão. As empresas que operavam no país começaram a crescer em volume, principalmente as automotoras e as petroleiras. Nessa época, o país passou a ter conhecimento do que estava ocorrendo no exterior, até mesmo acerca da comunicação empresarial. Aos poucos, as empresas estrangeiras começaram a criar seus departamentos de relações públicas com funcionários provenientes dos seus países de origem que traziam o *know-how* necessário para a prática do serviço. As empresas já contavam com uma área dedicada à atividade de comunicação e foram definindo suas funções. Nessa época, os profissionais de relações públicas argentinos não tinham educação acadêmica formal e, na maioria das vezes, eram designados por sua aptidão ou pela indicação de conhecidos. Em grande parte eram jornalistas.

No final dos anos 1950, os primeiros profissionais começaram a se reunir para trocar informações, experiências e a organizar seminários. Outros, enquanto isso, foram se especializar no exterior. Em 1958, foi criada a Associação Argentina de Relações Públicas por profissionais argentinos e estrangeiros que trabalhavam com relações públicas na época. Em 1961, foi fundado o Círculo Argentino de Profissionais de Relações Públicas, que em 1962 abriu sua primeira escola de relações públicas, que outorgava título técnico, não universitário. Os primeiros formandos entrariam no mercado de trabalho somente no final da década de 1960. Em 1967, surgiu a ideia de unir a Associação Argentina de Relações Públicas com o Círculo de Profissionais de Relações Públicas, fato que foi concretizado em 1969 e deu origem à Associação Argentina de Profissionais de Relações Públicas.

Organizada pelo Círculo de Profissionais de Relações Públicas em 1962, a Escola de Relações Públicas foi a primeira instituição de ensino a ministrar o curso de Relações Públicas na Argentina. Ainda assim, seu título não era universitário nem oficial. Em 1964, a Universidade Argentina de la Empresa abriu o primeiro curso de

Relações Públicas que outorgava o título de licenciatura. Os anos seguintes foram decisivos para a área acadêmica. Em 1968, foi aberto o curso de Relações Públicas na Universidad Argentina John F. Kennedy. Cinco anos mais tarde, foi seguida pela Universidad Nacional de Lomas de Zamora e, logo depois, pela Universidad de Morón. Essas instituições, com a Universidad de Palermo e a Universidad Siglo XXI de Córdoba, são as instituições de ensino que atualmente ministram o curso superior de Relações Públicas. A Universidad Austral e a Uces oferecem programas de pós-graduação em comunicação institucional.

Os anos 1960 foram a época de ouro das relações públicas. Os departamentos de RP da Ford, General Motors, IKA, Esso e Shell são alguns exemplos de como as relações públicas haviam se profissionalizado no país. Além da tarefa de assessorar a imprensa, os profissionais preocupavam-se com o desenvolvimento das publicações internas, além da publicação do relatório anual. A década de 1970 foi turbulenta devido à mudança nos rumos do governo, que resultou num período de ditadura e no fechamento do Congresso. As empresas tinham a necessidade de se comunicar com os poderes públicos e, assim, as relações públicas incluíam 80% de relações com o governo. Até a década de 1980, o sentimento nacionalista aflorou contra a força norte-americana, os governos fomentaram o nacionalismo para justificar o elefante branco que era o Estado, mas comandava as empresas com maior volume no país. Os jornais locais não dedicavam um espaço próprio para as notícias empresariais.

Com o retorno da democracia nos anos 1990, a sociedade começou a demandar mais informação. Na área privada, a era da terceirização havia começado – primeiro por parte dos departamentos que haviam cortado seus orçamentos e seu pessoal e, depois, com as privatizações de empresas estatais e sua consequente racionalização. As empresas passaram a se dedicar ao planejamento estratégico, enquanto as agências executavam os programas aprovados. Instalaram-se no país as agências de relações públicas mais importantes do mundo. Como atividade prioritária aparece o relacionamento com a imprensa, em seguida as comunicações financeiras, o planejamento estratégico, a administração de crises e, por último, a organização de eventos.

Chile

No Chile a atividade surge, formalmente, com a instalação, em 1952, do primeiro departamento de relações públicas na empresa de mineração canadense Braden Copper Company e com a abertura da primeira assessoria de relações públicas, em 1953, por Ramón Cortez Ponce, ex-diretor da escola de Jornalismo da Universidad de Chile. O Chile foi um dos últimos países da América Latina a incorporar as relações públicas no âmbito das organizações. A atividade de relações públicas no Chile também se deu com a chegada das empresas estrangeiras, principalmente as mineradoras de cobre, seguidas pelas metal-mecânicas. Aos poucos, as relações públicas foram se incorporando às empresas nacionais como a Cristalerias de Chile, Compañía Manufacturera de Papeles y Cartones de Puente Alto (CMPC), Compañía de Petróleos de Chile (Copec), entre outras, que passaram a contar com a assessoria externa da agência de Cortez Ponce (*apud* Délano, 1990).

Durante as décadas que sucederam a criação dos primeiros departamentos de relações públicas, a atividade esteve fortemente vinculada a dois fatos importantes: a habilitação do jornalista para exercer as atividades de relações públicas e, diferentemente dos jornalistas que tinham um título universitário, os relações-públicas tinham uma formação em nível operacional e técnico. Esse descompasso fez que o cenário não se alterasse durante muitos anos. As empresas que contavam com um departamento de comunicação tinham um jornalista a cargo das funções gerenciais. Em 1983, foi criado o Colegio de Relacionadores Públicos de Chile com o objetivo de reposicionar e legitimar os associados, já que a maioria não contava com estudos formais e muitos não tinham sequer a formação universitária, bem como apoiar os processos de abertura de mercado derivada pelo fim do bloqueio econômico sofrido pelo Chile no final dos anos 1970 e no início de 1980. As grandes transformações políticas e econômicas nos anos 1980 e 1990 aceleraram o processo de privatizações, o que atraiu ao país muitas empresas estrangeiras de prestígio e experiência internacional. Isso ocasionou a incorporação de novos modelos de gestão no país. Na época, com a economia mais estável da América Latina, e graças a um processo democrático calcado no livre mercado, o setor empresarial alcançou um grande êxito e, consequentemente, as perspectivas para a área de comunicação foram muito positivas. Em decorrência, as empresas passaram a estruturar departamentos de relações públicas para atuar em um mercado aberto e permeável às imposições da globalização.

O papel gerencial e estratégico nunca era exercido por um profissional de relações públicas: "caso exista alguma exceção, esse profissional possui um diploma estrangeiro. Ao contrário, o papel do profissional tem sido exercido, prioritariamente, na seguinte ordem: advogados, sociólogos, engenheiros e jornalistas" (Délano, 2000). Existe, ainda, uma forte preferência pelos profissionais habilitados na área do jornalismo. Tal atitude estava vinculada à não legitimação do curso universitário de Relações Públicas, que ainda se encontrava com menos de uma década de criação. Do surgimento do primeiro departamento de relações públicas na empresa canadense Braden Copper Company até os dias de hoje, o caminho percorrido pela atividade foi dificultado pela forte presença do jornalismo, como tradicional curso superior, e, principalmente, pelo *status* que a profissão ocupa até os dias de hoje na sociedade chilena. Até os anos 1980, as empresas multinacionais mantiveram-se no "padrão da sede", ou seja, seguiam os modelos de relações públicas das suas matrizes. Alguns órgãos estatais criaram departamentos de relações públicas como um canal de relacionamento com os diversos públicos, inclusive a mídia. Poucas empresas nacionais mantinham um departamento próprio e viam na atividade, executada de maneira informal, uma função meramente social, de contatos com personalidades políticas, da sociedade e com a mídia. Vale citar que, durante o governo militar, muitos postos de relações públicas foram ocupados por militares. Havia também um serviço de censura que tratava de selecionar o material que devia ou não ser publicado pelas diversas mídias, acarretando, assim, a estagnação das relações públicas que durou até o início dos anos 1990.

Até 2004, ano da publicação do artigo da pesquisadora Ferrari, existiam aproximadamente quinze agências de publicidade que desenvolviam trabalhos integrados de comunicação, incluindo o de relações públicas. As assessorias que mais se destacavam eram as multinacionais ou as que trabalhavam em parceria com suas sócias estrangeiras. Não existia um registro atualizado das empresas que mantinham um departamento de relações públicas/comunicação no país. O Colegio Profesional de Relacionadores Públicos de Chile é o órgão nacional que representa a categoria, porém não ocupa um lugar de destaque nos meios empresariais e acadêmicos, uma vez que a grande maioria dos cargos de "relacionadores públicos" nas empresas e instituições ainda é ocupada por jornalistas de formação, filiados à sua agremiação específica. O número de profissionais no mercado advindos dos cursos superiores de Relações Públicas é ainda muito pequeno, visto que os primeiros alunos titulados pela Universidade de Viña del Mar terminaram seu curso em 1995. Por não existir um registro oficial do número de profissionais que ocupam cargos na área, torna-se difícil avaliar sua inserção no mercado de trabalho. Atualmente existem sete cursos superiores de Relações Públicas oferecidos por universidades e oito institutos profissionais que ministram cursos técnicos.

Paraguai

As relações públicas no Paraguai tiveram um desenvolvimento somente nas últimas décadas do século XX. Não existem registros de obras e textos que relatem, de forma sistematizada, a história da atividade no país. Assim sendo, não foi encontrado qualquer documento que oferecesse informações sobre a prática das relações públicas nas organizações privadas e instituições públicas. É de conhecimento público que as grandes assessorias norte-americanas de relações públicas atendem, a distância, empresas multinacionais instaladas no Paraguai. Os cursos superiores de Comunicação Social existem há pouco mais de trinta anos nas áreas de jornalismo e meios modernos de comunicação.

> São várias as razões que levaram o país a contar com tão baixa produção científica neste campo, entre elas, a escassa formação do quadro docente das universidades, o índice reduzido de egressos na área de comunicação, os governos autoritários que dominaram o país, principalmente o de Stroessner, de 1954 a 1989, que evitou e impediu durante estes anos o estímulo à formação científica em quase todos os campos do saber, a repressão política durante esses anos de ditadura a setores diretamente relacionados com a produção científica e a precária estrutura institucional das universidades, entre outros. (Orué, 1998, p. 259)

Observa-se que a história das relações públicas no país esteve sempre atrelada ao exercício das entidades da categoria. Em 1963, foi constituída a Associação Paraguaia de Profissionais de Relações Públicas com a participação de vinte e seis sócios fundadores. A partir dessa data, foram realizadas várias jornadas nacionais e internacionais, porém há mais de dez anos a entidade foi desativada. Outra iniciativa foi a criação do Colégio de Graduados em Relações Públicas em dezembro de 1990. Entre os principais objetivos da entidade, destacavam-se:

◆ fomentar o espírito de solidariedade e a recíproca consideração entre os bacharéis de relações públicas;
◆ velar pelo prestígio, decoro e independência da profissão;
◆ defender os direitos e interesses profissionais de seus membros;
◆ capacitar os profissionais adequadamente mediante a realização de conferências, seminários, congressos ou outro tipo de manifestação de cultura;
◆ observar as regras éticas profissionais;
◆ orientar a opinião pública pelos meios de comunicação.

Atualmente, existem no país somente dois cursos superiores de Relações Públicas, o que mostra a fragilidade e a falta de legitimidade da atividade profissional. Os cursos são ministrados pela Universidad Autónoma de Asunción e pela Universidad Comunera, ambas localizadas na capital do país. A falta de informações sistematizadas, de bibliografia específica produzida por autores locais, a pouca expressão dos cursos universitários do país e a inexistência de entidades da categoria que proporcionem a difusão e a legitimação das relações públicas são as causas do desconhecimento e da prática no país.

Uruguai

As relações públicas no Uruguai surgem de maneira formal no setor governamental nos anos 1950, com a criação dos departamentos de relações públicas nas três armas: Exército, Marinha e Aeronáutica. Na década de 1960, a empresa estatal Administração Nacional de Combustíveis, Álcool e Portland (Ancap) foi pioneira ao estabelecer um departamento de relações públicas. Nessa mesma década, empresas do setor privado instalavam também seus departamentos de relações públicas, como a Sudamtex, Ildu, Canal 4 Montecarlo, os jornais *El País* e *El Día*, as lojas Angenscheidt, Montevideo Refrescos (Coca-Cola), Fiat, Esso, Agencia Nacional de Informaciones (ANI), as empresas de aviação Varig e Pluna, entre outras. Assim como se observou nos demais países pesquisados, no Uruguai as entidades da categoria também tiveram papel fundamental para o desenvolvimento das relações públicas. O grande incentivador para a criação da Asociación Uruguaya de Relaciones Públicas (Aurp) foi Radeck Balcárcel, na época gerente de relações públicas da Ancap e subsecretário do jornal *El País*. Constituída em 19 de setembro de 1962, a associação tinha como principais objetivos:

◆ conseguir que as relações públicas sejam desenvolvidas, consolidadas e divulgadas na República Oriental do Uruguai, com o caráter de especialidade orientada para o bem público e para a convivência harmônica com todos os setores da sociedade;
◆ promover o intercâmbio de conhecimentos, técnicas entre os sócios, assim como entre as entidades do país e do exterior;
◆ defender a atividade de relações públicas, elevando-a à categoria de profissão no país.

Juntaram-se a Balcárcel para a fundação da associação outros profissionais, muitos autodidatas, representantes de empresas, já citadas anteriormente, e profissionais que trabalhavam no governo. Desde a sua fundação, a Aurp se converteu em centro de referência para a prática de relações públicas no Uruguai. Por causa de sua constante participação em seminários, congressos e atividades tanto no país como no exterior, seus membros ajudaram a promover as relações públicas. A primeira participação oficial de profissionais uruguaios em eventos da categoria aconteceu em 1962, na 3ª Conferência Interamericana de Relações Públicas na cidade de Santiago, no Chile. Em 1965, Montevidéu foi a sede da 6ª Conferência Interamericana de Relações Públicas organizada pela Aurp.

Em 1966, começam os primeiros cursos de Relações Públicas patrocinados pela Aurp. Os cursos foram ministrados pelo argentino dr. Carlos Panisello LaMoglie, advogado e profissional de relações públicas. Juntamente, Román Perez Senac deu início ao curso de Relações Públicas. Posteriormente, foi criado o Instituto Uruguaio de Relações Públicas, em que, por vários anos, foram oferecidos cursos de especialização que formaram uma geração de profissionais da área. A partir de 1968, e durante a década de 1970, a Aurp passou a desenvolver as Jornadas Nacionais, marcando presença em eventos interamericanos de relações públicas. Em 1981, a Aurp patrocinou cursos, em nível técnico, em conjunto com o Centro de Estudos e Capacitação do Uruguai (Cecu). Em 1983, a Aurp organizou e realizou o 1º Encontro Mundial de Professores de Relações Públicas. Em 1986, os cursos foram organizados sob a coordenação da Aurp e, em forma sucessiva, incorporaram os cursos em nível técnico (de um ano), consultor em relações públicas (dois anos) e *manager* (três anos). Dessa maneira, a entidade contribuiu formalmente para a capacitação em relações públicas com uma resposta categórica por parte dos alunos que desejavam incorporar conhecimentos para utilizar em suas respectivas atividades profissionais.

Os cursos promovidos pela Aurp estenderam-se a todo o país, chegando a cobrir, quase de maneira simultânea, vinte cidades do Uruguai. Paralelamente, foram constituídas associações locais, com o aval da Aurp. Também foi criado um centro de estudantes com o apoio da entidade. Hoje, as empresas que reconhecem a importância das relações públicas são assessoradas por agências internacionais especializadas. Também é sabido que em todos os escritórios públicos, ministérios e até na presidência da República encontram-se pessoas capacitadas pela Aurp.

Segundo os profissionais de relações públicas, o conceito da atividade de relações públicas está mais relacionado a protocolos e eventos sociais do que à administração ou ao planejamento da comunicação empresarial e institucional. Se as relações públicas tiveram seu auge entre as décadas de 1960 a 1990, tal fato deve-se ao trabalho incansável de Román Perez Senac, que, por várias gestões, participou ativamente da Fiarp (depois Confiarp), e ao esforço para a publicação dos boletins da Aurp e dos fascículos da revista *RRPP & Comunicación*, hoje únicos registros da atividade no Uruguai.

Atualmente, as universidades uruguaias não oferecem o curso universitário de Relações Públicas. Há dezoito anos, a capacitação se dá somente por meio de cursos ministrados pela Aurp. Nos últimos anos, as relações públicas têm tido baixo perfil, talvez causado pela falta de incentivo das entidades da categoria e pela inexistência de cursos universitários que ofereçam a preparação adequada aos profissionais do mercado. Além disso, faltam ao país sistematização de informações e dados sobre a área de relações públicas, o que tem causado total desconhecimento da atividade no país.

Em seu artigo, Ferrari (2004) diz ainda que:

Segundo Jeff Hunt, presidente da Burson Marsteller na América Latina, "o termo relações públicas, na América Latina, tem uma conotação errônea. Na maioria dos países da região ainda existe a crença de que as relações públicas de uma empresa são tarefa de 'moças de bem', de preferência bonitas, extrovertidas e, por que não dizer, com boas pernas, cujo principal trabalho é a organização de festas e coquetéis". Segundo os profissionais da área, a percepção começou a mudar pela combinação de dois fatores: a abertura política, com a volta de governos democráticos e a implantação de uma economia de caráter neoliberal. "As empresas começaram a colocar ações nos mercados internacionais, o que as obrigou a ser mais transparentes, não só para os investidores, como também frente aos clientes, fornecedores, meios de comunicação e público em geral" (*apud* Ruiz-Velasco, 1995). Essa tendência foi acelerada, graças aos processos de privatização, a globalização das empresas e aos meios de comunicação.

Brasil

O Brasil tem grande destaque na prática das relações públicas em comparação aos países da América Latina. No início do século XX, entre as décadas de 1910 e 1940, o exercício da atividade esteve restrito a poucas empresas internacionais e à criação de alguns setores de informação pública em órgãos governamentais. Em 1914, é criado em São Paulo o primeiro Departamento de Relações Públicas pela The São Paulo Tramway Light and Power Co. Ltd., empresa canadense responsável pela iluminação pública e transporte coletivo na capital paulista, conhecida por anos como simplesmente "Light". "Sentindo a necessidade de um setor especializado para cuidar do seu relacionamento com os órgãos da imprensa, com as autoridades estaduais e municipais, além da gestão dos 'passes escolares', a direção da empresa cria o departamento de relações públicas" (Breguéz, 2010). Segundo Marques de Melo (2007, p. 27), isso também aconteceu para "reduzir os conflitos que se avolumavam nos setores de energia elétrica e da água potável, cujo monopólio comercial lhe fora outorgado pelo governo brasileiro". A responsabilidade pelo departamento foi entregue ao engenheiro Eduardo Pinheiro Lobo, que durante dezenove anos exerceu as funções de diretor de relações públicas da Light.

Além de dirigir o primeiro departamento de relações públicas no Brasil, Eduardo Pinheiro Lobo tinha como objetivo principal "manter a opinião pública paulista informada sobre as ações da Light. Na época, havia muitos protestos populares contra os serviços oferecidos pelas empresas estatais, cuja baixa qualidade trazia grandes insatisfações no seio dos consumidores" (Breguéz, 2010). Dessa forma, o trabalho das relações públicas no Brasil nasceu tentando mudar a visão das pessoas sobre a qualidade dos serviços oferecidos pelas empresas governamentais. Pinheiro Lobo, um engenheiro, sem conhecer profundamente os processos da comunicação e das relações públicas, "conseguiu manter um fluxo de informações entre a empresa e a opinião pública e ganhou, aos poucos, confiança do público consumidor, criando uma imagem positiva da empresa" (Breguéz, 2010). Anos depois, em 1975, o Conselho Nacional da ABRP instituiu a "Medalha Eduardo Pinheiro Lobo" para premiar as pessoas físicas ou jurídicas, nacionais ou estrangeiras, que tivessem relevantes serviços prestados às relações públicas. Segundo Waldemar Kunsch (2009, p. 15), "em 1984, foi instituído por lei o 'Dia Nacional das Relações Públicas', comemorado em 2 de dezembro, data de nascimento de Pinheiro Lobo, sendo ele declarado patrono das relações públicas no Brasil.

Gisele Becker e Carla Lemos da Silva fizeram um registro importante:

> Em 1929, instala-se em São Paulo a primeira multinacional de propaganda a chegar ao Brasil, a Thompson. Em 1934, cria-se o Departamento de Propaganda e Difusão Cultural do Ministério da Justiça e de Negócios do Interior. No ano de 1939 foi criado o Departamento de Imprensa e Propaganda (DIP) do Ministério da Justiça e de Negócios do Interior. Em 1942 publica-se, na Revista do Serviço Público, o artigo "Relações de administração com o público" de Newton Correia Ramalho. (Lemos da Silva e Becker, 2006, p. 4)

Outro registro importante sobre o surgimento das relações públicas data de 1940 com o decreto que aprovou o regimento do Serviço de Informação Agrícola do Ministério da Agricultura, no governo Vargas (Decreto-Lei nº 2.094, de 28 de março de 1940). Segundo o artigo 1º, o Serviço de Informação Agrícola tinha sob sua responsabilidade "a guarda, coordenação e publicação de textos, relatórios, dados estatísticos e outros elementos discriminativos das atividades do Ministério, a execução e direção dos trabalhos cinematográficos, bem como manter um serviço de orientação e informações aos lavradores e criadores" (Brasil, 2010). Em São Paulo, o primeiro serviço de relações públicas, com esse título, deu-se em 1954, no Departamento de Águas e Esgotos, com a denominação de seção de relações públicas. Em 1955, também por decreto, foram criados os setores de relações públicas nas secretarias de estado e órgãos diretamente subordinados ao governador. Em 1956, em decorrência desse decreto, "foi promovido um seminário de relações públicas para os ocupantes dos cargos de redator do serviço público" (História das relações públicas no Brasil, 2010). No Rio de Janeiro, o primeiro serviço de relações públicas foi criado pela Prefeitura de Niterói, graças ao trabalho de Noé Matos Cunha, em 1957. Importante registrar que o Estado foi um dos grandes impulsores da atividade, assimilando a prática das relações públicas em diversas instâncias do governo.

Voltando um pouco na história das relações públicas no Brasil, destaca-se a contribuição do grupo liderado pelo professor Mário Wagner Vieira da Cunha, do Instituto de Administração da Universidade de São Paulo, quando foram realizadas, em 1949, conferências sobre relações públicas e suas correlações com a propaganda e as ciências sociais. Em 1949, no Rio de Janeiro, o Departamento de Administração do Serviço Público (Dasp), encarregado de promover o aperfeiçoamento dos funcionários, incentivando o intercâmbio de conhecimentos pela realização de cursos e viagens de estudos, institui o primeiro curso de "Relações com o Público", tendo como professores Ibany da Cunha Ribeiro e Diógenes Bittencourt Monteiro.

Segundo Odilon Jesus (2004), o Dasp "já vinha demonstrando familiaridade com as técnicas de relações públicas desde 1942, quando promoveu a 'Exposição de Atividades de Organização do Governo Federal' visando divulgar as atividades governamentais e fazer sondagem de opinião pública". Em 1953, a Escola Brasileira de Administração Pública da Fundação Getúlio Vargas realizou, no Rio de Janeiro, o primeiro curso de Relações Públicas "sob a regência do professor Eric Carlson. E outros, por Harwood Childs, da Universidade de Princeton, uma das maiores autoridades, especialmente no que se refere à opinião pública". Em 1955, a disciplina relações públicas é introduzida na Escola Superior de Administração e Negócios da Fundação de Ciências Aplicadas.

Após várias reuniões que contavam com a presença dos profissionais que participavam dos cursos livres realizados pelo Dasp, FGV, Idort, PUC/RJ e outras instituições, conhecidos como o "Grupo de Relações Públicas", foi fundada a ABRP, em 1954, na sede do Instituto de Organização Racional do trabalho (Idort). Seu primeiro presidente foi Hugo Barbieri e seu vice-presidente foi Ubirajara Martins. Com a criação da ABRP em São Paulo houve grande repercussão no Rio de Janeiro. Palestras, conferências e entrevistas se sucederam. Na ocasião, o professor Benedito Silva, da Fundação Getúlio Vargas, foi indicado para representar a ABRP no Rio de Janeiro. Também da FGV no Rio de Janeiro, Florindo Vila Alvarez, professor de relações públicas e assessor do Dasp, foi admitido como sócio e encarregado de congregar os profissionais para criar a ABRP no Rio de Janeiro. Foi ele quem propôs a formação das Seções Regionais, depois chamadas Seções Estaduais da ABRP, que foram reposicionadas de acordo com o novo Código Civil, passando cada uma a ter identidade jurídica própria. Em 10 de abril de 1956 foi criada a Seção Regional Rio de Janeiro. Cursos intensivos, publicações em revistas, seminários, congressos, conferências e diversos meios são acionados para a divulgação das primeiras notícias sobre as relações públicas no Brasil.

Em março de 1958 aconteceu o 1º Seminário Brasileiro de Relações Públicas com a apresentação das seguintes teses:

◆ "Normas e padrões para o trabalho de relações públicas", Ney Peixoto do Valle;
◆ "As comunicações das relações públicas", João Firminiano da Silva;
◆ "Treinamento e formação de pessoal para relações públicas", Francisco Gomes de Matos e cel. Terêncio M. Porto.

Em 1959, foi realizado em Curitiba o 1º Congresso Paranaense de Relações Públicas; em 1962, ocorre o 1º Congresso Mineiro de Relações Públicas, em Belo Horizonte, em que as principais teses discutidas foram:

◆ "Relações públicas e desenvolvimento", May Nunes de Souza;
◆ "Formação do profissional de relações públicas e relações públicas como fator de desenvolvimento e integração", Sylla Magalhães Chaves;
◆ "Relações públicas na administração municipal", Rosy de Sá Cardoso;
◆ "Pesquisa de relações públicas", Francisco Higino Barbosa Lima.

Logo a seguir, em 1963, o Brasil sediou a 4ª Conferência Interamericana de Relações Públicas, no Rio de Janeiro, promovida pela ABRP, com a participação de Uruguai, Argentina, Chile, Paraguai, Peru, Equador, Colômbia, Venezuela, Antilhas Holandesas, Panamá, México, Porto Rico e Estados Unidos.

A profissão de relações-públicas foi devidamente disciplinada pela Lei nº 5.377, de 11 de dezembro de 1967, aprovada pelo Decreto nº 63.283, de 26 de setembro de 1968. No dia 4 de maio de 1972 foi regulamentada a profissão pelo Decreto Federal nº 68.582, que criou o Conselho Regional de Profissionais de Relações Públicas, o Conrerp. "Fruto de um trabalho iniciado em 1965, por Ney Peixoto do Valle, presidente do Conselho Nacional da ABRP, e Domingos Araújo da Cunha Gonçalves, presidente da então Seção do Distrito Federal, e de outros colaboradores" (Fernandes, 2010). Em 1959, foi instituída a disciplina de relações públicas governamentais no curso de Administração Geral no então DEA. Em 1960, foi instalado o primeiro curso regular de Relações Públicas – "curso especial de Relações Públicas" –, que, em 1964, foi transformado em Curso de Formação em Grau Médio, com três níveis. Em 1965, Osvaldo Silva, reeleito presidente da ABRP em São Paulo, é convidado pelo reitor da Universidade de São Paulo (USP) para participar da comissão encarregada de estudar a criação da Escola de Comunicações Culturais, atual Escola de Comunicações e Artes, a ECA-USP. Surge assim, em 1966, o primeiro curso universitário de Relações Públicas no Brasil.

Entre as décadas de 1950 e 1960, o Brasil atravessa um período de grande desenvolvimento econômico. Com o governo de Juscelino Kubitschek ocorreram um grande incentivo à atividade de relações públicas e uma enorme demanda por profissionais que poderiam atuar nas empresas que se instalavam no país. A abertura maior para o campo profissional de relações públicas se dá nesse contexto. "As relações públicas foram implantadas no Brasil com o objetivo de atender às multinacionais, desenvolvendo-se, inicialmente, como atividade gestora do relacionamento entre organizações e públicos" (Lemos da Silva e Becker, 2006).

A entrada das empresas multinacionais ocorreu principalmente na área automobilística, representando certo aumento da frota de automóveis, ônibus e caminhões. É lançado o primeiro Fusca produzido no Brasil. Por outro lado, as ferrovias foram abandonadas e o país se tornou cada vez mais dependente da extensão e conservação das rodovias e do uso de derivados do petróleo na área de transportes. Em 1951 foi criado o primeiro Departamento de Relações Públicas, verdadeiramente nacional, na Companhia Siderúrgica Nacional, em Volta Redonda, no Rio de Janeiro. "Em 1952 foi criada a 1ª empresa brasileira de relações públicas, na Companhia Nacional de Relações Públicas e Propaganda, em São Paulo, com objetivo de prestar serviços especializados de relações públicas, formação de opinião pública e propaganda" (Lemos da Silva e Becker, 2006). Surgem os departamentos de relações públicas em organizações como General Motors do Brasil (1962), Pirelli (1963), RFFSA (1968), Sanbra (1969), Philips (1970), Dow Química (1973), entre outras.

Os anos entre 1964 até o final da década de 1970 foram marcados pelo governo militar no Brasil, que influenciou diretamente a prática das relações públicas. O início da ditadura foi caracterizado pela abertura para as empresas multinacionais de investimentos em telecomunicações, abertura de estradas, programa nuclear brasileiro, por exemplo. Foram os tempos do "milagre econômico". Com a aceleração da economia brasileira foram feitos grandes investimentos em comunicação, principalmente em publicidade, em menor escala as relações públicas. As propagandas da indústria e dos ministérios tomaram as páginas das revistas de circulação nacional, foram feitos grandes investimentos em comunicação, especialmente em publicidade e relações públicas, o que resultou em um dos principais lugares de atuação desse profissional. Entretanto, as opiniões divergem quanto aos reais benefícios às relações públicas. Segundo Kunsch (1997), "um dos fatos marcantes foi a influência do regime militar com a criação da Aerp. Essa assessoria funcionou como uma verdadeira agência de propaganda política para 'vender' o regime autoritário de forma massiva". Kunsch ainda coloca que "essa influência dos militares constituiu-se num sério entrave ao avanço positivo da área, na medida em que a atividade passou a ser vista como algo negativo e, às vezes, demagógico". A Aerp foi criada por uma ala dissidente da ABRP de São Paulo, incentivada por José Roberto Whitaker Penteado, que ministrava cursos de Relações Públicas na Associação de Dirigentes de Vendas do Brasil (ADVB). A Aerp se propunha a abrir um canal de comunicação entre governantes e governados. Na verdade, compunha um sistema que se dizia democrático num governo autoritário e controlador. Ao atuar na imprensa, garantia a censura e a manipulação da notícia ou sua supressão. Em contrapartida, a publicidade institucional mostrava uma imagem harmoniosa do brasileiro integrado com seu trabalho, sua família e sua nação.

Na década de 1970, as relações públicas também estavam presentes nos grandes departamentos de governo responsáveis por eventos, cerimonial, redação de discursos, além de outras tarefas. Nas empresas, principalmente as multinacionais, o cenário não era muito diferente. Os departamentos de relações públicas abrigavam uma multidão de profissionais e as atividades eram similares às executadas na área pública. Nascem, também nos anos 1970, as primeiras agências de relações públicas. Segundo Gisele Lorenzetti (2007), "o cenário era restrito, com um mercado corporativo ainda pequeno e com as grandes estruturas mantidas pelas grandes empresas". Contudo, alguns empresários investiram em agências especializadas, entre eles Antonio De Salvo, José Rolim Valença, José Carlos Fonseca Ferreira, Carlos Eduardo Mestieri, Vera Giangrande, Mario Ernesto Humberg, Valentim Lorenzetti. "Verdadeiros empreendedores, sonhadores e responsáveis pela formação dos grandes profissionais que atuam no mercado nos dias de hoje".

A partir dos anos 1980, três fatores contribuíram para o fortalecimento das relações públicas: as transformações econômicas, a abertura política e, por último, o desenvolvimento da produção científica. Entretanto, os profissionais de RP enfrentavam dificuldades na reabilitação da atividade e de sua credibilidade para gerenciar os relacionamentos das empresas com seus públicos, dentro do novo jogo democrático, o que levou, em 1981, à criação do primeiro sindicato dos trabalhadores de relações públicas do Rio Grande do Sul, seguido pelo Rio de Janeiro, em 1984, e São Paulo – com o surgimento do Sindicato dos Profissionais Liberais de Relações Públicas (Sinprorp), em 1985. Pode-se perceber significativo crescimento da demanda seja por profissionais de relações públicas para a composição de quadros para formação de áreas internas de comunicação, seja por agências que possam dar conta do *mix* que está presente no portfólio de relações públicas e que abrange comunicação com públicos estratégicos. Um fato importante dessa década é o nascimento das entidades do setor. Além da ABRP, surgiu em 1983 a Associação Brasileira das Empresas de Relações Públicas (Abep); em 1986, a Associação Nacional das Empresas de Comunicação Empresarial (Anece); e, em 1989, o Sindicato das Agências de Comunicação (Sinco). "Ou seja, passamos a ter um setor formalmente organizado, com entidades representando os diversos segmentos do setor" (Lorenzetti, 2007).

No início dos anos 1990, dois movimentos convocaram os profissionais a uma tomada de posição: a "desregulamentação" da atividade e a criação do "Parlamento Nacional de Relações Públicas". O primeiro movimento de recuperação de conceito e de mercado levantou, equivocadamente, a bandeira do que se chamou "desregulamentação da profissão", ou seja, a promoção da própria cassação profissional. Fortes reações impediram o prosseguimento dessa corrente, que, afinal, propiciou que surgisse o movimento chamado "Parlamento Nacional de Relações Públicas", liderado pelo Conselho Federal de Relações Públicas (Conferp), de 1993 a 1997. O Parlamento foi uma iniciativa de grande alcance para o novo posicionamento das relações públicas. Um esforço nacional, realizado organizadamente, com o intuito de modernizar a atividade, adequando-a às exigências dos novos tempos. Numa sociedade e economia com características absolutamente diferentes das observadas na época, a profissão de relações-públicas exigia uma profunda reflexão para melhor cumprir suas finalidades. Ao longo de mais de quatro anos, os profissionais de relações públicas tiveram a possibilidade de manifestar suas dúvidas, inquietações, insatisfações e posicionamentos. O Conferp permitiu, a quem se interessava pela adequação da profissão, se inserir no moderno mundo globalizado e reafirmar plenamente a convicção de que a profissão de relações-públicas era legítima e detentora de um espaço contributivo importante.

Enquanto surgia a internet, o Brasil começava seu processo de globalização. Fernando Collor de Mello, primeiro presidente civil brasileiro eleito por voto direto, assumiu a presidência e, dois anos depois, em outubro de 1992, foi afastado para responder ao processo de *impeachment*, acusado de corrupção. Os dois mandatos do presidente Fernando Henrique Cardoso, de 1995 a 1998 e de 1999 a 2002, foram norteados pela política econômica neoliberal. Em síntese, isso significa abertura da economia, eliminação de barreiras aos investimentos estrangeiros, diminuição da participação do Estado na economia e maior autonomia ao setor privado por meio de programas de privatização. Ou seja, surgiu um país pouco intervencionista disposto a pertencer a uma economia global. Os anos 1990 foram diferentes e marcados por grandes transformações. O fim da Guerra Fria criou um novo mundo, sem barreiras e com poucas fronteiras. O Brasil começou a fazer parte dessa economia global e passou a atrair novas empresas, que chegavam e demandavam mais serviços de comunicação.

Paralelamente, algumas empresas passaram a viver sob o estigma da reengenharia e buscaram definir seus *core business* e terceirizar áreas não diretamente ligadas à sua atividade principal. A comunicação foi uma das áreas afetadas nas empresas, as equipes internas eram encolhidas ou eliminadas e substituídas com a contratação de serviços externos. Novas agências surgiram, primeiramente, para prestar serviços de assessoria de imprensa. No entanto, esse novo mercado pedia que as agências fizessem mais, que pensassem na comunicação de forma mais holística e não só com a imprensa. As agências aceitaram o desafio e passaram a oferecer uma gama maior de serviços de relações públicas, indo do planejamento de comunicação à comunicação interna e externa. Contrariamente ao que ocorreu na década anterior, os anos 1990 foram marcados pela desorganização associativa das relações públicas, fato que pode ser facilmente compreendido, uma vez que as entidades sempre contaram com a colaboração voluntária de seus diretores, mas os desafios trazidos pela economia global obrigaram os empresários e demais profissionais a focar sua atenção nos negócios. Não cabia mais dividir o mercado entre agências de relações públicas e agências de assessoria de imprensa. Assim, houve um movimento que unificou a Aberp e a Anece, nascendo, em 1999, a Associação Brasileira das Empresas de Comunicação (Abec), que deixou de existir em 2001, fazendo que surgisse em 2002 a Associação Brasileira das Agências de Comunicação (Abracom), atual entidade que congrega as agências de comunicação.

Assim, o século XX terminou com uma forte influência do fenômeno da globalização e do avanço da tecnologia, que agilizou os processos organizacionais, acelerando a transmissão de dados e informações. Essas influências proporcionaram o desenvolvimento de ferramentas eletrônicas de comunicação nas empresas, assim como novas áreas de atuação, abrindo novos espaços para os profissionais de relações públicas. Entretanto, ainda falta legitimidade à atividade de relações públicas perante a sociedade. Com relação ao ensino de Relações Públicas, pouco abordado neste texto, setenta e um cursos superiores (Umesp, 2004) oferecidos por universidades brasileiras foram contabilizados, sendo 80% em instituições de ensino privado. Os cursos têm sido a base de sustentação para o exercício da atividade profissional, porém as áreas afins como jornalismo e marketing têm conseguido fazer sombra às relações públicas graças à fácil compreensão conceitual do "ser" e "fazer" junto ao público. As entidades de classe, que outrora tiveram papel preponderante na difusão da atividade, encontram-se atualmente esvaziadas, sem expressão, contando com excessiva inadimplência de seus associados, que, sem receber qualquer estímulo por parte das associações, preferem abandonar seus registros profissionais.

Um contraponto importante dá-se entre o universo acadêmico e o campo profissional. A universidade brasileira fundamenta relações públicas na vertente humanista administrativa; em contrapartida, o mercado segue a escola norte-americana e caminha no mesmo sentido de direção. Por sua história recente, o Brasil tem características neoliberais e expõe sua cultura aos modismos globais. Por consequência, nas relações públicas ocorre o mesmo: admitem toda e qualquer ingerência no seu *modus operandi*. A universidade comete o pecado capital de buscar incessantemente sua integração com o mercado, que não dá a menor importância aos fundamentos teóricos ministrados por ela. Apesar de todos os esforços, não existe nenhuma ponte entre o ensino e a prática de relações públicas, pois os próprios alunos se curvam ao imperialismo do mercado, abandonando os princípios e fundamentos aprendidos na universidade. E, por razões inexplicáveis, ao deixarem a universidade, recomeçam o aprendizado submetendo-se às regras e práticas impostas por ele. Conforme visto, a profissão de relações-públicas não foi uma simples coadjuvante no processo de desenvolvimento brasileiro, mas teve atuação significativa, passando de uma atividade meramente informativa para aquela que seria associada à gestão das relações de poder e daria o suporte necessário para a consolidação do Brasil em um país forte e democrático.

Referências bibliográficas

ANDRADE, Cândido Teobaldo de Souza. *Para entender relações públicas*. São Paulo: Loyola, 1983.

ANTUNES, Marco António. *Breve história das relações públicas*. 2009. Disponível em: <http://www.maaconsulting.com.sapo.pt>. Acesso em: 14 fev. 2010.

_____. *Dizer a verdade sobre relações públicas*. 2003. Disponível em: <http://www.noticias-lusofonas.com/view.php?load=arcview&article=3560&catogory=Entrevista>. Acesso em: 16 fev. 2010.

BARQUERO, J. Daniel; BARQUERO, Mario. *O livro de ouro das relações públicas*. Porto: Porto, 2001.

BECERRA, Nelly A. Pajuelo. *Perfil das relações públicas na América Latina*. 1983. Dissertação (Mestrado em Ciências da Comunicação) – Escola de Comunicações e Artes, Universidade de São Paulo, São Paulo, São Paulo.

BERNAYS, Eduard L. *Crystallizing public opinion*. Whitefish: Kessinger Publishing, 2004.

BRASIL. Decreto nº 6.075, de 14 de agosto de 1940. *Centro de documentação e informação*. Câmara dos Deputados, Brasília: DF. Disponível em: <http://www2.camara.gov.br/internet/legislacao/legin.html/textos/visualizartexto.html?idenorma=326189&seqtexto=1>. Acesso em: 16 fev. 2010.

BREGUÉZ, Sebastião. *Personalidade histórica: Eduardo Pinheiro Lobo*. Disponível em: <http://www.sinprorp.org.br/noticias_das_assessorias/2003/jornal_das_relacoes_publicas/jornal12-99.htm>. Acesso em: 21 jan. 2010.

CANFIELD, Bertrand R. *Relações públicas: princípios, casos e problemas*. 2. ed. Trad. Olívia Krahenbuhl. São Paulo: Pioneira, 1970.

DAMANTE, Nara. *Na trincheira da comunicação*. Portal RP. Disponível em: <http://www.portal-rp.com.br/bibliotecavirtual/memoria/0063.htm>. Acesso em: 14 jan. 2010.

DÉLANO, Bárbara A. *Las relaciones públicas en Chile – fundamentos prácticos y teóricos*. Santiago: Universitaria, 1990.

FERNANDES, Romildo. *Relações públicas – a arte e a ciência de negociar com as pessoas*. Disponível em: <http://www.aberje.com.br/novo/acoes_artigos_mais.asp?id=52>. Acesso em: 6 fev. 2010.

FERRARI, Maria Aparecida. "O desenvolvimento das relações públicas nos países do Mercosul: história e trajetória da atividade". *27º Congresso Brasileiro de Ciências da Comunicação (Intercom)*. 2004. Pontifícia Universidade Católica do Rio Grande do Sul (RS).

GRUPO LABOR. *Relações públicas representa o todo, a comunicação, o meio*. Disponível em: <http://www.grupolabor.com/rpnot05.asp>. Acesso em: 21 jan. 2010.

HILL & KNOWLTON. *Como chegamos até aqui*. Disponível em < http://www.hillandknowlton.com/about/history>. Acesso em: 18 out. 2010.

HISTÓRIA das relações públicas no Brasil. Disponível em: <http://www.portal-rp.com.br/historia/parte_05.htm>. Acesso em: 14 fev. 2010.

HISTÓRIA das relações públicas nos Estados Unidos. Disponível em: <http://www.portal-rp.com.br/historia/parte_04.htm>. Acesso em: 14 fev. 2010.

JESUS, Odilon Sergio Santos. "Relações públicas e modernização: o curso especial da EBAP". In: *Encontro Nacional da Rede Alfredo de Carvalho*, 2004, Florianópolis.

KUNSCH, Margarida M. Krohling. *Relações públicas e modernidade: novos paradigmas na comunicação organizacional*. São Paulo: Summus, 1997.

KUNSCH, Waldemar Luiz. "Gênese do desenvolvimento do campo profissional e acadêmico das relações públicas no Brasil". In: KUNSCH, Margarida M. Krohling (org.). *Relações públicas: história, teorias e estratégias nas organizações contemporâneas*. São Paulo: Saraiva, 2009.

LEMOS DA SILVA, Carla; BECKER, Gisele. "O campo profissional de relações públicas e a entrada das multinacionais no Brasil: uma análise através da perspectiva da pesquisa histórica (1956-1979)". *Unirevista*, Universidade do Vale do Rio dos Sinos. São Leopoldo, v. 1, n. 3, jul. 2006.

LORENZETTI, Gisele. "O futuro das relações públicas". *Revista de Estudos de Jornalismo e Relações Públicas*. Universidade Metodista de São Paulo, São Bernardo do Campo, n. 9, 2007.

MARQUES DE MELO, José. "Itinerário comunicacional de São Paulo". In: MARQUES DE MELO, José (Org.). *Os bandeirantes da idade mídia: capítulos da história comunicacional paulista*. São Paulo: Angellara, 2007.

OLIVEIRA JR., Antonio Benedito. *O impacto da orientação empreendedora na performance das empresas brasileiras: evidências de um estudo híbrido*. 2009. Dissertação (Mestrado executivo em Gestão Empresarial) – Fundação Getulio Vargas, Rio de Janeiro.

ORUÉ, Aníbal Pozzo. "Investigación en comunicación en Paraguay: de los inicios del periodismo a los estudios en comunicación. Perspectivas Históricas". *Anuário Unesco*. Umesp, São Bernardo do Campo, ano II, n. 2, p. 259-72, 1998.

PINHO, Júlio Afonso. "O contexto histórico do nascimento das relações públicas". In: MOURA, Cláudia Peixoto de (org.). *História das relações públicas: fragmentos da memória de uma área*. Porto Alegre: EdiPUCRS, 2008.

RELAÇÕES Públicas Univali. *26 de setembro – dia interamericano das relações públicas*. Disponível em: <http://rpnarede.wordpress.com/2008/09>. Acesso em: 21 jan. 2010.

RUIZ-VELASCO, Laura. "Relaciones peligrosas". Revista *América Economía*, Santiago, n. 97, p. 22-4, jul. 1995.

TYE, Larry. *The father of spin: Edward L. Bernays and the birth of public relations* (Paperback). Nova York: Crown Publishers, 1998.

WEY, Hebe. *O processo de relações públicas*. 2. ed. São Paulo: Summus, 1986.

2

Planejamento e estratégia: bases do trabalho em relações públicas

LUIZ ALBERTO DE FARIAS

Essência do planejamento

No mundo organizacional ou em qualquer outro ambiente, inclusive no campo das relações públicas, tudo pode ser feito sem nenhum nível de planejamento. Sem ele, porém, os resultados passam a acontecer por conta e risco da sorte e, como se sabe, essa é uma palavra que não tem espaço no território empresarial. Este texto não se propõe, em absoluto, a ser um mantra para o planejamento, até porque há obras irrepreensíveis sobre essa temática. Todavia, a intenção é pensar de forma cuidadosa acerca da aplicação do conceito de planejamento no universo do pensamento e da filosofia de relações públicas.

Quando se fala em relações públicas, é costume referir-se a políticas e a programas dentro dos quais podem ser encontradas ações e campanhas. Desse modo, entendendo-se a existência de políticas e de programas, passa-se, automaticamente, a pensar em relações públicas tendo conceitos de planejamento como elemento basilar para qualquer plano de comunicação com públicos estratégicos. Relações públicas trabalham essencialmente com a filosofia do planejamento. Mais do que um conceito, pode-se entender que se trata de um elemento seminal.

A recorrente preocupação com o conceito de planejamento, tão valorizado atualmente, é reflexo da necessidade de errar menos, de obter resultados superiores com diminuição de esforços, de garantir credibilidade para a manutenção de orçamentos. Planejar é potencializar resultados. Para as relações públicas é, também, buscar transformar imagem em reputação, construída em longo prazo e por meio de relacionamentos estáveis. Como não há como ter controle sobre tudo, intercorrências podem dar fim a qualquer planejamento. Até mesmo a possibilidade de crises ao longo do caminho deve ser pensada e inserida no planejamento por meio de planos de contingência.

De acordo com Kunsch (2003, p. 204) "o planejamento constitui um processo complexo e abrangente. Possui dimensões e características próprias, implica [...] filosofia e políticas definidas e é direcionado por princípios gerais e específicos". Ainda, segundo Oliveira (2002, p. 35), "o processo de planejar envolve [...] um modo de pensar; e um salutar modo de pensar envolve indagações; e indagações envolvem questionamento sobre o que fazer, como, quando, quanto, para quem, por que, por quem e onde".

Pode-se entender que planejar é um processo que se inicia pelos questionamentos, por um conjunto de perguntas que devem dar conta do cenário em que se encontra a organização, para depois partir para a busca de respostas. O princípio fará toda a diferença no processo: um bom levantamento de dados, um bom *briefing*, um estudo exploratório bem realizado permitem ancorar o planejamento em bases mais eficientes. Assim, relacionam-se diretamente os objetivos e as metodologias para seu alcance, os recursos disponíveis e os necessários. A equação entre as condições encontradas e as desejadas/necessárias é que vai definir o sentido a ser dado ao planejamento.

Outro aspecto importante e muito festejado nos tempos recentes é o conceito de estratégia, termo emprestado do linguajar de guerra, na qual expressões como *tática* e *estratégia*, se utilizadas adequadamente, diferenciam-se significativamente e podem ser o fiel da balança para a obtenção de resultados positivos. Algumas estratégias podem ser mais perceptíveis, mais sensíveis, outras se diluem no conceito do planejamento e podem passar despercebidas.

Como quer que seja, planejar é pensar o todo, o conjunto, cada parte e seus impactos sobre os resultados. Se não há garantias de controle sobre os rumos que cada organização, ação e projeto tomará, deve-se ter em mente a necessidade de acompanhar todas as etapas e até mesmo procurar antevê-las.

Primeiras palavras

Planejar está diretamente relacionado a atendimento de objetivos. Antes que se inicie qualquer etapa do planejamento, é preciso esclarecer quais objetivos devem ser alcançados, definindo-se metas – a quantificação de objetivos – e recursos envolvidos – humanos, físicos, materiais e financeiros. Outra característica essencial é a questão do tempo disponível ou necessário para que se cumpra o planejamento: curto, médio ou longo prazos. Isso se relaciona, por seu tempo, diretamente aos tipos de planejamento: operacional, tático e estratégico, respectivamente.

O planejamento, em especial o chamado planejamento estratégico – de longo termo e amplitude –, costuma ser elaborado tendo em vista os objetivos gerais da organização, mas nem sempre são levadas em conta as percepções localizadas das diversas áreas componentes dessa mesma organização. Por isso, em geral, a direção encomenda, a determinados setores, um novo planejamento estratégico. Ou seja, é feito um planejamento geral e muitas vezes outros planejamentos localizados sem que se levem em consideração as características uns dos outros, o que é um grande erro. De acordo com Ramiro Prudêncio (*apud* Organicom, 2004), diretor da Burson Marsteller na América Latina, é necessário considerar o conceito de planejamento *at table*, ou seja, com a presença dos responsáveis pela gestão das áreas que compõem o todo organizacional.

Planejamento não é encomenda de soluções, mas envolvimento de todas as partes que influenciarão o seu desenvolvimento. De acordo com Oliveira (2002, p. 35),

> o planejamento não deve ser confundido com previsão, projeção, predição, resolução de problemas ou plano, pois:
>
> - previsão corresponde ao esforço para verificar quais serão os eventos que poderão ocorrer, com base no registro de uma série de probabilidades;
> - projeção corresponde à situação em que o futuro tende a ser igual ao passado, em sua estrutura básica;
> - predição corresponde à situação em que o futuro tende a ser diferente do passado, mas a empresa não tem nenhum controle sobre seu processo e desenvolvimento;
> - resolução de problemas corresponde a aspectos imediatos que procuram tão somente a correção de certas descontinuidades e desajustes entre empresa e as forças externas que lhe sejam potencialmente relevantes;
> - plano corresponde a um documento formal que se constitui na consolidação das informações e atividades desenvolvidas no processo de planejamento; é o limite da formalização do planejamento, uma visão estática do planejamento, uma decisão em que a relação custo *versus* benefício deve ser observada.

Assim, planejamento está nos conceitos formais e também informais dentro de cada organização: se por um tempo ele deve ser direcionado por decisões explícitas dos gestores, também é sobremaneira influenciado por questões implícitas, como cultura, clima, imagem etc. Somente a existência de um planejamento não basta para a resolução de quaisquer problemas, mas a observância cuidadosa de cada detalhe do interior e do entorno organizacionais.

Vale lembrar que nenhum planejamento está isolado do conjunto de micro e macrofatores que envolvem as organizações. Como citado, questões internas, como poder, hierarquia, clima, cultura, entre outras, podem influenciar no melhor ou no pior desempenho de cada etapa do planejamento, assim como questões de maior amplitude – sociais, econômicas, geográficas etc. – devem ser consideradas na preparação, no desenvolvimento, na implantação e na avaliação de cada etapa de um planejamento.

Assim, crises internas e externas, mobilizações sociais, condições econômicas, imagem e conceito da organização e do setor no qual atue afetam diretamente o cenário em que se faz o planejamento e no qual ele venha a ser desenvolvido, influenciando, logicamente, em todas as suas etapas. Além disso, a opinião pública em relação a todos esses assuntos deve ser fator de minuciosa observação e atenção.

Farol e bússola no planejamento

Quaisquer planejamentos necessitam ser vistos com base no conjunto de necessidades da organização para a qual são destinados. Para tanto, os elementos básicos de condições internas e externas podem ser avaliados por meio da análise dos ambientes organizacionais.

Para realizar os objetivos, é preciso uma política de comunicação planejada e criativa, ampla e eficiente, cobrindo as mais diversas possibilidades de ações de comunicação sem, contudo, deixar de levar em conta todos os demais fatores que influenciam a vida organizacional.

Os componentes primários da estratégia empresarial são originários dos princípios institucionais, definidos pela missão, visão, filosofia e políticas, e podem ser divididos em duas etapas. A primeira é a análise organizacional, que deve avaliar pontos fortes e pontos fracos, recursos disponíveis, capacidades e habilidades da organização. O outro aspecto é a análise ambiental, composta por oportunidades, ameaças, restrições, contingências, imagem, conceito e concorrência[1].

A possibilidade de controle sobre os fatores internos é maior, mas não é plena, pois mesmo estes estão sujeitos a variáveis complexas, que dependem de percepções e não necessariamente de determinações. Cultura, clima, relacionamentos e diversos *inputs* oriundos do exterior e influenciadores do ambiente organizacional são determinantes na formação de forças e de fraquezas. Já os aspectos relacionados ao ambiente externo estão realmente fora do alcance dos desejos de controle da organização.

---

1 O conceito de análise Swot pode ser aplicado, mas sempre com a preocupação de enxergar o ambiente organizacional com base em sua visão institucional, não deixando os outros aspectos de lado. A ideia de comunicação integrada é aplicada aqui perfeitamente.

Ainda que se priorize e valorize a estratégia, as ações de curto e médio prazos também são essenciais e partem do processo de construção do nível estratégico. Assim sendo, relações públicas se incumbem da

> gestão dos relacionamentos e das ações comunicacionais da organização, mas a partir da visão de conjunto e de longo prazo, de uma participação estratégica no composto da organização, e não de uma posição operativa, com vistas à mera realização de tarefas. Assim, a gestão dos relacionamentos deve estar próxima e atrelada à estratégia da organização, e não apartada desta. (Farias, 2009, p. 52)

No curto prazo trabalha-se com o planejamento operacional, que "pode ser considerado como a formalização, principalmente através (*sic*) de documentos escritos, das metodologias de desenvolvimento e implantação estabelecidas. Portanto, nesta situação têm-se, basicamente, os planos de ação ou planos operacionais" (Oliveira, 2002, p. 49).

Tratando-se de médio prazo, o pensamento tático é que deve atender às demandas. De acordo com Oliveira (*op. cit.*, p. 48), "o planejamento tático tem por objetivo otimizar determinada área de resultado e não a empresa como um todo. Portanto, trabalha com decomposições de objetivos, estratégias e políticas estabelecidos no planejamento estratégico".

Por fim, o planejamento estratégico

> é o processo administrativo que proporciona sustentação metodológica para se estabelecer a melhor direção a ser seguida pela empresa, visando ao otimizado grau de interação com o ambiente e atuando de forma inovadora e diferenciada. (Oliveira, 2002, p. 47)

O planejamento estratégico, no qual devem estar contidos os demais planejamentos – e estes devidamente orientados por instrumentos específicos –, vai guiar a formação do posicionamento da organização.

Alicerce para a construção

Toda organização tem sistemáticas próprias para o gerenciamento de suas informações, que são o ponto de partida para todo planejamento. A maneira como se reúnem e trabalham esses dados é que pode levá-los à condição de informação e, a partir daí, torná-los realmente fatores diferenciais. A sistematização de dados – internos e externos, direta ou indiretamente ligados à organização – deve ser peça básica para o trabalho de planejamento.

Informações sobre políticas internas e condições externas devem ser compiladas, organizadas e analisadas de forma contínua, utilizando-se para tanto dos mais diferentes instrumentos. As pesquisas de dados secundários, as quantitativas e as qualitativas devem ser usadas como recurso para a reunião de informações.

De acordo com Kunsch (2003, p. 218), são doze as etapas que devem ser realizadas para se obter um processo de planejamento adequado:

◆ Identificação da realidade organizacional – enquanto planejamento pode ser considerado essencial para todo e qualquer tipo de organização, relações públicas talvez possam ter maior adequação e resultados em alguns tipos de organizações e nem tanto em outras. Vale verificar se para o caso específico a implementação de planejamento de relações públicas é o que melhor se aplica. Em caso negativo, é essencial que se façam recomendações pela busca de alternativas mais eficientes.

◆ Levantamento de informações – não há um planejamento-padrão, ou seja, cada conjunto de informações deve se restringir a determinado elemento organizacional e em certo recorte temporal. O adequado levantamento de dados deve sempre partir do que existe de formal sobre a organização, mas não descartando, em momento algum, dados informais, tais como história oral, sondagens com formadores de opinião e a voz da empresa, representada por seus gestores.

◆ Análise dos dados e construção de um diagnóstico – a maior vivência por parte dos profissionais envolvidos no planejamento lhes dará condições de avaliar os dados e até mesmo questionar a relevância, veracidade e aplicação do que foi obtido. O diagnóstico deve dar conta dos principais pontos de fragilidade e do encaminhamento para a sua resolução. É nesse momento que se devem utilizar as informações resultantes das análises organizacional e ambiental.

◆ Identificação dos públicos envolvidos – em tempos de geração de conteúdo pelo público de forma geral sobre as empresas, acerca dos mais diversos assuntos, e com o crescente poder e valorização da opinião pública, a essência do trabalho de relações públicas – que é o mapeamento/reconhecimento/aproximação dos públicos – ganha ainda maior importância. O público influencia, a cada dia, mais decisões em todos os níveis, em todas as esferas, e isso deve ser ponto-chave no processo de planejamento.

◆ Determinação de objetivos e metas – se num primeiro momento os objetivos devem ser estabelecidos pela organização para a qual se desenvolve o planejamento, vale sempre a crítica ponderada pela experiência do responsável pela elaboração do trabalho. Nem sempre objetivos desejados são exequíveis, tampouco podem ser transformados em metas. A avaliação dos objetivos deve ser feita à luz das análises organizacional e ambiental.

- Adoção de estratégias – dentro de um planejamento elas podem ser entendidas como alternativas diferenciais de buscar a consumação dos objetivos. São modos especiais e criativos de efetivar objetivos de maneira mais eficaz. Segundo Oliveira (*op. cit.*, p. 196), estratégia pode ser definida como "caminho, ou maneira, ou ação formulada e adequada para alcançar, preferencialmente, de maneira diferenciada, os desafios e objetivos".

- Previsão de formas alternativas de ação – planos de contingência são normalmente associados a situações de crise, mas também devem ser pensados para situações nas quais o previsto (ou o planejado) saia do controle ou se mostre não factível. Pode relacionar-se a aspectos pontuais, como questões de espaço físico, para o desenvolvimento de determinada atividade essencial, ou até mesmo a uma mudança no cenário macroestrutural.

- Estabelecimento de ações necessárias – qualquer planejamento necessita de ações efetivas para que se implemente e realize. A definição de ações ajustadas à demanda exata do planejamento é ponto de partida para o seu sucesso.

- Definição de recursos a serem alocados – a aderência entre objetivos e recursos utilizados será fundamental para que o planejamento seja aprovado e levado adiante, bem como tenha o apoio e a participação dos elementos decisores e dos elementos realizadores. Neste item é necessário observar as necessidades e a viabilidade dos recursos humanos – quem estará envolvido no processo de planejamento –, físicos – quais espaços serão necessários –, materiais – equipamentos, mobiliários etc. – e financeiros – se há verba ou orçamento destinado ao planejamento.

- Fixação de técnicas de controle – cada etapa do planejamento, que deve ser dividido com relação à temporalidade e à responsabilidade (quem deve cuidar da execução de cada parte, em qual período), precisa ter instrumentos predeterminados de controle para que se permitam ajustes necessários ao percurso.

- Implementação do planejamento – após todas as avaliações e ajustes, deve-se colocar em prática o planejamento. Vale lembrar que o planejamento precisa ter um período estimado para a sua execução e pode ser dividido em fases de curto, médio e longo prazos. A implementação de um processo de planejamento terá maior potencial de sucesso à medida que tenha alcançado a participação de todos os públicos prioritários, os quais devem ser informados sobre os procedimentos. Quanto mais cientes do propósito, maior a chance de seu engajamento.

- Avaliação dos resultados – comprovar o alcance dos objetivos inicialmente propostos é importante, porém os instrumentos de avaliação em relações públicas/ comunicação ainda não estão totalmente consolidados, pois transitam muito mais no campo da análise qualitativa que da quantitativa, o que nem sempre é totalmente aceito pelo mercado.

Com quem falar e de quem ouvir

Ao se analisar o ambiente de operação, devem-se identificar as principais tendências e suas implicações para a organização, observando cada ambiente e os públicos estratégicos presentes em cada um deles:

- ambiente interno – composto pelo chamado público interno, do qual fazem parte o conselho de administração, os acionistas, funcionários, associados e assessores;
- ambiente de mercado – indivíduos e outras organizações com os quais se trabalhe diretamente, como clientes, profissionais, financiadores, fornecedores, colaboradores etc.;
- ambiente público – grupos e organizações que se interessam pelas atividades da empresa, tais como órgãos regulamentadores, sociedades de classe, ativistas, mídia, poder público e sociedade em geral;
- ambiente competitivo – indivíduos ou organizações que concorrem para obter a atenção e a lealdade dos mercados e públicos da organização;
- macroambiente – forças fundamentais, em grande escala, que moldam as oportunidades e as ameaças à organização; as chamadas forças macro (demográficas, econômicas, tecnológicas, políticas e sociais); os fatores "incontroláveis" pela organização.

Caminho para soluções

Em qualquer categoria que se enquadrem, as organizações têm uma característica comum: a necessidade de se relacionar com seus públicos. De acordo com Simões, as relações públicas estão presentes em quaisquer tipos de organização, não importando se há uma área definida formalmente para administrá-las. É algo inerente a toda organização, que independe da vontade, da criação de um departamento ou designação de pessoas para cuidar disso.

> Surgem com a própria estrutura, com e no funcionar organizacional. Fazem parte, intrinsecamente, da organização, qualquer que seja sua classificação, tamanho ou finalidade. São operacionalizadas pela própria organização, por tudo o que a mesma fizer ou deixar de fazer. Sempre que existir uma organização, existirá um conjunto de ações implicando relações públicas, bem ou mal realizadas. (Simões, 1995, p. 101)

O planejamento, que ganhou *status* de elemento essencial – ainda que em alguns casos seja muito mais um discurso do que de fato um procedimento –, em muitos ambientes convive ainda com práticas, muitas vezes, baseadas em intuição. Não há receitas ou fórmulas mágicas que em si tragam a panaceia que solucione todos os problemas organizacionais, mas a filosofia do planejamento permite a visualização da realidade, tanto no interior quanto no entorno.

A história da vida das organizações tem demonstrado que aquelas que se propõem a conhecer melhor as características que influenciam o seu funcionamento – e isso nem sempre é muito cômodo, pois o confronto com a própria realidade pode deixar à mostra as suas próprias fraquezas – podem ter melhores resultados em comparação a outras que não o façam.

Não se pode esquecer, em momento algum, que organizações buscam resultados efetivos, mensuráveis, que repercutam em aspectos como lucro, *market share*, *share of mind*, reputação, premiações etc. Nada disso deve ser esquecido durante o planejamento de relações públicas. Ao contrário, deve-se entender que todas as ações de determinada organização, sejam de comunicação ou de qualquer outra área, integram-se, influenciam-se. Se relações públicas não estão diretamente associadas a políticas como as de vendas, por exemplo, não se pode esquecer que imagem, conceito, produto e marca associam-se com a percepção da organização e, logo, com os resultados que se podem alcançar.

Convencer executivos a investir em comunicação – ainda mais se for citado comunicação de longo prazo e que participe dos objetivos e planejamentos globais da organização – pode até, em determinados casos, não ser das tarefas mais simples, mas trata-se de condição *sine qua non* para que a filosofia de relações públicas possa implantar-se de fato e com melhores perspectivas.

Ainda que, no dia a dia, departamentos e agências de relações públicas não possam deixar de realizar tarefas – produção de publicações institucionais das mais diversas, assessoria de imprensa, organização de eventos, *lobby* etc. –, deve-se trabalhar para que elas sejam desenvolvidas em sintonia, buscando-se o conceito de planejamento integrado, que é o princípio de relações públicas.

Referências bibliográficas

FARIAS, Luiz Alberto de. "Comunicación por resultados". In: REBEIL CORELLA, Maria Antonieta (Coord.). *Comunicación estratégica en las organizaciones*. México-DF: Trillas, 2006.

_____. "O campo acadêmico do ensino e da pesquisa em comunicação organizacional e relações públicas no Brasil". In: KUNSCH, Margarida M. Krohling (Org.). *Comunicação organizacional – histórico, fundamentos e processos*. São Paulo: Saraiva, 2009. v. 1.

KUNSCH, Margarida M. Krohling. *Planejamento de relações públicas na comunicação integrada*. Edição rev., atual. e ampl. São Paulo: Summus, 2003.

OLIVEIRA, Djalma de Pinho Rebouças de. *Planejamento estratégico – Conceitos, metodologias, práticas*. São Paulo: Atlas, 2002.

ORGANICOM Revista Brasileira de Comunicação Organizacional e Relações Públicas. Dossiê "Relações públicas: campo acadêmico e profissional". São Paulo: Universidade de São Paulo, n. 5, 2º sem. 2006.

SIMÕES, Roberto P. *Relações públicas – Função política*. São Paulo: Summus, 1995.

YANAZE, Mitsuru H. *Gestão de comunicação e marketing*. São Paulo: Saraiva, 2008.

3

Princípios organizacionais: processo de construção no contexto do discurso organizacional

JÚLIO CÉSAR BARBOSA

A retórica e o discurso empresarial

Este capítulo tem como ponto de partida – tanto de lógica quanto de análise do discurso – a utilização dos conceitos de Philipe Breton, que possibilitam o entendimento de que toda argumentação explicitada pelo autor está centrada na figura da oralidade do discurso. Por meio dela pode-se explicar o processo de construção da comunicação, seja ela institucional, mercadológica ou política, levando-se em consideração dois tipos específicos de elementos: os de ordem afetiva, *ethos* (caráter do orador, sua credibilidade) e *páthos* (conjunto de emoções que o orador suscita na audiência), e os de ordem racional, *logos* (a argumentação do discurso, no que se refere à palavra falada, ou mesmo a força de expressão que esta exerce sobre os públicos ou a audiência).

Os elementos anteriormente citados remetem o leitor ao campo do pensamento científico denominado retórica. Segundo alguns pensadores desse campo, ainda que a comunicação tente persuadir ou influenciar indivíduos ou grupos, dando-lhes orientação, a comunicação permanece no campo da retórica.

Assim, na tentativa de estabelecer vínculos para a compreensão dos princípios organizacionais no contexto da comunicação, pode-se afirmar que a retórica é, por natureza, a linha condutora e expressiva dessa área de estudo. Outro fator a ressaltar acerca da contextualização da comunicação é o próprio ato retórico que, para Campbell (2005, p. 54), "é uma tentativa intencional criada e elaborada para superar os obstáculos numa dada situação, com uma audiência específica, sobre determinada questão, para conseguir um determinado objetivo". No ato retórico estão contidos vários aspectos caracterizadores da manipulação trabalhada por Breton (2003, p. 45): "a manipulação é, na maioria das vezes, associada a todos os métodos que consistem em intervir emocionalmente, afetivamente na relação que se estabelece entre aqueles que desejam convencer e o seu público". Considerar essa premissa, no conceito de Campbell, conduz à ressonância necessária para a compatibilização desse processo com o que é realizado nas organizações.

O homem é, por natureza, um ser retórico. Ele usa a linguagem como instrumento de mudança ou reforço de percepções, sentimentos, valores, posicionamentos e ações. Assim, pode-se dizer que os elementos de ordem afetiva (*ethos*) têm valor inestimável por representar a figura que fala, que parece compactuar com os sentimentos do coletivo na comunicação, por afirmar e reafirmar o caráter de autoridade do orador sobre a audiência. Já *páthos*, por fazer que essa figura estabeleça com a audiência uma relação simbólica e mítica da realização do coletivo sobre o indivíduo, por transferir pela palavra e para a palavra o desejo incontestável, talvez proporcione libertação e êxtase às massas que se apegam na sua existência.

Nesse sentido, em todo o aspecto filosófico, no que se refere a um estado de pensamento, há uma concepção dialógica e dialética do poder e da submissão. O orador submete-se a um modelo midiático de estetização da mensagem para exercer a influência necessária à dominação sobre a audiência.

No contexto do processo de aceitação e de escolha, o discurso torna-se produto, bem como o próprio orador. Doravante, esse termo remeterá às organizações como sujeito do discurso. De seu carisma ou do formato adotado por ele dependerá o êxito de toda a sua mensagem.

A mensagem terá seu objetivo expresso mais na forma que no próprio significado. Breton (*ibidem*, p. 56) diz ainda: "de uma maneira geral, a estética da mensagem tende, quer na publicidade quer na comunicação, a valer mais que o conteúdo".

Encaixa-se nessa afirmação a lógica, enclausurada na acepção dos conceitos de manipulação e persuasão, se analisada do ponto de vista da semântica dos dois termos. Hoje, a *persuasão* está intimamente ligada ao ato retórico de transmitir informações para convencer, mediante argumentação da realidade, o qual conduz o público à análise do fato. Já *manipulação* remete à criação de um fato, de um argumento ficcional (não da realidade) e amplia o foco de pensamento às massas de modo que abstraiam o fato real e partam para o processo de assimilação por meio de um jogo cênico e fantasioso na busca de elementos afetivos que suplantem ou atenuem o racional.

Essa proposição também deve levar em consideração outro fator de abordagem: a repetição, cujo valor nos processos de manipulação é ressaltado por Breton por manter em evidência o orador e seu tema. Na comunicação, esse valor é o fator primordial para o convencimento da audiência, que atribui importância por entender que a contínua aparição determina um conceito subliminar de autoridade e sabedoria. Assim, a repetição é um elemento da retórica clássica por dar sentido tanto ao tema quanto ao seu orador. Envereda-se, então, pelo *logos*, a oralidade em si, o triunfo da palavra dita e repetida como força modificadora de conceitos, provocadora de adesões e manipuladora efetiva dos sentimentos. Na comunicação, esses elementos se traduzem na mais pura manifestação do poder menos instintivo e muito mais estudado, que se realiza na ação do homem.

As técnicas necessárias podem ser apreendidas e aprendidas, e o modelo deve ser adotado e reestruturado de acordo com os interesses individuais de quem detém o poder. Aí, também, reside o perigo da descaracterização dos valores institucionais que deveriam orientar as organizações.

A palavra falada e a palavra escrita

Ainda na estrutura de texto proposta por Breton, afigura-se um sentido mais apropriado à comunicação institucional quando esta se encontra diretamente inserida nos jogos de poder das organizações e perpassa o conceito de comunicação organizacional.

A retórica, antes de propriedade única do homem, é introduzida nas organizações. Surge, então, no relacionamento entre organização e seus públicos, no uso deliberado de símbolos (palavras e imagens calcadas em valores) em resposta às exigências de determinada situação.

Para sobreviver, a organização necessita da manifestação de seus aspectos políticos: ela também vai dar conotação estética a seu discurso, seja por meio da publicidade, das novas tecnologias, ou mesmo de sua simples interface mercadológica. Segundo Morgan (2003, p. 123), "as organizações são sistemas de informações. São sistemas de comunicação, sendo também sistemas de tomada de decisão". Nesse processo de tomada de decisão, está explícita a necessidade de um jogo político que envolve questões de relacionamento com o governo, com o mercado e com os consumidores, o que requer uma capacidade incessante de reestruturação e reorganização de seu próprio universo institucional.

A informação será, então, o agente desencadeador de todo o processo retórico na formação dos princípios organizacionais. Para Coelho Netto (1973, p. 67), "no tempo de que dispõe para a observação e a quantidade de informação a ser recebida, o receptor ora optará pela exploração da forma, ora será realmente obrigado a recebê-la como um todo".

Reconhece-se cada vez mais que as organizações complexas devem ser objeto de estudo da antropologia. Entre os conceitos antropológicos mais importantes são citados a cultura, os mitos e as diversas representações simbólicas que movem a sociedade. Quando transpostos para uma organização, eles podem ser analisados do ponto de vista de um microambiente organizado, com procedimentos próprios que interagem em diversos aspectos: poder, linguagem, autoridade e submissão, e outros tantos, como clima organizacional, integração e expressividade, que necessitam ser apreendidos e entendidos por todos os membros que a compõem. Em foco, e dentro da proposta de construção deste texto, deve-se salientar a extrema importância de estabelecer definições apropriadas sobre o que venham a ser os princípios organizacionais.

Os princípios organizacionais

Uma organização não é uma ilha, mas também não pode trabalhar com padrões preestabelecidos ou predeterminados, sob a égide de elementos pluralistas e exclusivamente coletivos. A organização não pode ficar sem levar em consideração sua realidade, suas peculiaridades, sua cultura e, por conseguinte, seus princípios organizacionais. De acordo com Daft (1997, p. 2), "as organizações são entidades sociais dirigidas por metas, são projetadas como sistemas deliberadamente estruturados e coordenados, interligados ao ambiente externo [...]".

A organização é, por vezes, vista apenas como um sistema projetado exclusivamente para obter lucro por meio de objetivos predeterminados, o que lhe atribui rigidez e pragmática de predador. Nos estudos iniciais da governança corporativa, esta seria a visão dos *stockholders* – corrente do pensamento na qual os gestores têm a atribuição formal de incrementar o retorno dos acionistas da empresa.

Percebe-se, assim, um contraponto direto com outro conceito de governança que articula sua existência para os *stakeholders*, em que os gestores têm a atribuição ética de respeitar os direitos de todos os agentes afetados pela empresa e de promover o seu bem. Essa é outra premissa reveladora para comparar a comunicação institucional e o trabalho de relações públicas.

Ao se considerar o objetivo das relações públicas, como área de atuação e como profissão, fica claro que seu papel no estabelecimento da compreensão mútua e na integração de interesses entre a organização e os públicos está em consonância com o preceito mais atual da governança, aquele voltado aos *stakeholders*.

As organizações devem ter um nível de coerência que determine uma atuação mais inteligente, que busque o envolvimento, os diversos níveis de participação e oportunidades à procura de soluções mais criativas para os seus problemas. Nas organizações modernas, deve-se atuar sob a égide da transparência e da ética. Assim, é preciso compreender: o que desencadeia o conhecimento nas organizações – tácito (experiências individuais dentro do grupo e do grupo na organização) ou explícito (maneiras pelas quais se manifestam e instrumentalizam essas experiências, para a formação de um novo conhecimento) – só é possível porque acontece no que é conhecido como cultura organizacional.

Para alguns teóricos da administração, em especial Schein, cultura organizacional traduz-se da seguinte forma:

> é um padrão de pressupostos básicos – inventados, descobertos ou desenvolvidos por um determinado grupo à medida que ele aprende a lidar com seus problemas de adaptação externa e integração interna – que tenham funcionado suficientemente bem para ser considerados válidos, e assim, ser ensinados aos novos membros como forma correta de perceber, pensar e sentir em relação a esse problema. (Schein *apud* Daft, 1997, p. 35)

A cultura organizacional gera vários elementos de expressão para a organização, entre eles os princípios organizacionais: missão, filosofia, visão, políticas, objetivos e valores. Para Megginson (1998, p. 428), "cultura organizacional é um conjunto de crenças, valores e padrões de comportamento que forma o núcleo de identidade de uma organização".

É por meio desse conjunto que seus colaboradores, associados, parceiros, mercado e sociedade, de maneira geral, passam a compreender a instituição e seu discurso empresarial. Também por meio dele o planejamento estratégico geral da empresa ou o de comunicação ganham diretrizes para a sua formulação.

Os princípios organizacionais deveriam ser entendidos como enunciados da organização que representam seu modo de pensar a sua relação com a sociedade e com os seus públicos. São também diretrizes de atuação que norteiam os procedimentos para um relacionamento positivo.

Nos livros de administração, ou pelo menos em boa parte da bibliografia consultada, a expressão *princípios organizacionais* é também denominada *propósitos organizacionais*.

> os propósitos organizacionais são os alicerces de uma organização [...]. É o conjunto de elementos básicos que caracterizam aquilo que a organização gostaria de ser, a sua vontade, seu desejo de ser e de agir [...]. É o impulso a motivação maior que fornece essa força direcionando a organização para os caminhos que ela escolher, enfim, o propósito sintetiza sua vontade própria, sua autoimagem e suas crenças básicas. (Costa, 2002, p. 35)

Na maioria dos casos, os princípios acabam por ser uma compilação de textos sem qualquer significado ou lógica. Muitas vezes estão resumidos a um emaranhado de repetições e redundâncias, de conotação puramente estética ou figurativa. Leva-se em consideração a bela forma de apresentação, pastas bonitas com fotos e acabamento gráfico de primeira linha, mas vazias de conteúdo e principalmente de discurso institucional.

Muitos desses textos de princípios organizacionais parecem ser cópias mal-acabadas de outros textos ou, talvez, traduções imperfeitas. É assustador quando, do ponto de vista administrativo, tais textos figuram entre os pré-requisitos para certificações ou mesmo a garantia de selos e de prêmios.

Na tentativa de estabelecer novos conceitos para a elaboração dos princípios, toma-se a fala de Breton. Ele põe o leitor diante das palavras-armadilha (utilizaremos a grafia proposta pelo próprio autor para dar ênfase ao termo), "[...] desinformação veiculada por vocábulos de conteúdo tendencioso. Uma vez transpostas, com sua carga de sentido demagógico, para a linguagem corrente, servem de munições de pequeno calibre na permanente batalha pela conquista dos espíritos [...]" (2003, p. 36).

Cabe citar algumas delas de interessantes significados: os substantivos *valor*, *soluções*, *oportunidades*, *negócios*, e o verbo *oferecer*. São estudados e analisados mais de cento e trinta textos referentes aos princípios organizacionais e realmente foram encontradas as palavras-armadilha, com sentidos desconexos e ambíguos. A seguir, apresenta-se o significado semântico e gramatical de algumas delas:

Quadro 1   As palavras-armadilha

Valor	Importância que se atribui a algo ou a alguém: bens, riquezas.
Oportunidades	Ocasião favorável à realização de algo.
Soluções	Resultado; conclusão de um problema.
Negócios	Qualquer coisa; transação comercial.
Oferecer	Apresentar algo para que seja aceito.

Utilizadas de maneira aleatória, na tentativa de criar algum nível de impacto sobre o leitor, são muitas vezes sobrepostas, sem nenhuma especificação do que realmente a organização tenta passar, como mensagem, para seu público. Como exemplo, pode-se analisar:

Missão 1

"A missão de nossa empresa é compreender as necessidades e *oportunidades* de nossos clientes e *oferecer soluções* mais *rápidas* e melhores do que outros competidores e concorrentes."

Missão 2

"Manter a liderança no setor e *oferecer soluções rápidas* e eficazes aos clientes em qualquer segmento, em qualquer lugar do planeta."

Caso fosse feita uma substituição das palavras, talvez cada sentença tivesse ainda outro sentido. Em muitos casos, a missão, a visão e a filosofia correm risco de ser apenas textos banalizados pela organização que cumprem uma função meramente superficial, deixando de caracterizar, portanto, o discurso da organização.

Conceituação e exemplificação dos princípios
Missão institucional

Na busca por um significado real para a missão proposta pelas empresas, depara-se, então, com dois problemas: qual o significado da missão institucional, segundo autores renomados da literatura nacional e internacional de administração, marketing e comunicação? O que está efetivamente publicado nesses enunciados? Quanto à diferença de razão e sentido, pode-se apontar:

É a razão da existência da organização. A missão descreve os valores da organização, as aspirações e sua razão de ser. (Daft, 2002, p. 46)

Uma declaração de missão de uma organização responde à pergunta: qual é o negócio desta empresa? (Lamb, Hair e McDaniel, 2004, p. 17)

É a declaração de propósitos e do alcance da organização em termos de produtos e serviços. Ela se refere ao papel da organização dentro da sociedade em que está envolvida e significa sua razão de ser e de existir. (Chiavenato, 2005, p. 55)

Define a razão de ser da organização, para que ela serve, qual a justificativa de sua existência para a sociedade, ou seja, qual a função social exercida por ela. (Rezende e Tachizawa, 2000, p. 39)

É a razão de ser da empresa. Nesse ponto procura-se determinar qual o negócio da empresa. Por que ela existe? (Oliveira, 2002, p. 126)

Desde sempre, na administração e no marketing, não há coerência quanto ao que vem a ser missão. Os autores tentam manter uma linha de coesão quando dizem ser a razão de existir da empresa, o que, diante do desconhecimento de quem formula a proposta textual, pode não ajudar muito. São observadas, na construção semântica do conceito, várias palavras-armadilha, utilizadas de maneira mais elucidativa em alguns conceitos. Além disso, nota-se a utilização pretensiosa e sem significado das palavras que tentam criar na audiência um significado, mas não têm sentido algum na lógica do conceito adotado pelos próprios administradores.

Quando o autor refere-se à questão das palavras-armadilha apresentada por Breton, fica mais clara a manipulação implícita na escolha de alguns textos de princípios organizacionais.

Observe exemplos que podem demonstrar a problemática nos enunciados de missão:

A missão da empresa é criar valor para os pacientes, para nossos funcionários e acionistas e mais valor para todos.

Planejar para o futuro, para sobreviver às incertezas, valorizando o homem e o trabalho, e estar sempre atento às oportunidades.

Desenvolver as oportunidades de negócios e oferecer produtos e serviços de alta qualidade e de valor agregado.

Por três semestres seguidos o autor deste capítulo questionou os alunos de pós-graduação acerca do significado dos textos apresentados acima. Em um primeiro momento, eles tentaram buscar na memória algum tipo de significado para as frases; em um segundo momento, fizeram tentativas frustradas de avaliação, pressupondo algo sobre o que representariam para as organizações que elaboraram os textos.

Na questão das palavras-armadilha, os textos demonstram o uso do amálgama cognitivo: colocar sintaticamente palavras de modo artificial e sugerir, em seguida, uma ligação de sentido, de conteúdo ou mesmo deixar que um texto complementar oriente o significado, como explica Breton (2001).

Visão empresarial

Destacam-se neste momento os conceitos acerca do termo *visão*, apresentados por diversos autores de administração e marketing. Para eles, a visão está claramente vinculada a um objetivo da organização e deve demonstrar interesses futuros.

Macro-objetivo, não quantificável, de longo prazo. Onde a organização espera estar no futuro. (Rezende e Tachizawa, 2000, p. 39)

A visão oferece um quadro em perspectiva de "o que somos, o que fazemos e para onde vamos", ela não deixa dúvida do rumo de longo prazo da organização. (Thompson e Strickland III, 2004, p. 36)

A visão é um modelo mental, claro, de um estado ou citação altamente desejável, de uma realidade futura possível. (Costa, 2002, p. 35)

Ocorre também na visão a diferenciação de conceitos, o que provoca o desentendimento do que realmente é, restando àquele que irá elaborar os enunciados um grau ainda maior de confusão e incoerência. Apresentados alguns conceitos, torna-se possível estabelecer, na proposta adotada para a análise dos princípios, algumas palavras-armadilha. Dessa forma, serão expostos alguns trechos de enunciados de visão empresarial de organizações, aqui propositadamente suprimida a autoria:

É o nosso objetivo o que nos motiva a desenvolver as melhores soluções para nossos consumidores.

Visão: nossa missão é valorizar a cidadania por meio do comprometimento com as comunidades interna e externa.

Ser a maior, melhor e mais bem-sucedida empresa de telecomunicações do Brasil.

Como é possível constatar, há grande disparidade de propostas sobre o mesmo tema – não que deva haver um texto idêntico. Não é puramente um problema de escrita, mas de entendimento do que vem a ser visão empresarial. Muitos apresentam apenas um objetivo a ser atingido, outros explicam tantas coisas que se perdem, sem dizer absolutamente nada de relevante da empresa – ora a generalidade, que implica superficialidade, ora o exagero do rebuscamento textual também sem significado.

Pretende-se demonstrar que o texto precisa ser elaborado com coerência, que a representação textual da organização, em sua totalidade, não deve apenas ser colocada em um quadro na parede de um executivo de empresa. Mais que apenas memorizar com facilidade, é preciso estabelecer um vínculo real entre a visão e a organização, para que não seja mais um elemento, fruto da burocracia empresarial e da falta de talento de gestores na leitura crítica da própria organização em que atuam. Em muitos casos, durante a pesquisa, foram encontrados textos enormes, construídos sem que fossem levados em consideração nem a organização nem o público, o que é ainda mais grave. Além do tamanho exagerado, havia uma total falta de estilística que facilitasse a leitura. Confundiu-se, em alguns casos, objetivo com utopia.

A visão, no que se refere aos princípios, é o único elemento que tem vinculação direta com o mercado, e pode ser alterada, melhorada e reescrita à medida que se alcance o objetivo ou se tenha novo diferencial.

Filosofia organizacional

Dos três principais itens que compõem os princípios organizacionais, a filosofia talvez seja o que menos as organizações desenvolvem. Primeiro, pela complexidade do conceito; segundo, por se vincular muito mais à rotina da organização na visão da administração e do marketing; e terceiro, por não se estabelecer conceitualmente como estado de pensamento calcado no conhecimento.

A filosofia deve ter e fazer sentido dentro da organização como algo peculiar, diferente, além disso, sua missão é orientar sobre aquilo que a empresa realmente acredita, sobre o que vivencia e expressa. Assim, nota-se uma diferenciação de proposições de conceito, visto que a filosofia está no âmbito do pensamento e a administração no fato, no acontecimento em si, na prática de procedimentos cotidianos.

> Nunca, talvez, a realidade tenha exigido tanto e tamanho rigor, qualidade e sistematicidade do pensamento para se agir, tomar decisão e definir estratégias. A filosofia, relegada a certo ostracismo no mundo dos negócios, passa a ser resgatada, não como uma mediação, por meio da reflexão, entre a realidade em que vivem empresas e empresários e a necessidade de se intervir nela. (Hartmann, 2005, p. 4)

A conceituação é sempre o diferencial que possibilita o entendimento do que se quer enunciar. Assim como se dá com a missão e a visão, também a filosofia precisa ser conceituada. Destacam-se aqui conceitos de autores de administração e marketing que determinam mais claramente a filosofia.

> É o conhecimento que produz um significado sobre a realidade. (Costa, 2002, p. 64)

> Ela irá orientar as decisões em todos os níveis e poderá contribuir para o sucesso ou para o fracasso da empresa. Por isso, precisa ser bem pensada e bem formulada. (Arantes, 2000, p. 121)

Filosofia é, sobretudo, uma atitude, um pensar permanente. É uma visão do mundo, uma concepção da vida e que o homem adota para uso pessoal. (Telles, 1981, p. 10)

É a base de sustentação da comunicação. (Cahen, 2005, p. 19)

A filosofia reflete a sabedoria da empresa e exige um esforço permanente de reflexão, concepção, prática, avaliação e aprimoramento. (Arantes, 2000, p. 122)

É a fonte de todas as coisas imaginadas e praticadas que existem nos empreendimentos. (Hartmann, 2005, p. 39)

A seguir, alguns exemplos de textos de filosofia empresarial retirados de *sites* e outras publicações institucionais, como folhetos, portfólios, *book*/perfil institucional, catálogos, jornais internos e revistas empresariais.

Filosofia: visão – a essência da filosofia da nossa empresa é a nossa visão: ser a empresa mais admirada devido à sua gente, suas parcerias e seu desempenho.

Nossos compromissos: tem como seu maior compromisso a prestação dos melhores e mais confiáveis serviços, buscando níveis de qualidade compatíveis com as exigências de seus clientes. A empresa trabalha para cumprir uma grande meta: consolidar-se como uma das melhores empresas do mercado, um exemplo de eficiência e confiabilidade [...]

Ser a companhia que melhor entende e satisfaz as necessidades de produtos, serviços e autorrealização das mulheres no mundo todo...

Filosofia: [...] exercício da responsabilidade social, contribuindo para o desenvolvimento de uma qualidade de vida melhor nas comunidades onde atua, com a prática de ações de boa cidadania e respeito ao meio ambiente físico e social [...]

Ao retomar o primeiro exemplo de filosofia, em consonância com os conceitos citados anteriormente, o que se pode avaliar é que a empresa caracteriza a filosofia pela repetição da própria visão, o que não faz sentido, tendo em vista que são aspectos diferentes da organização. A empresa apenas reforça a visão, ou seja, o objetivo principal, além de reafirmar também a questão dos públicos prioritários.

Breton, em seus estudos, foca o discurso falado, mas também fornece subsídios para a análise do texto escrito, apresentando uma gama de estruturas para que se possa reconhecer, no discurso organizacional expresso em publicações e meios oficiais, a incoerência das decisões tomadas quanto à própria capacidade de expressão da organização.

Palavras têm força construtiva ou destrutiva, tanto na fala quanto na escrita. Talvez a maior diferença esteja no meio utilizado para a sua expressão: ao contrário da escrita, a fala nem sempre pode ser provada. O ditado diz: "Se não foi escrito, não tem valor", ou ainda: "Palavra dita é palavra empenhada". Tudo dependerá sempre da ética e da capacidade de estabelecer um diálogo verdadeiro e sem o uso de subterfúgios tanto na comunicação organizacional quanto no cotidiano das organizações.

Uma organização só terá êxito se conseguir se comunicar, ou pelo menos entender, seus próprios processos comunicacionais, ou seja, é no cotidiano das organizações que deve atuar a comunicação. Acima de tudo, todos os seus atos retóricos devem estar em consonância com a sua cultura. Assim, ela abre caminho para o entendimento de seus próprios preceitos de governança corporativa.

O conhecimento é a base principal para que se constitua o eixo de estrutura do desempenho dos grupos, dos públicos e dos elementos dentro da sociedade (sociedade e organizações). É o elemento fundamental que se tenta trazer aos leitores. Foca-se aqui a proposta de evidenciar uma maneira mais clara e objetiva pela qual o profissional de relações públicas poderá ser orientado quando da elaboração textual, seguindo uma argumentação lógica que propiciará compreensão do significado real do discurso e dos princípios organizacionais.

Antes da elaboração textual dos princípios, é necessário evidenciar o papel do relações-públicas e alguns procedimentos que deverão ser seguidos. São eles:

1. Estude, tenha certeza do seu conhecimento quanto ao que vêm a ser princípios organizacionais. É sempre bom buscar outros conceitos e autores sobre o tema.
2. Analise minuciosamente a organização. Um *briefing* malfeito pode pôr a perder qualquer processo de criação.
3. Conheça as estratégias de negócios da empresa, seus produtos e serviços, seu modo de pensar e viver o mercado. Em especial, reforce seus conhecimentos sobre gestão de negócios da empresa. Lembre-se de que o fato de você estar fazendo comunicação institucional não deve ser um limitador. Suas necessidades de informação da organização são ainda maiores.
4. Dialogue com a direção. Sem o aval da cúpula, todo o processo fica comprometido. A cúpula deve ser a primeira a ser informada e pesquisada, atuar como coordenadora e ser exemplo para a organização.

5. Pesquise com o corpo gerencial e *a posteriori* com toda a organização sobre o que pensam e como veem a organização. A construção do saber requer pesquisa e, principalmente, o conhecimento dos seus pares. É preciso conhecer a opinião do público interno; afinal, são esses profissionais que vivenciam o discurso da empresa, dando-lhe sustentabilidade e legitimidade. Além, é claro, de ser o principal agente multiplicador.

6. Analise todos os dados. Este é um ponto crucial do processo: uma análise imparcial das informações deve ser feita. Minuciosa e criteriosa, ela ajudará na preparação de propostas de estudo dos textos futuros.

7. Defina claramente os fatos comunicáveis. Tenha certeza de que eles são entendidos e percebidos por todos dentro da escala de prioridade estabelecida.

8. Faça um texto inicial para discussão. Esse texto é apenas um guia para facilitar as primeiras discussões. Siga as instruções de como elaborar um texto.

9. Proponha reuniões de discussão e debate. Organize eventos dinâmicos para primeiro explicar o conceito de cada item que compõe os princípios e depois organizar o pensamento coletivo em forma de textos que possam ser lidos e analisados por toda a empresa.

10. Promova e organize uma reunião com a cúpula da empresa para finalização da proposta.

11. Finalize o texto. Para que não haja dúvida, tenha como base os conceitos e orientações descritos a seguir.

12. Divulgue. Publique em todos os meios disponíveis da organização como intranet, revista, boletim, *site*. Utilize em toda e qualquer peça promocional, para também reforçar a marca, qualificar ainda mais sua identidade e gerar reputação favorável.

Uma proposta de elaboração efetiva dos princípios

Apresentamos ao leitor algumas possibilidades de construção de um discurso organizacional mais coeso e coerente, que culmine na elaboração de um texto de fácil entendimento por parte de todos os públicos.

Missão
Conceito
A razão de existir de uma organização, isto é, aquilo que ela realiza. Propõe mais sobre "de onde ela vem" do que "para onde ela vai".

Você deverá focar em seu texto os seguintes itens:

◆ Objeto
No que sua organização trabalha? Essa é a pergunta-chave que deverá ser respondida em primeira instância. Se responder hospital, clínica ou laboratório, por exemplo, o objeto será "saúde"; se responder escola, universidade ou cursinho, o objeto será "educação". A diferença está na qualificação desse objeto pela organização.

◆ Setor
Identifique o setor de atuação da organização. Se o objeto é saúde, por exemplo, o setor poderá ser farmacêutico, hospitalar, laboratorial. Isso já indica o que faz a organização.

◆ Base operacional
Definido e entendido o objeto, avalie sua atuação no contexto do objeto. Caso seu objeto seja transporte, seu setor de atuação o automobilístico, você deverá definir se produz ou apenas comercializa automóveis. Trata-se da identificação da base de operacionalização: deixe claro no que atua, o que realmente faz, sua linha de produto e/ou serviços (exemplo: *design*, produção, montagem, distribuição e comercialização de automotivos).

◆ Abrangência
Indique a abrangência da atuação de mercado, ou seja, se é regional, estadual, nacional ou mundial.

◆ Estilo
Aqui se foca a qualificação textual, ou seja, vocabulário, gramática e até mesmo nível textual do autor – sua forma de escrever, sempre levando em consideração o discurso da empresa.

Do ponto de vista semântico, três possibilidades podem ser aventadas para a elaboração do início do texto:

1. A EMPRESA X tem como missão institucional *a ação voltada para* [usar substantivo].
2. A EMPRESA Y *investe seus recursos em/na* [usar substantivo].
3. A EMPRESA Z tem como *compromisso principal* a/o [usar substantivo].

Observe os exemplos a seguir identificando: (1) objeto; (2) setor; (3) base operacional; (4) abrangência; e (5) estilo.

Tem como missão institucional a ação voltada ao sistema de transporte (1) com atuação setorizada no ramo automobilístico (2) pela fabricação de veículos automotores no que se refere a *design*, produção, distribuição e comercialização (3) em toda a América Latina (4), propiciando qualidade e conforto ao homem (5). (Empresa automobilística)

Tem como compromisso principal a atuação em finanças (1) para a guarda e aplicação (3) de recursos financeiros (2) de terceiros em investimentos rentáveis, bem como o desenvolvimento de produtos bancários para comercialização (3) junto a pessoas físicas e jurídicas em todo o território nacional (4), primando pela segurança e pela lucratividade (5). (Instituição financeira)

Investe seus recursos no setor farmacêutico (2), atuando na pesquisa, desenvolvimento, produção e comercialização (3) de remédios diversos, para a melhoria da saúde (1) em todo o território nacional (4) lançando produtos específicos para atender a diversas patologias para assim beneficiar as pessoas (5). (Empresa farmacêutica)

Como *trading* de comércio e gestão internacional (2) de exportação e importação (1) tem o compromisso com a captação e negociação (3) de bens de consumo duráveis e não duráveis em todo o mundo, com foco de atuação no Brasil (4) sempre preocupados e comprometidos com a ética para com seus públicos (5). (Empresa de comércio exterior)

Visão

Conceito

Convicção profunda sobre o modo de ver, fazer e entender as coisas; expõe os diferenciais que tornam o sonho da organização possível. Explica as bases, ou seja, o que qualifica a organização.

Na visão, é fundamental explicitar a *posição da empresa* com referência ao mercado de atuação, seu principal *sonho ou objetivo geral*. É essencial também que sejam apontados *os diferenciais positivos da organização* que possibilitem a realização desses sonhos e ideais, ou seja, o que ela considera como seus pontos fortes para estar em posição de destaque na sociedade, bem como as principais premissas que a mantêm e manterão entre as melhores. O texto deve aliar aos dados racionais de qualificação da organização o *elemento emocional* necessário ao envolvimento dos públicos vinculados, resgatando os *aspectos históricos* e os *valores da organização*.

Observe os exemplos abaixo e identifique: (A) posição da empresa; (B) objetivo geral; e (C) diferenciais positivos.

Somos hoje a 8ª empresa do setor farmacêutico (A) e desejamos ser a empresa nacional (B) com melhor nível de credibilidade e aceitação dos públicos, focando sempre nossa atuação na história de ética e, principalmente, na qualificação do público interno, na pesquisa e na gestão tecnológica (C), garantindo inovação nos medicamentos de preservação da saúde. (Empresa farmacêutica)

A Tess Company é considerada hoje a única empresa do segmento comércio internacional com certificação nacional (A) e tem como objetivo ser a organização líder no mercado e reconhecida pela competência de gestão empresarial (B), tendo como diferencial a capacidade de seus profissionais. Trabalha empregando modernos métodos de governança corporativa, além de controles informatizados de gerenciamento (C).

Filosofia

Conceito

Em que a organização acredita; como entende, percebe, conceitua e define seu objeto de trabalho.

A filosofia entende o conhecimento como um conjunto de aspectos relevantes que em um plano maior pode e deve orientar a organização. Aranha e Martins (1993) afirmam que "a filosofia quer superar a fragmentação do real para que o homem seja resgatado na sua integridade e não sucumba à alienação do saber parcelado".

Quando se fala em filosofia institucional, deve-se sempre ter em mente que o foco principal deve ser tratado como um objeto único da empresa, ou seja, não poderá ser examinado de maneira parcial, mas sob a ótica de que ele representa o todo, o conjunto da organização e, portanto, deverá promover uma integração de todas as partes com o núcleo central e o contexto no qual ela está inserida.

Assim, a filosofia deve trabalhar a *concepção do objeto* da organização, materializando o conhecimento sobre tal. Se o objeto é a educação, por exemplo, deve-se focar como a organização a concebe.

> Educação é o processo de condução e orientação do ser humano para o acúmulo de informações qualificadas, propiciando raciocínio e saber. (Faculdade de Comunicação)

> A saúde é essencial ao homem, nela concentra-se todo potencial pela busca da qualidade de vida. Mas é, acima de tudo, criar condições mais que satisfatórias para preservar a vida humana. (Hospital)

Assim, a proposta de elaboração dos princípios organizacionais é finalizada, salientando a importância do profissional de comunicação na construção de uma identidade forte e coerente para a organização. Acima de tudo, deve-se ter clareza de que o texto escrito represente, perpetue e compartilhe, com os públicos, informações da organização. Portanto, não pode ser ambíguo ou malfeito, deve ser a representação da cultura e da identidade. Não deve retratar apenas como se deseja ser visto, mas sobretudo ser um espelho que mostre o que de fato existe na essência do "ser organizacional".

Referências bibliográficas

ARANHA, Maria Lúcia de Arruda; MARTINS, Maria H. Pires. *Filosofando – introdução à filosofia.* São Paulo: Moderna, 1993.

ARANTES, Nélio. *Sistema de gestão empresarial: conceitos permanentes na administração de empresas válidas.* São Paulo: Atlas, 2000.

BRETON, Philipe. *A palavra manipulada.* Trad. Manuel Ribas. Lisboa: Caminho, 2001.

_____. *A argumentação na comunicação.* 2. ed. Bauru: Edusc, 2003.

CAHEN, Roger. *Tudo o que seus gurus não contaram sobre comunicação empresarial.* São Paulo: Best Seller, 2005.

CAMPBELL, Joseph. *O poder do mito.* Trad. Carlos Felipe Moisés. São Paulo: Palas-Athena, 2005.

CHIAVENATO, Idalberto. *Comportamento organizacional – a dinâmica do sucesso das organizações.* 2. ed. Rio de Janeiro: Campus, 2005.

COELHO NETTO, J. Teixeira. *Introdução à teoria da informação estética.* Petrópolis: Vozes, 1973.

COSTA, Eliezer Arantes da. *Gestão estratégica.* São Paulo: Saraiva, 2002.

DAFT, Richard. *Organizações: teoria e projetos.* São Paulo: Thomson/Pioneira, 2002.

HALLIDAY, Tereza Lúcia. *Atos retóricos: mensagens estratégicas de políticos e igrejas.* São Paulo: Summus, 1988.

HARTMANN, Luiz Fernando P. *Planejamento estratégico para o gerenciamento total da inovação.* 9. ed. Porto Alegre: Rotermund, 2005.

KUNSCH, Margarida M. Krohling. *Planejamento de relações públicas na comunicação integrada.* Ed. atual., revis. e ampl. São Paulo: Summus, 2003.

LAMB, Charles W.; HAIR, Joseph F.; McDANIEL, Carl. *Princípios de marketing.* São Paulo: Thomson Learning, 2004.

MEGGINSON, Leon C.; MOSLEY, Donald C.; PIETRI, Paul H. *Administração – conceitos e aplicações.* 4. ed. São Paulo: Harbra, 1998.

MORGAN, Gareth. *Imagens da organização.* São Paulo: Atlas, 2003.

OLIVEIRA, Djalma de P. Rebouças. *Planejamento estratégico: conceitos e metodologia.* São Paulo: Atlas, 2002.

REZENDE, Wilson; TACHIZAWA, Takeshy. *Estratégia empresarial – tendências e desafios.* São Paulo: Makron, 2000.

TELLES, Antonio Xavier. *Introdução ao estudo da filosofia.* São Paulo: Ática, 1981.

THOMPSON, A. Arthur; STRICKLAND III, Armand J. *Planejamento estratégico – elaboração, implementação e execução.* São Paulo: Thomson, 2004.

4

De públicos para cidadãos: uma reflexão sobre relacionamentos estratégicos[1]

MARIA JOSÉ DA COSTA OLIVEIRA

Introdução

Áreas de comunicação e marketing costumam utilizar frequentemente o termo *público* para designar aquele grupo de pessoas para o qual destinam uma mensagem, seja ela institucional ou mercadológica. Como profissional de relações públicas, aprendi há muito tempo que público, segundo Cândido Teobaldo de Souza Andrade (1989, p. 40), é um grupo espontâneo de pessoas, com ou sem contiguidade física, que recebe abundância de informações, analisando uma controvérsia, com atitudes e opiniões múltiplas, e oportunidade de discussão.

Com tal conceito, diferencia-se de outros grupos como a *massa* e a *multidão*, justamente porque é no público que existe a possibilidade de estabelecer relacionamentos não só de curto como também de médio e longo prazos, portanto mais duradouros.

As classificações mais tradicionais de público em relações públicas apontam que ele pode ser interno ou externo, como defende Wey (1983, p. 65), ou ainda dividido em interno, externo e misto, conforme Andrade (*op. cit.*, p. 78).

Pode-se dizer que tais classificações, para a época em que foram propostas, atendiam ao cenário político, social e econômico vigente. Contudo, novos cenários surgiram e alguns autores passaram a defender outras formas de classificação de público, como é o caso de França (2004, p. 105), que propôs as categorias públicos essenciais, públicos não essenciais, públicos de redes de interferência; ou Cesca (2006, p. 31), com

---

1   Trabalho apresentado ao GT de História, teoria e pesquisa em relações públicas do III Congresso da Abrapcorp.

sua proposta baseada no vínculo jurídico-físico, que classifica o público em interno vinculado, interno desvinculado, misto vinculado, misto desvinculado e externo.

A contribuição de tais autores trouxe luz para a discussão sobre a importância de a atividade de relações públicas estar atenta aos novos tempos. Ao analisar um cenário em constante transformação, em que se enfatizam conceitos como responsabilidade social, democracia e cidadania, podemos perceber, porém, que o próprio termo *público* está equivocado para a sociedade atual, em que novas tecnologias avançam aceleradamente e modificam as formas de relações estabelecidas seja em espaços mais privados ou espaços públicos.

As fronteiras, por mais que haja resistências, deixam de existir, pois o que acontece é compartilhado em tempo real com pessoas que estão fisicamente próximas ou do outro lado do planeta. Por isso, o termo *público* parece tão defasado – ao utilizá-lo sempre está subentendido que se trata do objeto de uma empresa ou outro tipo de organização. Públicos soam como destinatários, como receptores.

Atualmente não se estabelece mais a divisão entre emissor e receptor. O termo adequado aos tempos de novas tecnologias é *interlocutor*, característico de um cenário de comunicação, de ação e reação, de troca, de compartilhamento e não de informação caracterizada por dados emitidos em um único sentido.

Tais considerações iniciais apontam para o objetivo deste artigo, o qual, com base em levantamento bibliográfico, procura refletir sobre a forma como são estabelecidos relacionamentos estratégicos por parte das organizações. Afinal, em um conceito básico como *público*, já está embutida a relação unilateral e de submissão que integra as políticas de comunicação e de marketing de empresas.

Revisitar o conceito e reavaliar seu emprego no novo contexto social é, portanto, o que se espera realizar neste capítulo, ainda que não se tenha a intenção de esgotar o assunto, que deve ser debatido até um possível consenso.

Cidadania – de público para cidadão

Como o tema sugere, o conceito de cidadania precisa ser resgatado, até porque seu significado na sociedade democrática envolve justamente participação na esfera pública. Isso pressupõe relacionamentos entre atores sociais, tendo como base respeito aos direitos humanos, participação nos negócios públicos, enfim, deveres e direitos, inclusive os ecológicos, de gênero, étnicos, liberdade de expressão, respeito à individualidade e às identidades específicas e justiça social.

Como já destacado em outros trabalhos, a conquista da cidadania é um processo histórico surgido na Grécia antiga com a noção de cidadão. Entretanto, nasceu com dimensão de exclusão e mantendo a hierarquização social. Desde então, o conceito sofreu grandes transformações e se tornou mais complexo e inter-relacionado com democracia, compondo-se dos direitos civis e políticos – direitos de primeira geração e dos direitos sociais – direitos de segunda geração.

Os primeiros compreendem direitos individuais de liberdade, igualdade, propriedade, de ir e vir, à vida, à segurança. Os direitos políticos referem-se à liberdade de associação e reunião, de organização política e sindical, à participação política e eleitoral, ao sufrágio universal. Os direitos de segunda geração incluem não só direitos sociais, como também econômicos ou de crédito, nos quais se apresentam os direitos ao trabalho, à saúde, educação e aposentadoria, ao seguro-desemprego.

Há ainda os novos direitos (Sherer-Warren, 1999, p. 60), os chamados direitos de "terceira geração" (ecológicos, de gênero, étnicos etc.), que passaram a receber atenção tanto dos governos quanto das empresas, organizações do terceiro setor e sociedade em geral, pois envolvem o povo, a nação, coletividades étnicas ou a própria humanidade.

Vieira (1999, p. 23) destaca também os direitos de "quarta geração", relativos à bioética, para impedir a destruição da vida e regular a criação de novas formas de vida em laboratório para engenharia genética. Peruzzo define que:

> ser cidadão é ter direito de ver-se protegido legalmente, de locomover-se, de interferir na dinâmica política, de votar e ser votado, de expressar-se. É também ter o direito de morar numa casa digna, de comer bem, de poder estudar e trabalhar. É, por fim, ter o direito de participar, com igualdade, na produção, na gestão e na fruição dos bens econômicos e culturais. (Peruzzo, 1999, p. 287)

É óbvio, contudo, que o conceito de cidadania, em pleno terceiro milênio, ainda é excludente, porque muitos indivíduos em nossa sociedade ainda não conseguem usufruí-lo. Mesmo assim, é interessante observar a defesa que se faz de seu efetivo exercício por parte de todos, entendendo-se que quem tem direitos, consequentemente, tem deveres, pois só assim todos podem ser considerados cidadãos.

No Estatuto da Criança e do Adolescente consta que:

> Cidadão é todo aquele que deve ser subjetivamente respeitado em seus direitos. É a pessoa que tem direitos. Ocorre que todos são iguais perante a lei (ou a lei é igual perante todos) nas sociedades modernas. Logo, todos são cidadãos. Isso cria um fenômeno social juridicamente relevante, muito especial. Se os que convivem na sociedade são cidadãos, os direitos de um terminam num ponto em que começam os direitos do outro. Nesse ponto das relações sociais em que terminam os direitos de um, começam os seus deveres. Quem tem direitos necessariamente tem deveres. (Estatuto, 1993/1995, p. 12)

Scherer-Warren ainda lembra que a ampliação dos direitos de cidadania relaciona-se com os processos de democratização da sociedade, o que leva a entender que o processo de democratização também deve influenciar uma nova percepção dos indivíduos e grupos sociais da sociedade, conforme defendido neste artigo.

Com essas considerações, fica claro que o conceito de cidadania evoluiu. A sociedade deixou de ser subjugada ao poder do príncipe e passou a ter valor em si. As instituições públicas, privadas e do terceiro setor surgiram para servir ao cidadão e não o inverso. Assim, o cidadão é o sujeito, e não o objeto. O cidadão é o elemento central, não o periférico. É a sociedade o essencial e não há como considerar que grupos de cidadãos não sejam essenciais, ainda que não sejam afetados nem afetem uma organização de maneira direta.

O cidadão, por sua vez, pertence a diferentes grupos sociais, mas de forma alguma pode perder o que historicamente vem conquistando. Por isso, as organizações e os profissionais de comunicação devem entender que, independentemente do tipo de ligação mantido entre os grupos sociais e as instituições públicas ou privadas, deve-se ter como referência o sujeito cidadão, para quem e com quem são estabelecidos relacionamentos mais próximos ou mais distantes, dependendo do vínculo que exista.

O cidadão, como pode-se analisar a partir dos conceitos de cidadania, representa um estágio avançado do indivíduo. Ele deixa de ser objeto e passa a ser sujeito; deixa de ser receptor e passa a ser interlocutor; deixa de ser público e passa a ser agente social.

Relacionamentos sociais, cidadania e comunicação

Os relacionamentos sociais, ou mesmo as redes sociais, permitem analisar o estágio de cidadania de uma sociedade, já que exigem uma base de virtudes sociais como confiança, respeito, ética, solidariedade. No entanto, o nível de confiança e, consequentemente, de respeito, ética e solidariedade varia conforme o estágio de evolução da sociedade, fixando-se uma relação de causa e efeito, num processo cíclico em que um depende diretamente do outro.

Apesar de sua evidente importância, os relacionamentos sociais informais foram, por muito tempo, negligenciados pelos estudiosos da comunicação ou relegados a segundo plano. Alguns autores endossam essa afirmação. Katz-Lazarsfeld, por exemplo, assegura que,

até bem recentemente, a imagem da sociedade nas mentes da maioria dos estudiosos da comunicação era de indivíduos atomizados, vinculados à mídia de massa mas não entre si. A sociedade – a "audiência" – era concebida como agregados de idade, sexo, classe social, e coisas assim, mas pouco se pensava nos relacionamentos subentendidos mais ou menos como relacionamentos informais. O que importa não é que o estudioso da comunicação de massa estivesse na ignorância do fato de os membros da audiência terem família e amigos, mas sim que ele não acreditava que pudessem afetar o resultado de uma campanha; relações impessoais, por conseguinte, eram consideradas irrelevantes para as instituições da sociedade moderna. (Katz-Lazarsfeld *apud* Defleur e Ball-Rockeach, 1993, p. 211)

Entre os estudiosos aos quais Katz faz referência, encontramos Wright Mills (1963), que afirma que "cada indivíduo é um átomo isolado que reage isoladamente às ordens e às sugestões dos meios de comunicação de massa monopolizados" (*apud* Wolf, 1987, p. 24).

Este, de fato, é um alerta que não se pode deixar de considerar quando se analisa uma questão tão precípua como é a construção da cidadania, que subentende um processo consciente de participação social. Nesse ínterim, acredita-se que os meios de comunicação de massa precisariam desenvolver um papel muito mais educativo. No entanto, certa resistência é reconhecida nesse sentido, uma vez que os proprietários dos veículos de comunicação de massa detêm o poder econômico e não parecem dispostos a democratizar os meios de comunicação, possibilitando o acesso de todos.

Os veículos de comunicação de massa – denominação que abarca não só os mais tradicionais, como a televisão, o rádio, o jornal, a revista, mas também os veículos sinônimos das novas tecnologias, como a internet, a intranet etc. – têm levado o indivíduo ao isolamento cada vez maior e o tratado basicamente como receptor, como audiência.

Todas essas pressuposições em relação ao indivíduo na sociedade moderna e o fato de muitos estudiosos considerarem "a sociedade caracterizada pela escassez de relações interpessoais e por uma organização social amorfa" (Katz-Lazarsfeld *apud* Defleur e Ball-Rockeach, 1993, p. 210) provocaram a ausência de valorização dos relacionamentos sociais informais, dificultando o maior desenvolvimento da cidadania, e mesmo do nível de confiança da sociedade.

Com isso, torna-se cada vez mais necessário promover o relacionamento humano, até como forma de garantir o exercício da cidadania, pois, isolado, o indivíduo perde a capacidade de convivência e de consciência de seus direitos e deveres. Isolado, tende a ser mais egoísta, mais intolerante. Queira ou não, esse comportamento causa impacto no núcleo familiar, nas organizações, no espaço público, ou seja, nos diferentes grupos sociais, prejudicando todos.

Por isso, as políticas de comunicação das organizações devem contribuir em nível crescente para o exercício da cidadania, de modo a entender o papel dos grupos sociais e promover aproximação com eles, valorizando-os em seus diferentes papéis de agentes sociais. Afinal, elas próprias constituem-se, também, atores sociais.

Os relacionamentos sociais são fundamentais em qualquer sociedade, até porque o convívio em grupo faz parte da natureza humana. Desse modo, a atuação dos líderes de opinião também precisa ser analisada.

O papel dos líderes ou protagonistas

A análise do papel dos líderes de opinião torna-se necessária, pois a influência que eles exercem sobre os indivíduos pode ser determinante para o fortalecimento do processo de cidadania. Além disso, quando é proposto analisar a aplicação do conceito de cidadão e suas interfaces, no lugar de público, constata-se que o papel do líder tende a ser cada vez mais importante, por sua capacidade de influência.

Philip Lesly faz uma análise especial sobre os líderes de opinião e sua relação com os meios de comunicação de massa, destacando que

> o líder é normalmente mais exposto à mídia ligada à sua área de influência; após o seguidor ter sido influenciado pelo líder de opinião, os meios de comunicação de massa poderão lhe oferecer materiais e argumentos que o seguidor utilizará para fortalecer sua opinião recém-adquirida. (Lesly, 1995, p. 51)

Lesly também destaca a dificuldade de identificar os líderes de opinião, pois, para ele,

> enquanto o conceito de líderes de opinião é revelador, o problema de localizá-los é geralmente impossível de se superar. Como estes não são claramente identificáveis, seja por posição, seja por outros meios; com base nessa teoria mantém-se a necessidade de manter concentração na mídia de massa – que é de onde os líderes de opinião têm a tendência de retirar o combustível para desenvolver as opiniões que passam para os outros. (Lesly, *op. cit.*, p. 52)

Mesmo dedicando-se a analisar em especial o conceito de líderes de opinião, é importante lembrar que é possível identificar três grupos distintos de categoria "líder", estando grande parte deles cada vez mais afastada de contatos diretos com o público em geral:

- ativistas vocais – devotados a levar uma causa adiante;
- líderes de opinião – mídia de massa e educadores-chave;
- líderes com poder – legisladores, chefes de setores governamentais, juízes e outros que detêm o poder para empreender ações que afetam organizações e a sociedade.

> Atualmente, o grupo mais visado tem sido crescentemente o dos líderes de (com) poder. Eles podem, de fato, fazer as coisas acontecerem e cada vez mais sentem que devem iniciar ações que afetam organizações privadas em vez de apenas mover quando exigências públicas ou necessidades são sentidas. Os ativistas vocais, a mídia, os grupos de indivíduos influentes e os grupos, assim como o público em geral, possuem meios de influenciar os líderes com poder, mas têm pouco poder por si sós. (Lesly, *op. cit.*, p. 52)

Cabe destacar que, atualmente, além dos líderes em suas diferentes categorias, surge um conceito fortemente defendido na construção da cidadania: o protagonismo. Ser protagonista significa desempenhar ou ocupar o primeiro lugar num acontecimento (Ferreira, 1989, p. 534). É também construir sua história de vida.

Com base nessa definição, pode-se entender a clara interligação entre protagonismo e liderança. Observa-se, porém, que o protagonismo pode ser entendido como uma versão mais aprimorada e atualizada de liderança, pois inclui responsabilidade e comprometimento sobre as ideias que ele ajuda a propagar e deixa clara sua participação no grupo social ao qual está vinculado.

Assim, o termo *protagonismo* parece mais apropriado quando se trata de cidadania, uma vez que o indivíduo pertencente àquele grupo social deve exercer um papel preponderante e ao mesmo tempo integrado com os demais membros do grupo.

Por outro lado, o cidadão participa de diversos grupos sociais. Tem, portanto, diversos papéis a desempenhar. Assim, ele pode ser líder ou protagonista em um grupo, mas não necessariamente em todos os que integra. No saudável exercício democrático e de cidadania, é preciso entender que quanto maior a diversidade de protagonistas mais diversidade de grupos sociais deve existir; ao mesmo tempo, é nesse contexto que se aprende a respeitar as diferentes posições que se assume.

Mapeamento dos atores sociais *versus* classificação de públicos

Se a aplicação do termo *público* for considerada equivocada, mais equivocado será fazer a classificação dos públicos de uma organização, mesmo porque cada indivíduo que compõe a sociedade exerce diferentes papéis e, mesmo em relação às organizações, pode manter diferentes formas de relacionamento. Ou, em outros termos, uma relação multifacetada. Isso significa que o indivíduo pode ser colaborador e ao mesmo tempo membro da comunidade, além de consumidor.

Em vez da defesa da classificação de públicos, espera-se que os profissionais de comunicação e marketing tenham a capacidade de mapear os atores sociais com os quais uma organização mantenha relacionamentos estratégicos, bem como os líderes ou protagonistas desses grupos.

Mapear significa, por sua vez, identificar os diferentes papéis que cada ator pode exercer em uma relação com organizações ou mesmo no espaço público, porque, queira ou não, uma empresa não se fecha em si mesma. Ela também é um ator social dentro de um processo mais amplo.

Cada organização, assim como cada indivíduo, tem obrigação social de atender ao interesse público. Pode-se, então, analisar o conceito de comunicação pública, que, segundo Duarte (2007, p. 59), centraliza o processo no cidadão. Matos (*apud* Duarte, *op. cit.*, p. 47) também trata de evidenciar o conceito de comunicação pública "como espaço plural para a intervenção do cidadão no debate das questões de interesse público".

Matos procura também analisar o conceito de capital social, intimamente ligado às redes sociais e de comunicação disponíveis para as interações dos agentes sociais (Matos *apud* Duarte, *op. cit.*, p. 54). Assim, o autor lembra que "a rede social pode ser dimensionada pela confiança que os membros atribuem aos participantes e às consequências associadas a esse sentimento" (Matos *apud* Duarte, *op. cit.*, p. 55). A comunicação organizacional precisa seguir os passos da comunicação pública para considerar os agentes sociais e conferir a eles um peso específico.

Considerações finais

O assunto, evidentemente, não se esgota aqui. O propósito deste texto é suscitar o debate para a busca de consenso em torno de adequações necessárias na área de comunicação. Entender a sociedade atual, seus atores, seus protagonistas, permite nova abordagem na relação entre os diferentes agentes sociais, incluindo-se empresas, órgãos públicos e organizações do terceiro setor.

Ainda que não se perceba, a forma como as pessoas se dirigem aos indivíduos e aos grupos sociais embute, em geral, uma relação de submissão, unilateral, autoritária. Democracia não é um termo restrito ao âmbito político. Deve ser aplicado no dia a dia, sendo incorporado como cultura, porque também é preciso entender e respeitar as culturas locais, regionais e nacionais, por mais que sejam globalizadas.

Tudo tem seu tempo, e a comunicação precisa ser inserida nessa dinâmica da sociedade e deixar velhos paradigmas para efetivamente cumprir seu papel na sociedade.

Referências bibliográficas

ANDRADE, Cândido Teobaldo de Souza. *Psico-sociologia das relações públicas*. 2. ed. São Paulo: Loyola, 1989.

CESCA, Cleuza G. Gimenes (Org.). *Relações públicas e suas interfaces*. São Paulo: Summus, 2006.

DEFLEUR, Melvin; BALL-ROCKEACH, Sandra. *Teorias da comunicação de massa*. 5. ed. Rio de Janeiro: Jorge Zahar, 1993.

DUARTE, Jorge. *Comunicação pública: estado, mercado, sociedade e interesse público*. São Paulo: Atlas, 2007.

ESTATUTO da Criança e do Adolescente. Campinas – SP. *Publicação do Conselho Municipal da Criança e do Adolescente*, 1993/1995.

FERREIRA, Aurélio Buarque. *Dicionário da língua portuguesa*. Rio de Janeiro: Nova Fronteira, 1988.

FRANÇA, Fábio. *Públicos: como identificá-los em uma nova visão estratégica*. São Caetano do Sul: Difusão, 2004.

LESLY, Philip. *Os fundamentos de relações públicas e da comunicação*. São Paulo: Pioneira, 1995.

PERUZZO, Cicília M. K. "Relações públicas com a comunidade: uma agenda para o século XXI". Artigo apresentado no GT de Relações Públicas do *XXII Congresso Brasileiro de Ciências da Comunicação – Intercom*, Rio de Janeiro, 1999.

SHERER-WARREN, J. *Cidadania sem fronteiras: ações coletivas na era da globalização*. São Paulo: Hucitec, 1999.

VIEIRA, I. *Cidadania e globalização*. 3. ed. Rio de Janeiro: Record, 1999.

WEY, Hebe. *O processo de relações públicas*. São Paulo: Summus, 1983.

WOLF, Mauro. *Teorias da comunicação*. Lisboa: Presença, 1987.

5

Identidade, imagem e reputação: empresas sem pertencimento no mundo da interdependência

FLAVIO SCHMIDT

Introdução

Identidade, imagem e reputação são questões ligadas entre si. Essa ligação é tão profunda que merece estudo individualizado. Em si, essas questões formam uma concepção completa. As associações começam pela própria ordem e são complementação uma da outra. Ou seja, sem identidade não há imagem, e sem imagem não há reputação.

A velha máxima "empresa é formada por pessoas" pode estar desgastada por ter sido demasiada e indevidamente utilizada, mas continua como premissa válida para todo início de processo de análise de uma organização – especialmente quando se pretende estudar a identidade empresarial.

Para começar, identidade é composta por muitos fatores, mas alguns não podem deixar de ser observados e atendidos. A identidade começa pelas referências que o indivíduo tem com o mundo em que vive – sua origem, a de sua família e de seus ancestrais. Uma pessoa sem essas referências não sabe o motivo de sua existência.

Saber que está vivo e não ter sentimento de pertencimento no mundo é mais vazio que um tambor, que faz barulho, mas não contém nada por dentro.

Singur e Alene[1]

Na primeira vez que tive notícias de Singur, ele se encontrava sentado numa esquina do Porto de Santos, sozinho, sem documentos, dinheiro ou comida – ele tinha apenas

---

1 *Singur* em romeno quer dizer "único". *Alene* em dinamarquês quer dizer "sozinha".

a roupa do corpo. Sem ideia do país em que se encontrava, permanecia ali sentado, ouvindo quem passava, na esperança de encontrar alguém que pronunciasse alguma palavra conhecida de seu idioma. Não tinha alternativa, senão encontrar alguém que pudesse entendê-lo para se comunicar e saber, afinal, onde se encontrava.

Singur, depois de ver sua casa invadida por militantes de seitas adversárias e presenciar a morte de seus pais, teve de se separar de seus irmãos e fugir para não morrer. Perseguido, estava na condição de fugitivo e embarcou de forma clandestina num navio cargueiro rumo aos Estados Unidos. Entretanto, a informação era errada, e ele acabou embarcando num cargueiro com destino ao Brasil.

Alene teve de fazer o mesmo, pois se encontrava numa situação de perseguição religiosa e risco de vida. Ela e sua família embarcaram em navios diferentes, mas seu destino representava a separação, uma vez que os navios tinham rumos opostos. Sua família navegou para os Estados Unidos, e ela acabou vindo ao Brasil. Abandonada, sem saber o que esperar, perdeu suas referências numa viagem sem final feliz.

Singur e Alene são dois indivíduos de países diferentes, mas com uma história comum: foram perseguidos e acabaram se refugiando sozinhos em lugares distantes para sobreviver.

A situação de ambos é dramática, não somente porque perderam seus bens materiais, roupas e dinheiro, nem porque estão famintos e resfriados. É dramática porque carregam apenas o nome, não trazem nenhuma referência concreta senão a lembrança do que deixaram para trás: seus entes queridos, seus amigos, suas referências como pessoa, como ser humano. Eles não têm nome, história ou identidade própria.

Quem não está na situação de Singur e Alene não pode imaginar quão duro é não ter uma identidade. Pode-se experimentar uma pequena parcela desse sentimento quando se está perdido, com seu carro quebrado, num bairro distante e desconhecido, ou ainda diante de uma situação pessoal, de doença, sem emprego e sem recursos para sobreviver. Imagine, então, alguém que perdeu completamente as referências da própria vida.

Ao longo deste capítulo, o tema será retomado e a história de Singur e Alene será ampliada. A história deles, em proporções menores, é a mesma de muitas empresas e pessoas.

Os efeitos da imigração

Há outras maneiras mais simples, mas igualmente dolorosas, de perder a identidade. A imigração ocorrida no final do século XIX e início do século XX também foi marcada pela perda da identidade.

Alemães, italianos e japoneses, levados pelas promessas do império por um mundo melhor, de terra fértil, independência e riqueza, desembarcaram no Brasil aos milhares.

Os alemães, por exemplo, foram marcados pelo desengano. Atraídos com contratos assinados com o império, foram convencidos de que teriam terra própria e soldo por um ano para iniciar a vida em terras brasileiras. Ao chegar a São Paulo, foram encaminhados a grandes barracões, onde permaneciam à espera do prometido pelo governo imperial.

Traídos, meses após meses de abandono e infortúnio, descobriam que haviam deixado para trás seus entes queridos, seus amigos, suas referências como pessoa. Sem pátria, sem idioma, sem nenhum recurso, esquecidos e desolados, perambulavam pelas ruas da freguesia, bêbados e maltrapilhos, sem identidade. É por isso que existem, até hoje, as colônias de estrangeiros em todo o Brasil, especialmente em São Paulo. As colônias tentam, pelo somatório das lembranças de seus integrantes, restabelecer aspectos de sua cultura e manter minimamente suas identidades.

A identidade pessoal

O ser humano não pode sobreviver sem identidade, pois ela representa as referências de tempo e espaço sobre a existência do indivíduo na vida e na sociedade. A identidade é, simplesmente, a segurança pessoal da pessoa em relação à sua existência, que lhe dá equilíbrio emocional e psicológico para se manter vivo e saudável.

Um indivíduo sem identidade perdeu suas referências. Sem elas, ele vive sem se sentir vivo. Por isso, o estudo e a prática da genealogia têm se tornado cada vez mais frequentes, pois ajudam a salvar indivíduos do desolamento existencial.

Atualmente, existem muitos recursos para ajudar as pessoas nessas condições. Um dos principais serviços é realizado pela ONG Refugee United, que carrega a marca Refunite[2]. Ela tem oferecido recursos para refugiados resgatarem com segurança sua identidade em busca de localização de familiares e amigos queridos.

Sem pertencimento

Casos de perda de identidade, atualmente, acontecem de maneiras muito mais sofisticadas e sutis. O período de globalização favoreceu esse processo e fortaleceu o sentimento de ausência de pertencimento.

---

2 Para mais informações, consulte o *site* www.refunite.org.

Com as intensas migrações internacionais, há quem se caracterize pela transnacionalidade. Residentes clandestinos em situação ilegal, outros legalizados, mas distantes de suas origens, e muitos outros legalmente chamados de "expatriados" vivem uma vida isenta de identidade e pertencimento. Não perderam suas referências, mas são indivíduos que carregam o sentimento de não pertencer a lugar algum e vivem num processo de transmutabilidade contínua. Afastam-se de suas referências de origem e não aderem a uma nova cultura ou realidade.

Países como Estados Unidos, Canadá, França, Inglaterra e Holanda questionam os efeitos da migração internacional e o risco de transformar a sociedade, gerando a perda da identidade nacional. Afirmam que o primeiro passo para essa perda é a transformação do conceito de cidadania, de pertencimento, que deixa de existir de fato para criar o conceito de cidadão do mundo.

Os argentinos costumam dizer que são mais europeus do que os próprios europeus – autoafirmação que demonstra o reconhecimento e a responsabilidade de um povo com sua identidade, com a preservação de sua cultura e cidadania. Eles sabem o que isso significa para o equilíbrio de seus cidadãos. Nada tem que ver com arrogância ou prepotência, como pode parecer.

O Brasil navega nesse oceano, envaidecido pela intensa miscigenação dos povos que formaram a nação brasileira. Essa é uma característica que deve ser motivo de orgulho, sem dúvida. Entretanto, por causa da miscigenação, o país está aberto a tanta influência e interferência externa (como a dos Estados Unidos, por exemplo) que pode ter sérios prejuízos para a preservação de sua identidade cultural e social.

Internacionalização dos mercados

A internacionalização dos mercados levou empresas a se sediar em diversos países diferentes, causando o mesmo efeito provocado nos indivíduos transnacionais. Empresas sem identidade e cidadania praticam a extração das riquezas indiscriminadamente, deixando um vazio sem significado. Elas são administradas e gerenciadas a distância e suas decisões são, na maioria, tomadas em função de uma realidade que não existe. Esse simples fato é gerador de crises como a que estourou na área financeira mundial recentemente, afetando outros setores da economia do país.

Apesar de os brasileiros amarem a globalização e se divertirem na era da informação, ficaram extasiados com os impactos da crise norte-americana gerados na economia nacional. Os trabalhadores de empresas sem identidade executam seus serviços para cumprir objetivos globais que, na maioria das vezes, nada têm que ver com a sua realidade local, e muito menos com sua própria realidade.

A perda da identidade corporativa não começou recentemente

O processo de modernização foi iniciado muito antes do processo de globalização e internacionalização dos mercados. O avanço da tecnologia a partir de 1990 impactou o Brasil fortemente, principalmente no que diz respeito à identidade corporativa. Avaliar um pouco essa história leva-nos a compreender melhor a formação da identidade, da imagem e da reputação das empresas sediadas no Brasil.

1980 – o conceito de durabilidade, resistência e permanência

No início da década de 1980, a grande preocupação dos fabricantes era a durabilidade do produto. A tecnologia era limitada e estava voltada a criar produtos resistentes e duradouros. Era comum ver e ouvir nas campanhas de publicidade que os produtos eram de pai para filho e isso ocorria efetivamente. Quantas crianças não andaram com os triciclos e bicicletas de seus irmãos mais velhos?

1988 – melhor qualidade do processo, maior qualidade empresarial

No final da década de 1980, as preocupações se voltaram para a qualidade de produtos que não eram do tipo "duradouro" e se consumiam mais rapidamente. Nessa época, foram criados os Centros de Controle de Qualidade (CCQs), formados por grupos de empregados de todas as fases de produção que discutiam a melhora da qualidade do processo. Para eles, quanto maior fosse a qualidade do processo, melhor seria a qualidade do produto e, consequentemente, a qualidade da empresa seria reconhecida.

1990 – a reestruturação da empresa

A descoberta da qualidade do processo, a chegada dos avanços tecnológicos e o início da globalização fizeram os administradores acreditar que a qualidade empresarial passava por uma reestruturação geral, técnica e administrativa.

Esse período foi caracterizado pela implementação dos processos de certificação ISO e dos Programas de Qualidade Total. Com eles, os administradores implementaram também os processos chamados de Reengenharia Industrial e Reestruturação Administrativa, que tinham como objetivos otimizar e acelerar processos, eliminar níveis gerenciais e transferir produção de setores para terceiros, a fim de manter exclusivamente a concentração em seus focos de negócios.

Com esses novos procedimentos, os administradores implementaram verdadeiros assassinatos empresariais, não só desmontando estruturas, mas também promovendo, sem se dar conta, a destruição da cultura organizacional e a perda de sua identidade.

1995 – a empresa se volta para o cliente – o cliente era "o rei"

Em meio a toda transformação, dá-se início ao processo de valorização das relações de consumo com a criação do Código de Defesa do Consumidor (CDC), que se tornou um divisor de águas do ponto de vista do relacionamento com o cliente. As empresas incorporaram a prática do CDC e passaram a utilizar a expressão "O cliente é rei".

A preocupação com o cliente passou a existir sem nenhum lastro ou qualquer coisa que a substanciasse. Tudo era voltado, simplesmente, para agradar o cliente. Nesse meio-tempo, as empresas finalizavam, como podiam, os processos de reengenharia e reestruturação administrativa, tentando salvar sua presença no mercado com a satisfação do cliente.

1999 – o final do ciclo de reposicionamento da empresa, mas sem identidade

Nesse momento, as empresas despertaram para uma nova realidade. Estavam reestruturadas e certificadas, idolatrando o cliente, sem nenhuma consistência e identidade organizacional, e com sua cultura danificada.

Efeito Singur e Alene

Em situações diferentes, muitas empresas poderiam ser identificadas como os personagens Singur e Alene.

As empresas provocaram rompimentos com suas histórias, interromperam processos de evolução para entrar num universo novo e desconhecido, sem referências e repleto de desafios, num ambiente incerto de atuação, com novas tecnologias, mudanças e transformações permanentes.

As empresas, como Singur, ficaram sentadas nas esquinas do mercado, aguardando indicações do lugar onde estavam para definir o que fazer, como fazer e aonde iriam. As empresas, como Alene, estavam perdidas, sem referências e sem identidade, e seus funcionários ficaram sem saber exatamente o que aconteceu e para onde iriam.

2000/2005 – a reconstrução da cultura e identidade organizacional

Após perceber o estrago que promoveram e o novo mundo em que se encontravam, as empresas passaram a se preocupar com a reconstrução de suas próprias identidades, não só como indústrias de bens e serviços, mas como organizações formadas por grupos humanos.

Esse período fortaleceu a área de recursos humanos, que deixou de ser uma área de prestação de serviços e passou a ser identificada e reconhecida como área de administração de RH, com visão estratégica para reposicionar as pessoas e redefinir os conceitos de missão, visão e valores organizacionais.

Tal movimento remete à busca de aceitação da empresa por seus públicos e tem início o processo de uma nova certificação: o da aceitação pública.

Nessas condições, é preciso retomar o processo de comunicação institucional e de relacionamentos, mas o que mais complica o seu desenvolvimento é a falta de compreensão da identidade da empresa, o desconhecimento de missão, valores e princípios e, consequentemente, a dificuldade de estabelecer objetivos.

Ao mesmo tempo que a área de administração de RH passa a se preocupar em resgatar valores e princípios organizacionais, a área de comunicação precisou se ocupar de uma nova visão de comunicação com a busca de um novo conceito empresarial. Então, um novo e grandioso desafio se apresentava às empresas que precisavam percorrer o longo caminho da construção da identidade, da imagem e da reputação.

2005 em diante – novos valores num mundo sem pertencimento dão muito mais complexidade ao processo

Processos de mudanças do mercado e das organizações sempre ocorreram. Chegaram ao auge na virada do século, mas continuaram nos primeiros anos desse período indicando que a natureza do mundo, dali para frente, seria um processo contínuo de mudanças, com agravantes adicionais em sua forma e velocidade.

O processo de internacionalização dos mercados e a globalização da comunicação, ou seja, o período pós-globalização, fizeram do mundo um grande e único mercado, tanto do ponto de vista de produção quanto do comercial e mercadológico. Do ponto de vista de negócios, não existe mais cidadania ou nacionalismo. O mundo dos negócios é regido pelas leis do mercado, que são dirigidas e orientadas pelos grandes grupos econômicos.

Mundo sem pertencimento

Diante do que foi explicitado anteriormente, vive-se a era da sociedade e dos indivíduos *sem pertencimento*, pois tudo faz parte do mundo em que não se tem o controle do processo e não tem mais nenhum referencial seguro que permita antever e atuar no que poderá acontecer.

No processo de aceitação pública, nos últimos anos, as empresas passaram a associar novos atributos considerados imprescindíveis para a imagem das organizações. Trata-se da reputação corporativa e da sustentabilidade.

Esses atributos passaram a ser ambicionados e buscados a qualquer custo pelas empresas, como se fossem âncoras para solucionar os problemas que vêm carregando há anos e não sabem como solucionar, a ponto de nem mesmo imaginar com que recursos ou a que custo poderão obter sucesso.

Primeiramente, devem-se conhecer algumas definições oficiais de cada um desses atributos.

Reputação

Estado ou sentimento associado a uma pessoa ou instituição, formado pelo conhecimento e pela percepção de um indivíduo em relação a essa pessoa ou organização. A reputação é formada pela identificação da legitimidade existente entre os valores e princípios da empresa e suas ações e os valores e interesses de seus públicos.

Esse processo é concretizado e consolidado apenas quando contiver o princípio e a natureza da comunicação de relações públicas.

Para ilustrar melhor essas definições, deve-se conhecer o que apontam três pensadores de diferentes épocas:

A maneira de se conseguir boa reputação reside no esforço em se ser aquilo que se deseja parecer. (Sócrates)

O caráter é como uma árvore e a reputação como sua sombra. A sombra é o que nós pensamos dela; a árvore é a coisa real. (Abraham Lincoln)

As circunstâncias entre as quais você vive determinam sua reputação. A verdade em que você acredita determina seu caráter. A reputação é o que acham que você é. O caráter é o que você realmente é. (Arnaldo Jabor)

Sustentabilidade

A sustentabilidade está fundamentada em três pilares distintos: o econômico, o social e o ambiental. Suas práticas são dirigidas a dois níveis de envolvimento:

◆ *Para as empresas* – atividade economicamente viável, socialmente justa e ecologicamente correta;
◆ *Para as pessoas* – atitude individual consciente, solidária e socialmente justa e ecologicamente correta.

Do mesmo modo, para melhor ilustrar essas definições, deve-se conhecer o que dizem três diferentes pensadores:

> Se você tem metas para um ano, plante arroz.
> Se você tem metas para 10 anos, plante uma árvore.
> Se você tem metas para 100 anos, eduque uma criança.
> Se você tem metas para 1000 anos, então preserve o meio ambiente.
> (Confúcio)

> A base de toda a sustentabilidade é o desenvolvimento humano que deve contemplar melhor relacionamento do homem com os semelhantes e com a natureza. (Nagib Anderáos)

> Ainda não apareceu o Gandhi da sustentabilidade nem o Mandela da biodiversidade. Não apareceu nenhum Martin Luther King para a mudança do clima. Mas não basta um no mundo. Tem que ter aos milhões, em todas as atividades. (Fernando Almeida)

O processo de formação da imagem e da reputação corporativa

O processo correto de formação da imagem e reputação começa sempre com a identidade corporativa baseada nos princípios e valores da organização e a criação de um conceito prévio para ela.

Trata-se de um processo complexo, o qual envolve aspectos abstratos (como princípios, valores e filosofias), subjetivos (como opiniões, percepções e expectativas) e outros mais concretos (como postura, atitude, comportamento adequado, definido e orientado pela área de relações públicas).

Os valores definem princípios e posturas organizacionais, como a filosofia ética praticada nos relacionamentos e negócios da empresa, como a seriedade e a responsabilidade com que a empresa trata seus deveres e obrigações com o governo, com os funcionários, com os clientes, com o mercado e com os concorrentes.

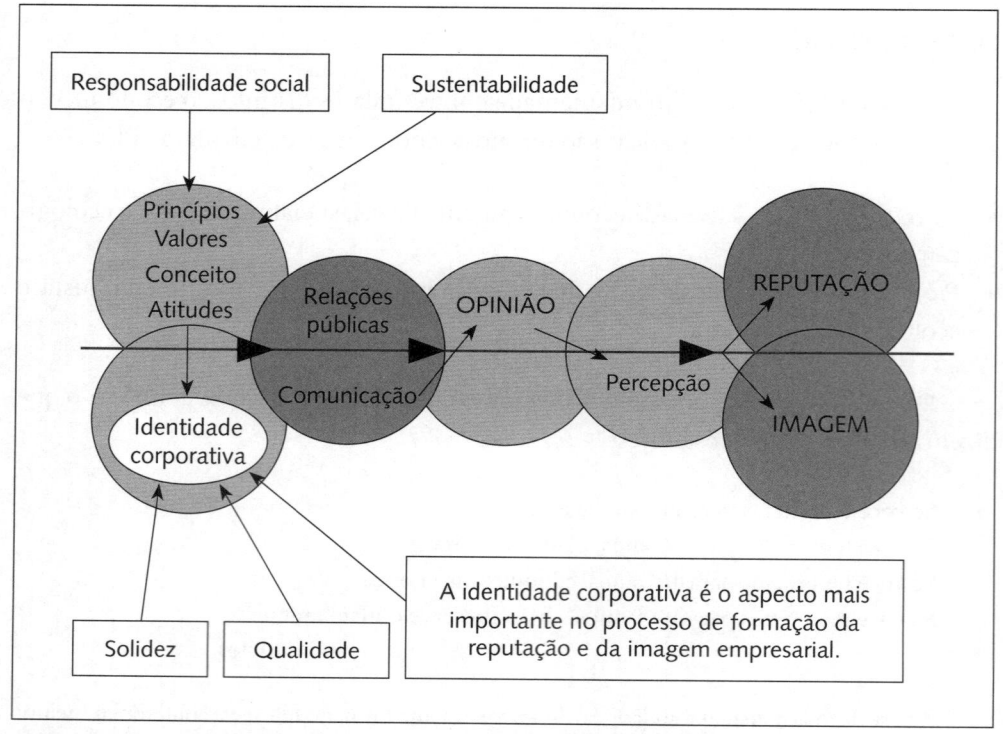

Figura 1 Processo de Formação da Imagem e Reputação Corporativa

Conceito prévio

O conceito prévio é necessário porque é com base nele que os executivos da empresa adotarão a postura e a atitude a ser tomada. A área de relações públicas deve desenvolver o processo de comunicação e relacionamento com os públicos da empresa. O conceito prévio, além disso, será o norteador do tipo e da qualidade da imagem e reputação que a empresa deseja ter.

Sem o conceito prévio estabelecido, não se pode ter o controle do tipo e da qualidade da imagem nem da reputação construída. O conceito predefinido determina a imagem e a reputação desejadas.

A formação da imagem e da reputação organizacional

Com base na formulação do conceito prévio, dá-se início ao processo de comunicação e relacionamento da empresa com seus vários públicos. Esse processo, orientado e acompanhado por ações estratégicas de relações públicas, ocorre da seguinte forma:

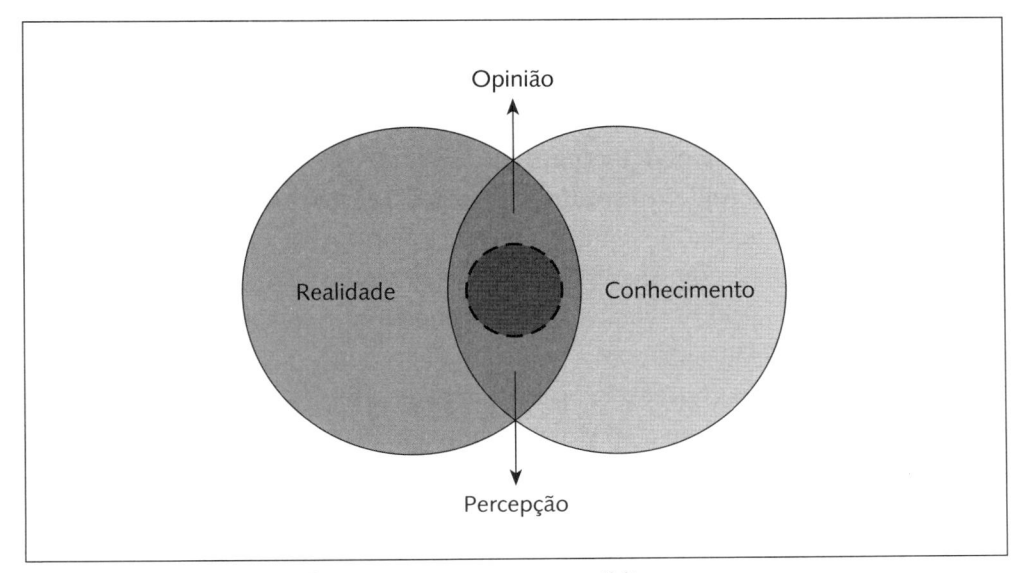

Figura 2   Processo de relacionamento empresa-públicos

A primeira fase de formação da imagem e da reputação tem início na relação estabelecida entre a realidade da organização e o conhecimento adquirido a partir dela. A interseção entre a realidade e o conhecimento gera a opinião e a percepção de um indivíduo sobre a organização.

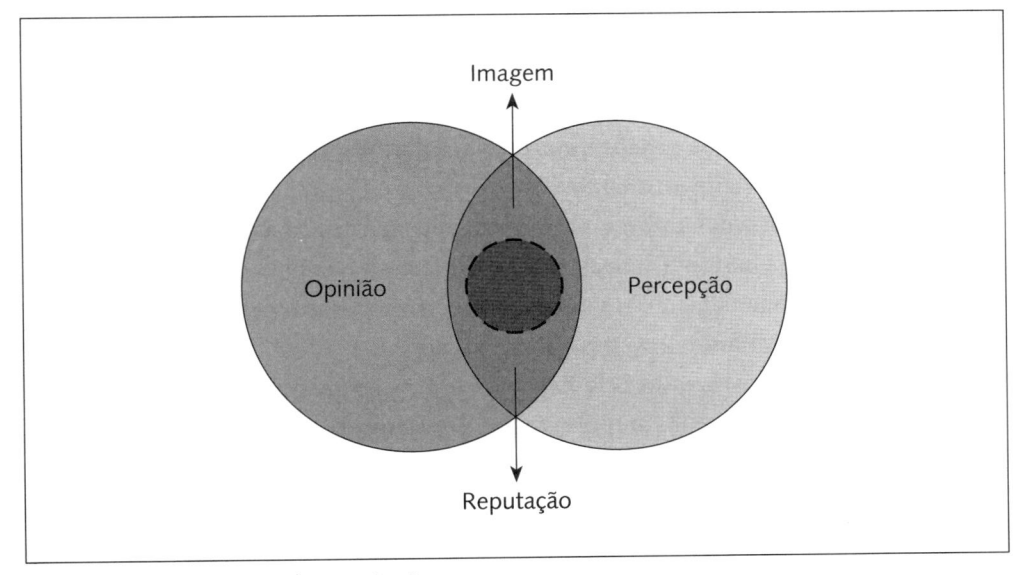

Figura 3   Construção da reputação

Da mesma forma, a interseção entre a opinião e a percepção dá origem à imagem e à reputação organizacional. Imagem e reputação são resultados do processo de comunicação de uma empresa com seus públicos e do relacionamento que ela estabelece com os indivíduos desses públicos.

Discute-se no mercado a respeito de a imagem ser formada antes ou depois da reputação. O que se pode avaliar é que a imagem empresarial sempre existirá independentemente de haver ou não algum tipo de reputação. Imagem é representação mental desenvolvida pelo resultado e efeito das opiniões e percepções do indivíduo em relação à determinada empresa.

A reputação é um conceito de valor que pode estar associado ou não a uma imagem empresarial. Existem empresas que têm imagem representada na sociedade, mas não têm nenhum tipo de reputação associada a ela.

Como ficam, então, as empresas sem o sentimento de pertencimento?

Se atualmente, depois do desenvolvimento histórico das organizações, as empresas ainda estão sofrendo os efeitos causados por Singur e Alene, e os indivíduos estão vivendo *sem o sentimento de pertencimento*, como elas poderão atuar na formação da reputação de suas marcas? Como poderão construir reputação se as condições básicas para sua elaboração não estão satisfeitas e nem sempre presentes em suas vidas organizacionais?

Considerando que as empresas estão construindo sua reputação, será ela concreta e duradoura, sem os conceitos básicos originais? (Figura 4)

A reconstrução da identidade empresarial sólida é um processo demorado que exige muita dedicação e investimento.

Uma grande parte das empresas ainda está reconstruindo sua identidade empresarial, e outras até já conseguiram fazer isso. Entretanto, em geral, as empresas não estão mais tão preocupadas com esse processo tão rigoroso, embora fundamental para a consolidação definitiva de uma organização.

Uma vez que o comando dos negócios é a visão mercadológica nesse novo mundo sem pertencimento, as empresas estão construindo imagem e reputação com base no processo de comunicação, e não nos fundamentos da organização, processo correto apoiado nos princípios e valores organizacionais.

Para reforçar essa visão, as empresas lançam mão dos recursos disponíveis e investem fortemente na obtenção de atributos ligados aos movimentos de respon-

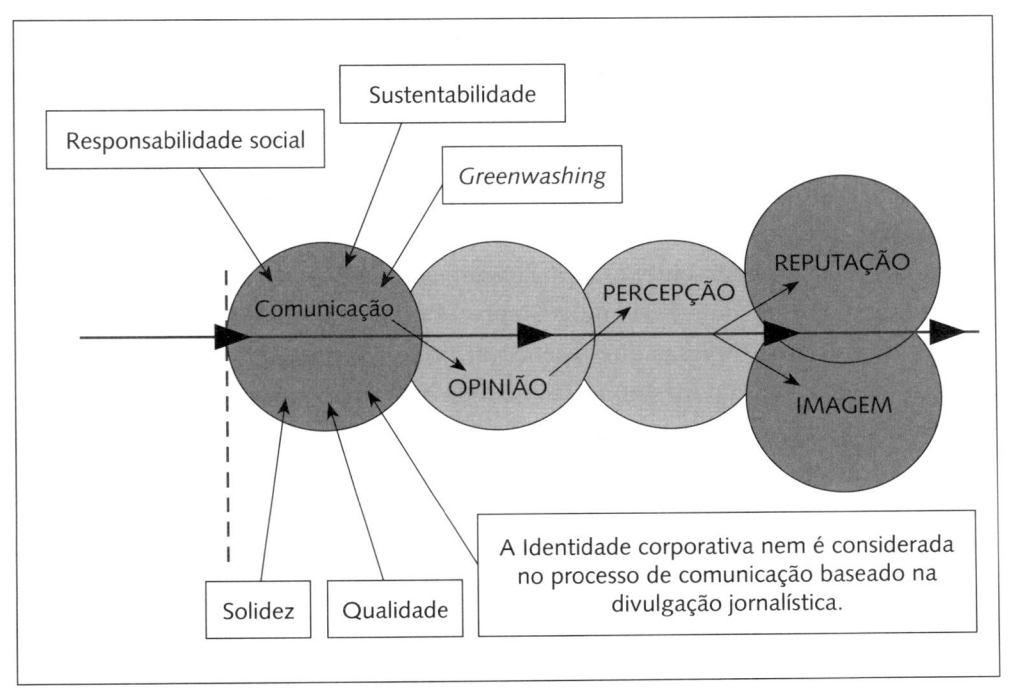

Figura 4 Comunicação com base em responsabilidade social

sabilidade social atuais, sustentabilidade e seus derivados, como o *carbono zero* e as campanhas relacionadas ao meio ambiente.

Nesse caso, o ambiente é altamente favorável. O próprio processo de comunicação desenvolvido no mundo adaptou-se a essas novas circunstâncias, sendo caracterizado, atualmente, pela comunicação da divulgação jornalística com foco quase exclusivo nos meios de divulgação.

Interesses iguais, de ambos os lados, levaram tanto empresários quanto os novos comunicadores a acreditar que a imagem empresarial pode ser construída com base no intenso relacionamento com a mídia, e que sua repercussão no noticiário é capaz de formar a imagem empresarial desejada.

Os próprios veículos de comunicação e entidades representativas se encarregaram de dar corpo a esse princípio. Além de sofisticarem as formas de relacionamento com a mídia, também criaram meios de reconhecimento e premiação.

As premiações têm como objetivo projetar mais as maiores e melhores empresas para se trabalhar, as empresas mais admiradas no mercado, as empresas consideradas cidadãs e socialmente responsáveis, e agora as empresas sustentáveis.

Todos esses recursos e instrumentos, entretanto, são ferramentas para fortalecer o princípio de que é possível e viável a construção da imagem e da reputação por meio da projeção e visibilidade da empresa na mídia.

Acredita-se que o público atingido pelos noticiários dos veículos, sejam eles impressos, radiofônicos, televisivos ou eletrônicos, é suficientemente influenciado para mudar de opinião e ter opinião favorável às empresas envolvidas.

Esses recursos nem sempre são eficazes no que diz respeito a construir a imagem e a reputação correta ou sólida que as empresas desejam e anseiam. É comum identificar no mercado empresas que receberam títulos de cidadania empresarial, mas não são reconhecidas do mesmo modo quando avaliadas diretamente por funcionários ou integrantes das comunidades onde estão instaladas. Embora sejam empresas cidadãs da mídia e do mercado, nem sempre são reconhecidas como cidadãs pelas pessoas diretamente envolvidas.

Também é possível encontrar no mercado empresas que ganharam o título de "melhor empresa para trabalhar" e depois de alguns meses foram submetidas a movimento de greve por parte de seus funcionários. Ou, então, empresas que obtêm prêmios pelas melhores publicações e em pesquisas qualitativas recebem avaliação ruim e descobrem que esses mesmos veículos não são tão lidos como a empresa imaginava.

Por que isso acontece? Em que parte do processo está a deficiência de comunicação que torna as empresas tão frágeis do ponto de vista de imagem e reputação?

A deficiência encontra-se exatamente na fundamentação da comunicação, cujo processo se localiza voltado para a circulação da informação.

Desse modo, a prática da comunicação não se associa aos verdadeiros fundamentos de relações públicas nem às áreas formadoras dos conceitos empresariais, como a administração de RH e a área de administração propriamente dita, responsáveis pela formação dos princípios, valores e políticas organizacionais.

O sem pertencimento e o conceito de independência

A característica da *web* 1.0 está ligada a PCs instalados em espaços fechados, com estações fixas, em escritórios e residências. Ainda que o *laptop* aparecesse para agitar um pouco essa fase, ele não conseguia fazer mudanças significativas no processo de conexão e estabelecimento do relacionamento com o mundo externo. Na maioria das vezes, os *laptops* ainda dependiam de conexões fixas ou de redes sem fio em espaços fechados. A dinâmica do mundo, ainda que muito mais aberta, continuava dependendo das formas de conexão e acesso restrito a locais fixos.

Nesse ambiente, as empresas, de modo geral, incorporaram esse novo modelo de tecnologia *on-line* e investiram fortemente na criação de portais de relacionamento, *sites* temáticos em vários níveis sociais, culturais, esportivos e de entretenimento. Criaram portais de *e-commerce*, com verdadeiras lojas sofisticadas que evoluíram muito rapidamente e tomaram conta das relações comerciais.

As empresas avançaram significativamente e passaram a ter relacionamento virtual intenso com o público de interesse. Ainda que um pouco apreensivas, passaram para uma dinâmica de independência com controle de conteúdos e relacionamento com base na troca de informações. Assustaram-se, um pouco, com o surgimento e crescimento das comunidades no ambiente do Orkut e os primeiros *blogs* de discussão e divulgação. Entretanto, nesse paradigma, a empresa ainda dirige a formação de sua reputação diretamente com o público de maior interesse e continua se relacionando, em especial, pela força da repercussão da mídia.

A mudança do paradigma e a interdependência

Com a chegada da comunicação digital, as empresas ficaram diante de um novo e instigante desafio, pois um enorme e complexo mundo se abriu para elas.

A *web* 2.0 instalou a interatividade e ampliou a complexidade das relações entre pessoas e entre empresas e pessoas. A disseminação completa do Orkut, dos *blogs*, do Facebook, do Youtube e, por fim, do Twitter causou uma revolução tão forte nas relações sociais, que foi capaz de levar o mundo para um novo paradigma.

O aspecto mais importante dessa mudança é a chegada da tecnologia digital nos aparelhos celulares. A conexão por celular provocou mudanças nas interações sociais, profissionais e comerciais, pois estabelece convivência e relacionamento virtual entre as pessoas e entre empresas e espaços de compra.

Os aparelhos portáteis não dependem mais, como os PCs, de conexão fixa e espaço fechado. Eles estão constantemente conectados em espaços abertos e ficam em sinergia com ambientes virtuais a qualquer momento, em qualquer lugar.

As pessoas podem acessar informações na rede, *blogar*, receber e enviar mensagens de texto e imagem. Na hora da compra, podem consultar amigos e especialistas e comparar *on-line* as opiniões de outros consumidores em *sites*, *blogs* e comunidades do Orkut.

Essa realidade virtual promove uma mudança radical no processo de relacionamento entre as pessoas, de todos os modos e em todos os níveis, principalmente no processo de formação da imagem e da reputação corporativa.

A rede de relacionamentos e o caráter de interdependência

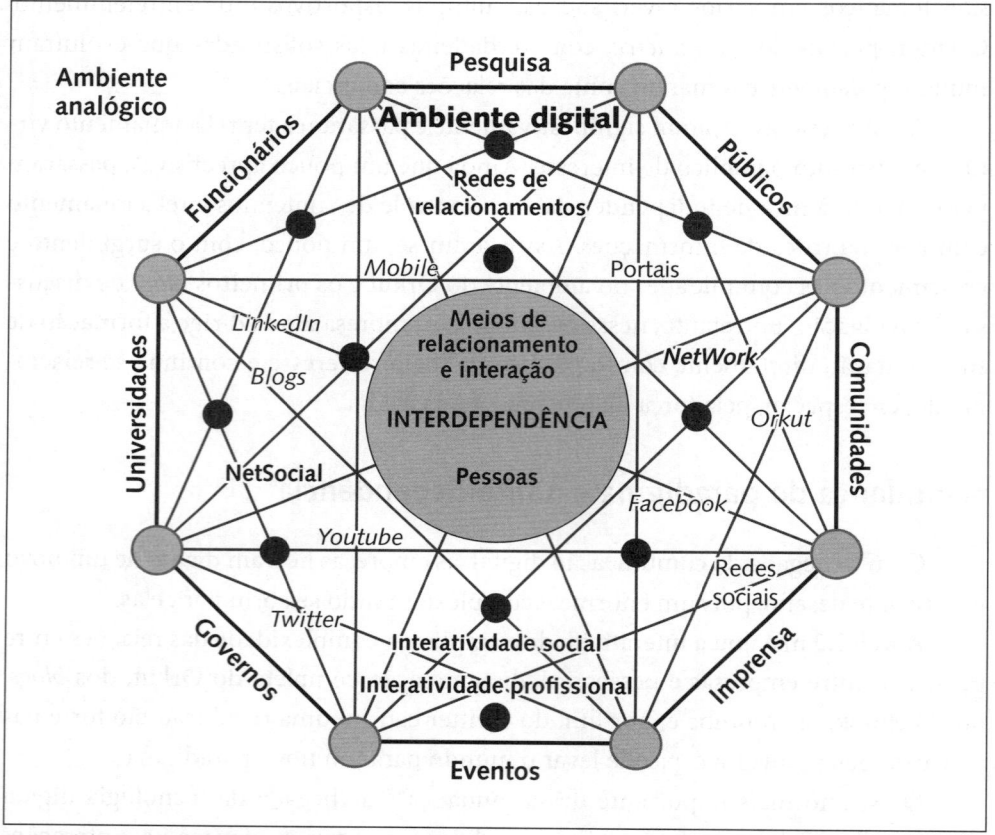

Figura 5 Relacionamentos e interdependência

Um novo ambiente para a empresa construir sua imagem e reputação

A reputação e a confiança não estão mais baseadas apenas na comunicação da marca ou no controle da empresa. Agora, elas dependem diretamente da opinião de pessoas com quem interagem. Dependem, também, da opinião de muitas outras pessoas sobre si mesmas.

A empresa perdeu o caráter de independência, pois não é mais a fonte de informações sobre si e perdeu o controle do que circula ao seu redor. Vive, no momento, a realidade da interdependência, em que as pessoas ponderam e definem sua opinião baseadas nas opiniões de amigos e familiares, nos comentários trocados em *blogs*, do *Orkut*, em *sites* de relacionamento e de perguntas e respostas. As pessoas consideram as informações que circulam nas redes de relacionamento – e não apenas o que a empresa diz a elas. Atualmente, as pessoas definem opiniões e percepções e constroem a reputação da empresa com base em informações que foram obtidas por meio de seus relacionamentos.

A empresa não pode mais se comunicar somente com os grupos tradicionais, que compõem os públicos da organização. Ela precisa interagir de forma direta no mundo virtual e falar com as pessoas para assegurar o mesmo resultado anterior.

Não há mais independência no processo de comunicação – a organização não é mais quem determina o que as pessoas devem saber ou pensar. No ambiente de comunicação, as empresas precisam da tecnologia e do relacionamento para interagir com as pessoas, trocar informações do interesse das partes envolvidas, estimular a compreensão mútua, satisfazer as necessidades e expectativas dos envolvidos e promover a aceitação praticando a interdependência nas relações.

Conclusão

Para construir imagem e reputação valorizadas e reconhecidas, as empresas, assim como as pessoas, precisam ter sua identidade definida com base em seus próprios valores. Não podem estar refugiadas num mundo sem referências, como o de Singur e Alene. As empresas precisam, ainda, devolver aos seus funcionários o sentimento de pertencimento, criando razões de existência empresarial para eles e recompondo a verdadeira cidadania.

As empresas devem aprender a combinar o modo de criação da identidade correto com uma estratégia de relacionamento institucional direto, com presença efetiva no ambiente analógico e digital, participando do processo de relacionamento e interação com as pessoas, e não só trabalhar os aspectos da identidade com base na estratégia de comunicação. Para construir uma boa reputação, devem-se trabalhar as redes de comunicação de forma dinâmica, em que cada toque, em qualquer ponto, reflita seu posicionamento e impacte todos os demais níveis da rede a fim de receber *feedback* favorável em todos os sentidos.

SEGUNDA PARTE

Mix da comunicação organizacional

1

Relações com a imprensa

LUIZ ALBERTO DE FARIAS

Sementes que viram notícia

A história da assessoria de imprensa confunde-se com a origem de relações públicas. A assessoria de imprensa foi um dos primeiros instrumentos que caracterizaram a profissão e o campo das RP. Atualmente, ainda é um elemento no composto da atividade ao qual se dá grande importância, pois sua popularidade é grande pelos resultados expressivos que pode propiciar, além da excelente relação custo-benefício que apresenta, se comparada a outras ações de comunicação.

O fato de essa área oferecer grande empregabilidade também contribui para que ela se mantenha fortemente na lembrança, pois há inúmeras empresas que, mesmo sem possuir ações planejadas de relações públicas, contratam profissionais ou empresas para o desenvolvimento de ações – mesmo que pontuais – de assessoria de imprensa. E, ainda, um grande número de profissionais e de perfil bem diverso tem atuado nesse setor, destacando-se relações-públicas e jornalistas.

Se a assessoria de imprensa foi utilizada logo no início como recurso de relações públicas para a transformação de imagens negativas, para o trabalho de reconstrução de relacionamentos, atualmente ainda constitui matéria essencial tanto para o universo organizacional quanto para o jornalístico.

Ao longo de muitos anos – e talvez ainda hoje, entre profissionais menos avisados – houve uma verdadeira visão de dicotomia entre o trabalho do jornalista e o fazer de relações públicas por meio do instrumento assessoria de imprensa. Já se sabe da grande necessidade de a imprensa em ser informada pelas empresas, de receber notícias e de ser recebida nos ambientes que até há algum tempo eram vistos como opostos ao trabalho da mídia. Esses enganos já parecem ter sido colocados no passado.

Segundo Marconi,

> O objetivo mais comum da ação de relações públicas é gerar boa percepção para um assunto. As pesquisas indicam que uma empresa ou uma marca bastante conhecida será mais bem percebida. Porém, gerar a percepção não é o fim do processo. Não é verdade que na busca por maior reconhecimento "qualquer notícia é boa notícia". Essa frase, bem como sua prima "falem mal, mas falem de mim", certamente não foram proferidas por profissionais de relações públicas. (Marconi, 2009, p. 33)

Quando Ivy Lee – tido como o precursor das relações públicas – deu início a suas táticas de relacionamento com públicos estratégicos, deu grande importância a um público que até então era visto como irrelevante para as estratégias empresariais. Surgia, no começo do século XX, nos Estados Unidos, a consciência para a necessidade de criação de pontes entre empresa e imprensa, algo essencial em nossos dias.

Da linha reta para a multidireção

Ainda que até agora se tenha falado na expressão *assessoria de imprensa*, o capítulo busca discutir a relação com a imprensa, algo que saia da linha reta, que traga consigo a ideia de uma assessoria da empresa (ou das agências que as representam) à imprensa, ou seja, um vínculo bidimensional. A tridimensionalidade pode ser atingida por meio da filosofia de relações públicas e se manifesta pela comunicação organizacional integrada.

De acordo com Farias (2009, p. 92), "a percepção que a assessoria de imprensa construiu de si e para si talvez nos remeta a ações operacionais, de pouco valor agregado no conjunto do que se demanda como comunicação integrada – esta a própria essência das relações públicas". Ao contrário do que a expressão possa indicar, o que se deve praticar é mesmo uma política de relacionamento, que saia do lugar-comum de estímulo-resposta para uma prática de reconhecimento da realidade que envolve os atores ligados às políticas de comunicação da organização.

Enquanto se pensar assessoria de imprensa como o envio de notícias pura e simplesmente – com fins à realização de *pitching* ou do convencimento dos jornalistas para a divulgação de notícias –, o caminho desse instrumento estará fadado a resultados muito menos significativos. Políticas de relacionamento – especialmente com a imprensa – já se comprovaram eficientes e de baixo custo, além de mais longevas. A conquista de relacionamentos torna-se cara, de maior investimento, enquanto a manutenção cuidadosa de vínculos permite diminuição nos custos, inclusive de comunicação.

A assessoria de imprensa tem finalidades básicas, como:

◆ otimizar o relacionamento com a imprensa por meio da manutenção de fluxo de informações planejado – caminho de duas mãos: traz o mundo de fora para dentro e leva a imagem da empresa para a comunidade;
◆ uniformizar a linguagem de todas as mensagens da empresa, tanto externa como internamente;
◆ evitar contradições entre notícias fornecidas;
◆ zelar pela coerência dos dados divulgados.

Há diversos elementos que podem se tornar noticiáveis. Em muitas situações as organizações, seus dirigentes e comunicadores não conseguem perceber os diferenciais existentes em sua realidade – interna e externa – e insistem na divulgação dos fatos de sempre. O entorno, os públicos, a concorrência, a imprensa, entre outros elementos, podem ser potenciais geradores de fatos noticiáveis.

A capacidade de sair do lugar-comum, de buscar elementos que possam de fato agregar à imprensa, que possam ser pauta, tornar-se notícia, resulta da criação de relacionamentos, premissa que move a atividade de relações públicas. Conhecer os elementos que compõem o próprio universo e as características essenciais de seus *stakeholders*.

Segundo Grunig (2003), "as organizações mantêm relacionamentos com a sua 'família' de colaboradores, com as suas comunidades, com os governos, consumidores, investidores, financistas, patrocinadores, grupos de pressão com muitos outros públicos". Assim, a imprensa deve compor esse escopo de maneira estratégica, pois ela é um pilar essencial para a sustentação da imagem e do conceito de uma organização.

Os diversos públicos, além de ser fundamentais para que a organização se articule para disseminar as suas notícias, também são responsáveis por receber essas informações e decodificá-las de acordo com as suas percepções sobre cada assunto. Eles também são fortemente influenciados por aquilo que pensam – ou imaginam – sobre cada organização. Assim, talvez dê para pensar em uma situação triádica, na qual o governo, responsável pela legalidade de cada organização – e até pela autorização para a própria existência e o funcionamento, – influencia a percepção, que vem fortemente ancorada pelo que a mídia, que tem relação direta com a legitimidade, diz acerca de determinados assuntos. E, por fim, a relação que se estabelece – de confiança, desconhecimento ou desconfiança – com os demais *stakeholders* vai se vincular à capacidade da organização de se fazer representar – efetiva e simbolicamente – e de cumprir as promessas que se dirijam a cada público.

O equilíbrio nessa relação de três poderes permitirá a construção de uma melhor ou pior percepção dos públicos e consequente formação de opinião pública.

Sobre ética, transparência e isenção

A relação do trabalho da assessoria de imprensa – melhor chamá-la de *relações com a imprensa* – com a ética muitas vezes é confundida, imaginando-se tratar-se de uma atividade jornalística e, portanto, dever estar ancorada no conceito de isenção/imparcialidade. Além de esse princípio explicitar um conflito de interesses gigante, isso realmente não faz sentido, pois a divulgação que parte da assessoria está diretamente relacionada aos interesses e objetivos da organização a quem atende. Por outro lado, ações, como construção de boatos ou técnicas de *spin*, podem ser utilizadas pelas assessorias ou mesmo pela imprensa. O risco da percepção está implícito e não faz parte das disposições de uma assessoria profissional.

Talvez nem seja muito diferente se pensarmos na atividade jornalística, que também atende aos objetivos e à linha editorial determinados para e pelo veículo. Fala-se, nesse caso, de empresas jornalísticas, e aí imaginar isenção no mais profundo significado da palavra seria, no mínimo, delicado.

Remeter a um conceito muito disseminado acerca de relações públicas – transparência – também não parece plenamente possível. A transparência pressupõe a inexistência de escolhas estratégicas, de larga disseminação das informações etc. Mais

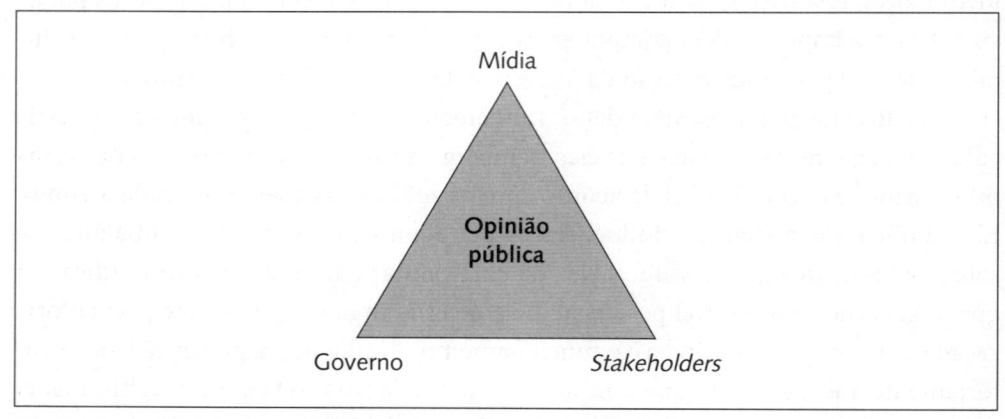

Figura 1 Impacto dos públicos sobre a percepção da organização

uma vez, algo que não se pode encontrar na pureza da expressão, nas organizações, de nenhum tipo ou setor.

Por outro lado, a ética nas políticas de relações com a imprensa é condição *sine qua non*. Ao contrário do que se possa pensar, a função do profissional não é "criar" notícias, mas ser um analista e observador da realidade, interna e externa, da organização, de modo a facilitar o processo de disseminação. É claro que se trata de busca de disseminação positiva. Ainda que um ministro, em comentário *off*, tenha dito algo como *o que é bom a gente mostra, o que é ruim a gente esconde*, não pode ser essa a visão da área de comunicação com a imprensa de determinada empresa.

Toda notícia deve partir de um fato e este ter contidos em si elementos como objetividade, universalidade, verdade, atualidade, ineditismo e impacto. Atualmente a notícia vem antes mesmo da imprensa. Com os novos instrumentos que se ocupam em informar, por conta das novas tecnologias, com as ações de geração de conteúdo pelos usuários, com a capacidade de acompanhamento do que as organizações dizem e fazem, e a mesma coisa em relação à imprensa, empodera-se a opinião pública, enriquecendo-a.

Notícia passo a passo

Segundo Nietszche (*apud* Bastos e Porto, 2005, p. 316), não há fatos, somente interpretação. De certo modo, é o que se pode perceber ao ler a mesma notícia em veículos diferentes. O jornalismo deixa marcas específicas em cada evento ao executar a coleta e a seleção de materiais, ao definir tempo e espaço atribuídos. O que ocorre no fazer jornalístico é a interpretação dos materiais e dos fatos, gerando a notícia.

Ao pesquisar fatos que formam determinado evento, o jornalismo deixa uma marca específica, uma assinatura conceitual, que confere ao produto noticioso características de atribuição de tempo e de espaço, o que define um contexto de interpretação do material e dos fatos (Wolf, 2003). Não há dúvida de que o trabalho jornalístico influencie a formação da opinião pública, seja por meio da definição da pauta, seja pelo espaço dado a determinado tema (Barros Filho, 2003).

Todo fato a ser divulgado (relacionado ou não à assessoria de imprensa) necessita oferecer condições de noticiabilidade ou aptidão para se transformar em notícia. No mundo da divulgação de notícias empresariais, alguns critérios têm ainda forte impacto e um deles é o tema *crises*. Nesse quesito, ainda vale o conceito de que *a bad new is a good new* (uma má notícia é uma notícia boa).

A notícia se origina de processos organizados relacionados a uma visão prática sobre os acontecimentos, que se destina a lhes dar representação. A notícia decodifica os fatos, dando-lhes formatos mais facilmente decodificáveis. O conjunto de elementos que compõem a imprensa – indivíduos e organizações – define parâmetros efetivos e simbólicos pelos quais o aparato informativo controla e administra a quantidade e o tipo de acontecimentos que servirão de base para a seleção das notícias (Wolf, *op. cit.*).

Quais acontecimentos são considerados suficientemente interessantes, significativos, relevantes, para ser transformados em notícias? Essa é uma questão que deve ser levada em consideração no momento de planejar estratégias de relacionamento com a mídia. E, ao mesmo tempo, não é algo dado, predeterminado. Pode-se, sim, influenciar em sua formação.

A importância e o interesse de determinado assunto terão relação com o grau e o nível hierárquico dos indivíduos envolvidos no acontecimento noticiável, além do impacto sobre a opinião pública e da quantidade de pessoas que o acontecimento envolva. Volta-se à questão da notícia de cunho negativo como tendo maior potencial de disseminação. Por isso, o trabalho articulado da assessoria com o reconhecimento do contexto pode fazer a diferença.

Assessoria é instrumento e notícia se constrói

A formação da opinião se dá em camadas: sofre forte influência da opinião que se dissemina de modo majoritário; leva em conta as predisposições acerca da matéria em questão, as lideranças de opinião etc. Desde que ocorrem os fatos até que eles voltem sob a forma de notícia, diversas influências podem pesar sobre a sua percepção.

Há quem acredite que o trabalho no departamento de comunicação de uma empresa tem como finalidade exclusiva divulgá-la. Parece um pensamento simplista, pois em diversos momentos existe o potencial de notícias negativas, o que inverte automaticamente a ideia de colocar a organização em destaque.

> O tamanho do prejuízo que a propaganda negativa traz é resultante do posicionamento da empresa antes da divulgação daquela notícia negativa. Se o público já tinha opinião não muito boa – ou não tinha nenhuma opinião sobre a empresa –, então a informação negativa poderá não infligir grandes danos, embora se desdobre em outras questões e problemas que precisarão de atenção e ação. (Marconi, 2009, p. 33)

A produção de *press releases* (tratados no dia a dia apenas por *releases*) mesmo em tempos de mídias altamente ágeis – como as mídias sociais, por exemplo – ainda faz parte do conceito de divulgação, mesmo que seja uma peça criada há tantas décadas. E isso não é, exatamente, um problema, pois a negação das estratégias tradicionais só vale para quem deseja, de algum modo, tentar romper com a história de uma atividade, algo desnecessário, no mínimo.

Peças e instrumentos

As peças e os instrumentos utilizados como recursos em assessoria de imprensa podem ser adaptados aos novos tempos que exigem muito mais agilidade.

- *Press release* (*press* = imprensa; *release* = soltar, liberar): o *press release* surgiu nos Estados Unidos como uma peça que servia de complemento informativo, uma espécie de roteiro distribuído antes das entrevistas coletivas e atos formais, para facilitar o trabalho dos jornalistas. Trata-se de peça de divulgação produzida por assessorias ou departamentos que desenvolvem relações públicas que deve conter um fato noticiável. Deve ser escrito em ordem direta, de maneira objetiva e sem adjetivos, ter caráter informativo, boa informação do ponto de vista jornalístico, pois é uma das pontes de contato com a imprensa. De modo geral, o *press release* não é divulgado na íntegra – ao menos é o que os manuais de redação determinam. Precisa ser escrito de forma clara, objetiva e informativa, sem erros de português e digitação, com a observância de algumas técnicas jornalísticas de construção de texto. Deve, sobretudo, ser enviado com rapidez, no momento oportuno. Por fim, o *press release* necessita conter as chaves explicativas que dão conta do resumo de uma notícia (o que, quem, quando, onde, como e por quê – os chamados 3Q + COP).
- *Press kit* (*kit* de imprensa): instrumento que aglutina um conjunto relativamente mais completo de dados, sempre com a presença de *press releases*, além de outros elementos (fotografias, portfólio da empresa, publicações institucionais ou jornalísticas, cópias de discursos, resumo de palestras, currículo de conferencistas ou de autoridades, mapas de eventos etc.). Essa peça tem por finalidade obter maior espaço e é utilizada em encontros entre uma organização e imprensa.
- Entrevistas: boa estratégia de aproximação pode gerar boa divulgação e importantes espaços na mídia. Para tanto, há que existir uma notícia de maior impacto que justifique o encontro.
- Encontros informais: cafés da manhã, almoços, *brunchs* e jantares podem ser alternativas de aproximação entre empresa e jornalistas e consequente geração de pautas.
- *Open house* (visitação): esse tipo de evento é uma forte estratégia no mundo da assessoria de imprensa (*press tour* ou *press trip*). Pode ser utilizado para que a imprensa visite fábricas, hotéis, feiras, parques, refinarias etc.

◆ Sugestão de pauta: a pauta jornalística em tempos de redações esvaziadas sempre pode contemplar novos assuntos. Com o acesso de todos – inclusive das empresas – às novas mídias e às redes sociais, nas quais a notícia gira com velocidade incrível, a demanda da imprensa por todas as formas de notícias também se exacerba.

Acompanhar o que se diz da organização

Tanto quanto possível, deve-se acompanhar tudo que se diga acerca da organização objeto da assessoria de imprensa. O passo inicial para isso é a realização de *clipping* (seleção de notícias) em todos os veículos que se possam alcançar. Além de realizar o *clipping* de acompanhamento à divulgação – ou seja, verificar o que saiu nos veículos objeto da assessoria de imprensa –, vale sempre avaliar o que se noticia sobre a organização no dia a dia. Notícias sobre o mercado, a concorrência e outros elementos essenciais para o planejamento da organização também podem compor o mosaico de acompanhamento, criando-se *clipping* mais amplo e estratégico.

As notícias veiculadas sobre determinado segmento – mais gerais ou específicas – podem ser essenciais no momento de planejar, de avaliar imagem, perspectivas e outros elementos. Não basta, todavia, apenas ter as informações em mãos, pois estas podem ter pouca ou nenhuma serventia. Técnicas de avaliação devem ser implementadas.

Ainda hoje, mesmo contra muitas vozes que a consideram ultrapassada e sem fundamentação, organizações se valem da chamada *centimetragem*, técnica de medição do espaço obtido por meio de assessoria de imprensa (portanto sem custo). A medição (ou centimetragem) é transformada em valores por meio do uso de tabelas publicitárias cheias ou adaptadas. Sem dúvida, a credibilidade desse tipo de avaliação é muito questionável, mas ainda assim pode ser um modo de transformar resultados em números.

Talvez o que mais se indique com relação à avaliação seja a auditoria de imagem, conceito trabalhado por Bueno (2003), processo de avaliação do conteúdo divulgado sobre determinada organização. Devem-se levar em conta aspectos como o comparecimento da empresa na mídia: se foi apenas citada, citada de forma secundária, se tem importância na matéria, mas divide o espaço, se é o objeto principal (ou exclusivo). Também se deve avaliar o veículo: tiragem, credibilidade, importância em seu segmento, se é segmentado ou regional, que espaço obteve nesse veículo, se foi destaque, coluna, foto, opinião.

Não se podem deixar de lado outras questões, como a concorrência e o produto. Para esses temas, deve-se mais uma vez avaliar o espaço obtido, qual o nível de relacionamento com os veículos, qual imagem possui.

Há diversos grupos que influenciam as notícias e são por elas influenciados, relacionando-se, consequentemente, com os conceitos de opinião. A observação desses grupos, o devido monitoramento, permite que se estabeleçam estratégias de planejamento e de divulgação. Nesse conjunto, podem-se destacar os promotores de notícias, indivíduos que identificam uma ocorrência como especial, por alguma razão, para grupos sociais e correspondem a políticos, organizações, grupos de interesse, relações-públicas. Há, ainda, os aglutinadores de notícias, que, com base nos materiais fornecidos pelos promotores de notícias, transformam um perceptível conjunto finito de ocorrências promovidas em acontecimentos públicos por meio de publicações (impressas, eletrônicas), grupo em que se enquadra a imprensa. Por fim, os consumidores de notícias, que assistem a determinadas ocorrências, disponibilizadas como recursos informativos, e criam a sensação do tempo público. Nesse perfil encaixam-se leitores e telespectadores (Wolf, 2003).

Na contemporaneidade, as estratégias de divulgação devem ser vistas com mais cuidado e rigor como integrantes do plano maior de cada organização. A participação de gestores no desenho e na execução do plano de disseminação de notícias e de formação de opinião pública é muito importante à medida que a sua presença traga mais credibilidade no que concerne a funcionários, imprensa e público em geral.

Elementos que hoje fazem parte do dia a dia de grande parte da população – comunidades, *blogs* e *microblogs* (*Orkut, Flickr, Facebook, Twitter* etc.) – também devem integrar processos de divulgação e de acompanhamento. A presença das organizações – institucional ou mercadologicamente – por meio de produtos ou de pessoas deve ser pensada, para que a agilidade que se busca não seja, ao final, uma armadilha.

Referências bibliográficas

BARROS FILHO, Clóvis de. *Ética na comunicação*. 6. ed. São Paulo: Summus, 2008.

BASTOS, Fernando; PORTO, Sérgio Dayrrel. "Análise hermenêutica". In: DUARTE, Jorge; BARROS, Antonio (Orgs.). *Métodos e técnicas de pesquisa em comunicação*. São Paulo: Atlas, 2005.

BUENO, Wilson da Costa. *Comunicação empresarial: teoria e pesquisa*. Barueri: Manole, 2003.

DUARTE, Jorge (Org.). *Assessoria de imprensa e relacionamento com a mídia*. São Paulo: Atlas, 2003.

FARIAS, Luiz Alberto de. *A literatura de relações públicas*. São Paulo: Summus, 2004.

_____. "Estratégias de relacionamento com a mídia". In: KUNSCH, Margarida M. Krohling (Org.). *Gestão estratégica de comunicação organizacional e de relações públicas*. 2. ed. São Caetano do Sul: Difusão, 2009.

França, Fábio. *Públicos – como identificá-los em uma nova visão estratégica*. São Caetano do Sul: Difusão, 2004.

Lucas, Luciane (Org.). *Media training*. São Paulo: Summus, 2007.

Marconi, Joe. *Relações públicas – o guia completo*. Trad. Ana Maria Dalle Luche. Rev. téc. Luiz Alberto de Farias. São Paulo: Thomson, 2009.

Nogueira, N. *Media training*. São Paulo: Cultura, 1999.

Organicom Revista Brasileira de Comunicação Organizacional e Relações Públicas. Dossiê "Comunicação de risco e crise: prevenção e gerenciamento". São Paulo: Universidade de São Paulo, n. 6.

Wolf, M. *Teorias das comunicações de massa*. São Paulo: Martins Fontes, 2002.

2
Relações públicas e crises na economia da reputação

CÍNTHIA DA SILVA CARVALHO

O ponto de partida da reflexão

Atualmente, as empresas não são avaliadas somente pelo seu patrimônio palpável, mas também pelos seus recursos intangíveis. Para muitas, o valor de seus imóveis e equipamentos pode até ficar aquém do valor de sua reputação e de sua marca. O cenário modificou-se estrategicamente, passando de um portfólio de produtos para um portfólio de reputação e marcas.

Essa nova visão das corporações tem sido afetada, principalmente, por modificações no ambiente competitivo empresarial e nos hábitos de compra do consumidor, cada vez mais exigente, e demanda produtos cada vez melhores e de qualidade percebida superior. Além disso, essa nova visão requer esforço maior a fim de construir uma marca mais sólida e manter a reputação fortalecida, elementos que hoje constituem os ativos mais valiosos para o posicionamento de uma empresa no mercado.

Os *stakeholders* crescem em importância para a organização, fazem que ela observe seus ambientes (interno e externo) e tente compreender melhor sua identidade, imagem e reputação, gerenciando-os estrategicamente. Sobre esses agentes, pode-se precisar a ideia de Fortes (2003, p. 82), que apresenta *stakeholders* como todos aqueles que têm interesse "nos destinos da organização". França (2004) aborda também a conceituação valendo-se da publicação de Carroll. De acordo com França (2004) "os '*stakeholders*' incluem todos aqueles indivíduos ou grupos que possuem legitimidade e/ou poder". Evidencia-se o valor dos públicos. Logo, supõe-se prudência considerá-los diante dos posicionamentos estabelecidos. Kotler (1998, p. 73), ao escrever sobre o tema, narra um ciclo que envolve os *stakeholders*.

Há um relacionamento dinâmico conectando os grupos de *stakeholders*. A empresa progressista cria um nível alto de satisfação para seus funcionários, o que os leva a trabalhar em melhorias contínuas e em inovações. O resultado disso são produtos e serviços da mais alta qualidade que geram maior satisfação dos consumidores, que, por sua vez, leva a novas compras e, assim, a crescimento e lucro maiores, que proporcionam maior satisfação dos acionistas.

O ciclo descrito pelo autor não está longe da realidade das organizações, a menos que não queiram. Fazem-se necessárias, porém, a ampliação dos horizontes e a criação de políticas que valorizem mais a atuação dos *stakeholders* e dos demais públicos. A pirâmide presente na mesma obra, idealizada por autores norte-americanos, mostra a orientação do planejamento em empresas de alto desempenho.

É importante assinalar que essa condição encontra-se ampliada com o conjunto de evoluções comunicacionais (nas dimensões fala, escrita, imprensa e meios de comunicação eletrônicos e digitais), possibilitando não apenas novas práticas comunicativas, mas também novas práticas sociais e formas de interação diferenciadas.

A *web* 2.0, agente catalisador desse processo, transformou a interação humana de maneira surpreendente, contribuindo para o acesso instantâneo às informações, para a geração, captação, tradução e disseminação destas, o que permite ao indivíduo expressar livremente sua opinião em nível global, deixando as organizações muito

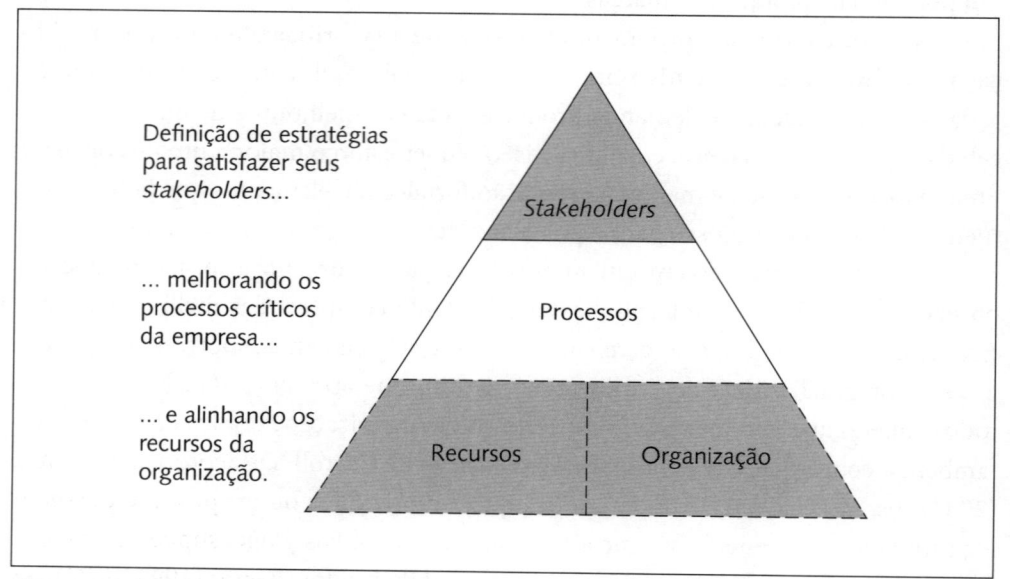

Figura 1 Empresas de alto desempenho
Fonte: Kotler, 1998, p. 73.

mais vulneráveis com essa atuação que o de costume. Diante desse cenário, as organizações enfrentam um grande desafio: encontrar métodos para estreitar relações com seus *stakeholders* de forma singular e interativa.

Essa condição eleva o usuário ao título de formador de preferências, pois lista endereços os quais considera recomendáveis, atestando sua qualidade e relevância ou desqualificando-os. Assim, outros possíveis consumidores podem se beneficiar disso, visitando os endereços e, se forem favoráveis, aprovando e replicando suas impressões em vários lugares.

Os valores emergentes passam a ser baseados em uma moeda não monetária, a reputação, medida pelo grau de atenção atraído pelo produto. A atenção e a reputação são itens escassos na era da informação e, "graças ao Google, hoje contamos com uma forma prática de transformar reputação (o *PageRank*)[1] em atenção (tráfego) e em dinheiro (anúncios)"[2]. Essa mudança no modo de geração de valor da sociedade e das organizações, que transformou o modelo econômico monetário tradicional em uma economia não monetária baseada em valores qualitativos, é a chamada *economia da reputação*.

Ao contrário da economia tradicional, cuja produção era baseada em valores quantitativos, na economia da reputação "as pessoas criam por várias outras razões – expressão, diversão, experimentação e assim por diante" (Anderson, 2006, p. 71). Entende-se, dessa forma, que a reputação na era digital (ou era da informação, como também é chamada) pode ser mensurada pelo grau de atenção atraído pelo produto, sendo convertida em outros valores, como trabalho, estabilidade, público e ofertas lucrativas de todos os tipos. Ou seja, "construir uma reputação é criar uma imagem[3] na percepção do público" (Rosa, 2006, p. 132).

Assim, a imagem é cada vez mais valorizada, mais suscetível à influência de aspectos negativos. Susskind e Field (1997, p. 27) apresentam três circunstâncias que geram condições desfavoráveis aos públicos: "quando as pessoas se machucam, quando se sentem ameaçadas por riscos que não causaram, ou quando acreditam que suas crenças fundamentais estão sendo questionadas". Refletir acerca dessas causas permite a visualização do exato momento em que o relacionamento organização-públicos é abalado e exerce influência direta à imagem.

---

1 O sistema PageRank é usado pelo motor de busca Google para ajudar a determinar a relevância ou importância de uma página. Foi desenvolvido pelos fundadores do Google, Larry Page e Sergey Brin, enquanto cursavam a Universidade de Stanford em 1998. Disponível em: <http://pt.wikipedia.org/wiki/Page_Rank>. Acesso em: 01 nov. 2008.

2 Encontrado em *HSM Management* n. 68, maio-jun. 2008, p. 9.

3 Imagem é a percepção da realidade pela pessoa (Simões, 1995, p. 201).

O consumidor passou a utilizar cada vez mais a internet para buscar informações sobre empresas, produtos e serviços. Isso acontece de maneira fácil e rápida devido à velocidade da difusão da informação no ciberespaço. Essas informações, coletadas na viagem ciberespacial dos novos consumidores, começaram a auxiliar no processo de tomada de decisão. Então, a empresa, sua marca e seu produto ficam muito mais expostos, tornam-se mais vulneráveis aos olhos do público, uma vez que o consumidor, agora com o poder da informação, se torna mais seletivo: "verificam os rótulos, estudam conteúdos, comparam preços, examinam promessas, ponderam opções, fazem perguntas pertinentes e sabem quais são os seus direitos legais" (Lewis e Bridges, 2007, p. 16).

Nesse contexto, a atual situação altera completamente a noção entre público e privado, exigindo que as empresas passem a ter um enorme cuidado com sua imagem. Por essa razão, a reputação "tornou-se um ativo ainda mais precioso" (Rosa, 2006, p. 118), uma vez que mantê-la intacta ficou muito mais difícil "nesse campo minado onde em segundos uma informação roda o planeta" (*op. cit.*, p. 96).

Esse cenário hostil se parece com uma arena, onde boa e estável relação é uma das mais eficientes formas de domar as adversidades. Percebe-se que o ambiente possibilita o desencadeamento de uma série de conflitos que podem culminar em crises à organização.

Então, surge a importante figura do profissional de relações públicas, na busca de ferramentas e estratégias de comunicação que estabeleçam o estreitamento efetivo dos relacionamentos dos públicos com a organização, com o objetivo de zelar pela reputação corporativa. "Para as relações públicas, está na hora de 'pensar grande', de espalhar-se em uma nova visão de mundo [...]. Só assim, elas serão capazes de recuperar seu conceito, de engendrar novas estratégias, de administrar efetivamente a comunicação organizacional" (Kunsch, 1997, p. 17).

Para tanto, indica-se uma função que, por meio da comunicação, atue como mediador e facilite o processo de troca de informações, valendo-se da prevenção de situações adversas, assim como seu gerenciamento quando ocorrerem. Salienta-se que esse cenário implica também o trabalho de elaboração e de difusão da identidade da organização, para que seja, então, percebida pelos públicos e defina-se como imagem. Dado o contexto, a questão é: será o relações-públicas o profissional habilitado para mediar o relacionamento da organização com seus públicos, antes, depois e durante uma crise de imagem?

Ante essa indagação, acredita-se que os profissionais dessa área, devido à sua formação na gestão dos públicos e da comunicação com eles, podem ser considerados mediadores de situações controversas, bem como dos relacionamentos das organizações com seus *stakeholders*, por meio da comunicação dialógica. Com base nisso, a mediação é percebida como ferramenta estratégica na resolução de conflitos e crises organizacionais, bem como no processo de elaboração do plano para resolução desses momentos, gerando o mínimo de danos à sua reputação.

Para acompanhar a evolução das empresas, as relações públicas precisaram se modernizar, atualizando conceitos e revendo paradigmas, com o objetivo de assimilar a nova cultura da *web* 2.0, que, no aspecto organizacional, cria novas regras para o discurso, alterando as formas de comunicar e pensar institucionalmente. A cultura organizacional vigente das empresas exige, então, novos conhecimentos e novas habilidades por parte dos profissionais de relações públicas – dando origem à *RP moderna* (Kunsch, 1997).

Cabe pontuar ainda que, para compreender o novo papel do profissional de relações públicas, faz-se necessário entender o sentido de modernidade exposto por Marshall Berman: "ser moderno é encontrar-se em um ambiente que promete aventura, poder, alegria, crescimento, autotransformação e transformação das coisas em redor – mas ao mesmo tempo ameaça destruir o que temos, tudo que sabemos, tudo que somos" (Kunsch, 1997, p. 146).

Noção de crises

Organizações de qualquer natureza já enfrentaram ou enfrentarão uma crise em algum momento de sua existência. O que pode variar é a origem da crise e suas proporções. Um acidente, uma catástrofe natural ou um movimento social de relevância podem ocorrer em qualquer local, nos alerta Herrero (1998), podendo afetar qualquer empresa, constituindo-se em séria ameaça de desestabilização.

Situações de crise recebem grande atenção dos meios de comunicação e repercutem na opinião pública, nos clientes ou consumidores potenciais. Uma crise pode afetar um ou mais públicos de interesse da organização com efeitos de proporção e duração altamente variáveis. Entender o que é e como uma crise pode se apresentar ajuda a desmitificar essas ocorrências tão temidas.

Independentemente do ramo de estudo, o conceito de crise, em geral, está ligado à ruptura, mais ou menos violenta, de uma situação estável, gerando insegurança, indefinição e medo.

No universo empresarial, as crises podem ser identificadas como uma série de eventos com potencial de afetar a credibilidade, a confiança e a reputação de entidades ou personalidades que mantenham laços estreitos com o público (Rosa, 2004). Birch colabora com essa definição, indicando que a crise é "um evento imprevisível que, potencialmente, provoca prejuízo significativo a uma organização ou empresa e, logicamente, a seus empregados, produtos, condições financeiras, serviços e à sua reputação" (*apud* Carvalho, 2004, p. 28).

A gênese de toda crise está em uma mudança que resulta em um problema urgente, que precisa ser tratado imediatamente. Essa mudança, no entanto, nem sempre é repentina. Às vezes, é um processo que se desenvolve lentamente, de forma discreta e quase imperceptível, até o momento em que se configurará em uma situação que mereça atenção imediata.

Assim, crises fogem do ciclo regular de altos e baixos de uma empresa no seu funcionamento normal, não se identificam com os problemas recorrentes que a organização precisa enfrentar toda vez que assume riscos e explora novas oportunidades. Embora sua origem possa estar associada a problemas crônicos, crise é um processo agudo e intenso. Para o consultor Ian Mitroff, "uma crise é um evento que pode influenciar ou destruir toda uma organização"[4].

De forma bastante abrangente, Herrero interpreta crise como

> uma situação que ameaça os objetivos da organização, altera a relação existente entre esta [...] e seus públicos, e precisa de uma intervenção extraordinária dos responsáveis da empresa para minimizar ou evitar possíveis consequências negativas. Dita situação restringe, da mesma forma, o tempo que os executivos têm para responder e costuma produzir níveis de estresse não presentes em circunstâncias normais. (Herrero, *op. cit.*, p. 30)

Para Slatter (*apud* Herrero, *op. cit.*, p. 30), crise caracteriza-se como "uma situação que ameaça os objetivos prioritários da organização, [...] restringe o tempo disponível para responder e surpreende os responsáveis pelas tomadas de decisão, provocando, assim, situações de estresse", reforçando, com essas palavras, o efeito direto de uma situação controversa sobre os responsáveis pela organização. Apresenta, ainda, a inevitável situação estressante que se instala com uma crise.

Essa conceituação remete a uma nova variável: a premência na tomada de decisões. Quando uma situação de crise se estabelece, a rapidez com que se define a forma de tratá-la pode ser determinante para a extensão que ela vai tomar. Afirma Guanaes que "a velocidade da solução é fundamental. Rapidez e coragem podem fazer toda a diferença no meio de uma crise" (*apud* Rosa, 2004, p. 16).

---

4 Polígrafo de apoio didático do curso de Gerenciamento de Crises, oferecido pela Universidade Corporativa Caixa, referenciado no trabalho de conclusão do curso de Especialização em Gestão Estratégica da Comunicação Empresarial, do Centro Universitário Feevale, da acadêmica Dora Jacobus, em agosto de 2008.

É possível ater-se a um olhar diferenciado em relação aos efeitos estressantes de uma crise sobre a tomada de decisões, com base em Lagadec[5]: traços de personalidade dos líderes são reforçados, os responsáveis pelo comando são tomados pela inércia, ações irrelevantes são levadas a sério demais, emerge a necessidade de buscar culpados, os gestores levam em consideração as ideias que ouviram por último e a gerência assume uma postura defensiva.

Para o Institute for Crisis Management, crise pode ser caracterizada como

> [...] uma ruptura empresarial significante que estimula grande cobertura da mídia. O resultado do exame minucioso feito pelo público afetará as operações normais da organização, podendo ter um impacto político, legal, financeiro ou governamental nos negócios.[6]

Há correntes conceituais relativas a crises que avaliam a existência de um cenário dual em que haveria de um lado crises administrativas e, de outro, as naturais. Enquanto estas não estão no campo do controle humano, aquelas podem vir a ser evitadas de acordo com as possibilidades ofertadas por conta da gestão antecipada de riscos e de crises.

Já para Lerbinger (1997), crise divide-se em sete tipos subdivididos em três categorias:

◆ crises do mundo físico – crises naturais e crises tecnológicas;
◆ crises de clima humano – crises de confronto, crises de malevolência e crises de distorção;
◆ crises de falha administrativa – crises de decepção e crise de má administração.

Independentemente da tipologia utilizada, as crises empresariais estão "intrinsecamente ligadas aos valores cultivados por indivíduos que compõem uma sociedade" (Rosa, 2001, p. 12) e vêm aumentando consideravelmente. São muitas as disfunções, como sistemas de comunicação falhos, desastres naturais, danos ambientais, incompatibilidade de tecnologia e cultura organizacional.

Quando uma crise atinge pessoas ou organizações despreparadas, ainda que vencedoras, põe imediatamente em risco a credibilidade daqueles que decidem. Não existe hora marcada para a instalação da crise. O que há é a possibilidade de preveni-la. A sobrevivência de uma organização depende da habilidade que esta tiver para processá-la (*ibidem*).

---

5 Disponível em: <gestcorp.incubadora.fapesp.br/portal/monografias>. Acesso em: 23 jul. 2008.
6 Disponível em: <http://www.crisisexperts.com>. Acesso em: 8 jan. 2008.

A premissa básica dessas condições encontra-se diretamente associada aos processos de comunicação instituídos entre uma organização e seus públicos, sendo estes identificados como reforçadores das relações firmadas.

A comunicação pensada de forma estratégica[7], de modo que "esboce e implemente programas de mediação entre interesses sociais, políticos e econômicos, capazes de influenciar o crescimento e a sobrevivência da organização" (*apud* Kunsch, 1999, p. 199), procura estabelecer, segundo Kunsch, "processos interativos e as mediações da organização com seus diferentes públicos, a opinião pública e a sociedade em geral" (*ibidem*, p. 74) por seu papel decisivo no cenário. Esse processo é vital para uma organização porque ninguém pode gerar, sozinho, informações para administrar, prevenir ou evitar uma crise.

Quando são estabelecidas relações divergentes, as partes envolvidas tendem a gerar obstáculos e contribuir para que toda modalidade de vinculação fracasse. Emergem sentimentos de suspeita e desprezo, de forma que caracterize motivações agressivamente competitivas e desperte a desconfiança. Consolida-se, com essas sensações, uma relação movida pela falta de legitimidade outorgada ao outro.

À luz desse pensamento, percebe-se que a reputação pode se consolidar ou se dissipar nas informações recebidas de agentes transmissores que tiveram experiências diretas ou indiretas com determinada empresa. Esses agentes podem transmitir informações verdadeiras ou falsas, mentir ou omitir conteúdos relevantes para a avaliação de outras pessoas. A essa carga informativa recebida é atribuído o nível de credibilidade do emissor, que dependerá das suas relações sociais e do grau de confiabilidade correspondente à avaliação do consumidor/cliente/usuário em dada transação. A Figura 2 ilustra esse sistema.

Perceber e compreender as bases complexas de relacionamento requer tratamento diferenciado e especializado com o intuito de lograr desastrosas consequências à credibilidade corporativa.

> Uma empresa que investe na criação e manutenção do seu conceito corporativo sabe que o diferencial competitivo está no grau de credibilidade que consegue suscitar na opinião pública. Essa credibilidade, por sua vez, não se traduz por ações esparsas de reconhecimento dos públicos organizacionais, mas por uma interface contínua que realmente leve em consideração as expectativas, as demandas e os focos de insatisfação desses grupos. (Lucas, 2002, p. 21)

---

7 Pensar de forma estratégica significa pensar numa ação de comunicação excelente e eficaz, com base em uma análise ambiental e em uma auditoria social regida pela flexibilidade, percepção e por uma avaliação mensurável dos resultados que devem beneficiar não só a organização, mas também seus públicos (Kunsch, 1999).

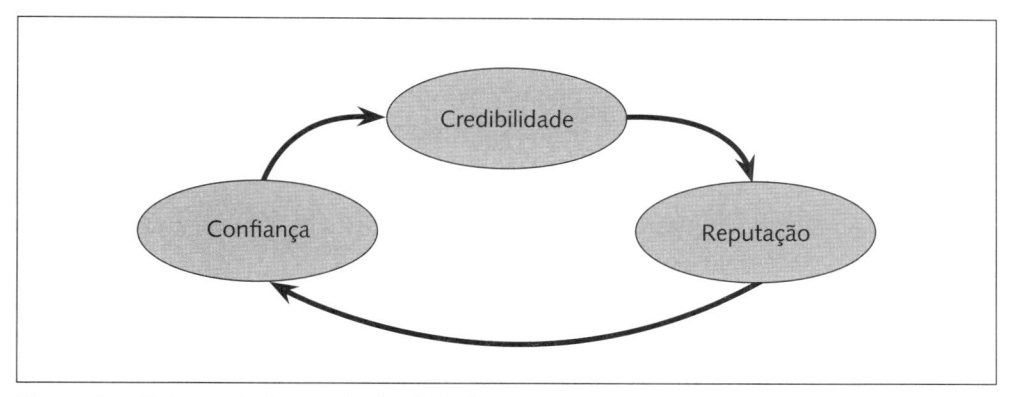

Figura 2 Sistema de transmissão de informação
Elaborado pela autora, com base em Sabater, 2003.

Não há o que não seja percebido e imediatamente reportado a todo mundo sem exclusividade de público, como a queda de um avião ou satélite, a morte de uma celebridade ou até a descoberta de um escândalo.

Por esse motivo, gestores devem estar preparados para agir em todos os momentos, principalmente naqueles em que ocorrerem acidentes, crises ou desastres. A administração de crises, inserida numa visão mais ampla nos planos de continuidade de negócios (Mestieri, 2004, p. 118), é uma área que a cada dia se fortalece mais para o campo da comunicação.

Desse modo, o pensamento de que as crises evidenciam a fragilidade a que a empresa está sujeita se reforça. Usuária e beneficiária de uma tecnologia cada vez mais potente, a corporação insere-se em sistemas complexos – uma falha nesses sistemas pode alcançar proporções de catástrofe ao expor os limites do homem em controlar e entender suas próprias criações (Mitroff, 1996).

Como pode-se notar, as crises indicadas estão diretamente associadas à imagem organizacional, temática abordada a seguir.

Imagem e modelos mentais

A maneira pela qual indivíduos recebem informações sobre a organização, suas marcas e seus produtos depende de todo e qualquer contato com eles, seja por meio de experiência direta, dos sentidos, seja por representações, como nome, logo, comunicações diversas, indicação. Todo e qualquer contato que o indivíduo tiver com a organização ou com uma de suas representações contribuirá para a construção do modelo mental do indivíduo sobre ela (a imagem).

Alguma parte desse processo pode ser influenciada pela organização; outra parte, não. A organização pode interferir positivamente no processo de formação de sua imagem em relação aos públicos,

- informando-os constantemente a respeito da organização em si, sobre a existência e o significado de suas marcas, assim como sobre a existência, a utilidade e as características de seus produtos;
- acompanhando o processo de formação de imagem com relação aos diversos públicos para avaliar seu desenvolvimento e sua configuração;
- planejando novas formas de comunicação com esses públicos de modo a caminhar melhor rumo à imagem desejada, mantê-la ou aperfeiçoá-la.

As imagens mentais são utilizadas para o reconhecimento de objetos e para a comunicação entre pessoas. Por isso, elas também têm como característica o *compartilhamento social*, ou seja, apesar de cada indivíduo constituir uma imagem única de determinado objeto, esta é, de modo mais grosseiro, semelhante para um grupo grande de pessoas que compõem uma subcultura qualquer. Os grupos sociais dos quais um indivíduo participa o influenciam na formação das imagens que ele fará dos objetos de seu mundo, sendo essa influência responsável por grande parte das ideias que serão agregadas a cada uma de suas imagens mentais (Schuler, 2005)[8].

Villafañe e Mínguez (1996) propõem a Teoria Geral da Imagem (TGI), cujos pressupostos são:

i) *a natureza icônica é o componente essencial e específico da imagem.* Os autores abordam principalmente a imagem como uma manifestação visual, tanto que lhe conferem essa natureza;

ii) *a representação icônica qualifica a ordem visual da realidade, expressa por meio da percepção humana do contexto.* É revelada a relação entre objeto e sujeito, que estabelece por esse meio a imagem. Os ícones registrados são comparados e reunidos, o que gera interpretação;

iii) *a qualificação da imagem surge da ordem visual, e isso só é possível com base em um conjunto de elementos específicos, sintaticamente ordenados.*

---

8 Apostila do curso e *workshop Administração da imagem* – Organizações, marcas e produtos, 2005. Esse material é resultado de muitos anos de pesquisa acadêmica, realizada pela profª. drª. Maria Schuler, da Escola de Administração da Universidade Federal do Rio Grande do Sul, com sua equipe de pesquisadores, desde 1998. O instrumento de gestão da imagem aqui apresentado já foi objeto de premiação em congresso internacional nos Estados Unidos (2000).

Conforme o processo de imaginário e de percepção, apontado por Santaella e Nöth (2001), primeiro o sujeito tem contato com algum impacto visual, que é recebido, decodificado e retorna à realidade transformado. A transformação é realizada por meio da ordem sintática ou de significado dos signos[9] recebidos. O quarto pressuposto é relacionado à imagem como sua representação visual: *toda imagem possui uma significação plástica que pode ser analisada formalmente com base nas categorias icônicas*. Os códigos ou signos compõem essas categorias. Dessa forma, a percepção de determinada manifestação está atrelada ao simbolismo reconhecido pelos portadores dessa linguagem icônica, que estão ligados a termos culturais e sociológicos, residentes de cada comunidade.

A construção de ideias sobre um objeto, pessoa ou organização leva ao que se entende por imagem. Essa imagem dará particularidade e possibilidade de entendimento e de interpretação aos elementos em questão.

> Embora a questão da imagem esteja hoje cada vez mais técnica, com planos de mídia cada vez mais sofisticados, quando falamos de imagem nos referimos a uma coisa muito primitiva. No antigo Egito, as pirâmides e os sarcófagos eram construídos para que, quando o faraó morresse, ele pudesse voltar, reconhecer-se pintado ali e continuar sendo ele mesmo na eternidade. Ou seja, a imagem era um fio condutor para a eternidade. (Rosa, 2001, p. 5)

Para grande parte de indivíduos, imagem implica algo irreal, ilusório, passageiro. Ela pode ser considerada uma representação simplificada que emerge na mente das pessoas como síntese de uma ou várias sensações e percepções. Segundo Vaz (1995), em termos mercadológicos, imagem é um quadro de referências a que o consumidor ou cliente recorre para avaliar se determinada ideia é merecedora ou não do seu interesse, simpatia, apoio. Confronta-a com outras ideias não necessariamente específicas do objeto, mas pertinentes à sua apreciação, que são referenciais próprios de cada pessoa, resultantes de nossas experiências de vida.

Na construção da imagem, existem atributos básicos, como vivências, percepções, valores. Esses dados são armazenados no imaginário, o que precisamente liga os termos, como afirmado por Neves (1998, p. 64): "a imagem de uma entidade [...] é o resultado do balanço entre as percepções positivas e negativas que essa organização passa para um determinado público". Essas percepções devem-se às interpretações

---

9 "Um signo, ou *representamem*, é algo que, sob certo aspecto ou de algum modo, representa alguma coisa para alguém." Valendo-se da teoria de Peirce, Simões (2001, p. 67) completa: "Poderia ser interpretado como a estrutura do dado".

dos fatos, que, fundamentadas em conceitos desenvolvidos com base nos contatos e mensagens trocadas entre emissores e receptores, diferem o ativo do passivo.

Como atributo controlável do processo de constituição da imagem de uma organização, fala-se da identidade, que, para Argenti,

> [...] é a manifestação visual de sua realidade, conforme transmitida através do nome, logomarca, lema, produtos, serviços, instalações, folheteria, uniformes e todas as outras peças que possam ser exibidas, *criadas pela organização* e comunicadas a uma grande variedade de públicos. (Argenti, 2006, p. 80)

A identidade de uma empresa diz respeito a como ela gostaria de ser percebida; já a imagem é como ela é, de fato, percebida. A identidade está imbricada. Ela auxilia no estabelecimento de uma relação entre o produto/serviço e seu consumidor, gerando valor que envolve benefícios tanto funcionais, como experienciais e simbólicos.

A percepção de determinado público quanto à imagem corporativa está baseada no que ele sabe. Entretanto, o que ele sabe nem sempre é a verdade (ou é apenas parte dela). As informações que chegam até ele, permeadas de opiniões e mais diversos juízos de valor, contribuirão para que ele desenhe, em sua mente, a imagem que lhe será "verdadeira". Garantir que as informações que chegam ao público sejam corretas, coerentes e afinadas com a realidade deve ser a preocupação permanente das organizações. Afinal, é dessa forma que se estará preservando sua reputação. Dadas as circunstâncias, os impactos (mensagens) avaliados como positivos serão ativos à imagem e à reputação, e é esse o grande diferencial entre as organizações.

Falar em reputação significa focar em algo mais duradouro, para um reflexo dos traços de identidade da empresa. A consolidação dos relacionamentos com diversos stakeholders faz com que a organização possa estruturar um processo de compreensão de seu nome e marca, ao que deve ser aliada a boa oferta de produtos e de serviços a seus clientes, bem como a clareza de seu compromisso com a sociedade. Por vezes, imagem e reputação são entendidas como sinônimos, porém possuem características distintas e interdependentes, conforme mostra o Quadro 1.

A participação crescente do consumidor na produção e distribuição de informações e opiniões a respeito de produtos, serviços e marcas na *web* (e também, devido a isso, na sua atuação na concepção dos produtos) é uma constatação que tem desafiado as competências de diversas áreas. Trata-se de um contexto mercadológico no qual as instituições perderam o privilégio da informação.

As opiniões das pessoas comuns, como mencionado, ganham cada vez mais credibilidade em relação às veiculadas por meios de comunicação, com a identifica-

Quadro 1   Imagem corporativa x reputação corporativa

Imagem corporativa	Reputação corporativa
◆ Resulta basicamente da comunicação	◆ Tem seu comportamento reconhecido
◆ Tem caráter conjuntural e efeitos efêmeros	◆ Tem caráter estrutural e efeitos duradouros
◆ É difícil de objetivar	◆ É verificável empiricamente
◆ Gera expectativas associadas à oferta	◆ Gera valor associado à resposta
◆ Constrói-se fora da organização	◆ Constrói-se no interior da organização

ção de um anunciante. Nas palavras de Anderson (2006), essas pessoas comuns são os novos formadores de preferências, ou seja, suas opiniões são respeitadas. Fator indispensável para tanto é que essas opiniões são produzidas, publicadas e distribuí-das na *web* por meio dos mais diferentes filtros (mecanismos de busca, sistemas de recomendação, *folksonomia*[10] etc.), tendo todos em comum o fato de serem gratuitos e de fácil acesso (Carvalho *et al.*, 2006).

A credibilidade depende de vários atributos, entre os quais se destaca a confiança. Esta, por sua vez, depende em boa parte da transparência e honestidade das intenções e práticas corporativas. Conforme o Manifesto para a Sociedade da Reputação[11], todos podem se beneficiar de experiências anteriores bem-sucedidas, que geram dados que permitem a sinalização de conteúdos com maior ou menor grau de confiabilidade. Milhares de pessoas navegam a qualquer momento na internet, fazem escolhas, tomam decisões, e os registros dessas trajetórias podem auxiliar outras pessoas em situações semelhantes, seja na escolha de um produto em um *blog*, num *site*, seja na qualidade de informações contidas em um banco de dados. A noção de percepção que as pessoas têm sobre uma empresa pode influir nas decisões de outras pessoas, revelando que a reputação encontra-se na mente de cada um.

Sendo assim, é prudente refletir sobre reputação corporativa. Reputação está diretamente relacionada à confiança. "A confiança é o alicerce das relações comerciais", sentencia Marconi (1993, p. 3). Para ele, trata-se da solidificação das relações, de modo que se transformem em negócios. Assim, reputação gera confiança, que gera relações sólidas, que geram negócios.

---

10 *Folksonomia* é a possibilidade que o indivíduo tem de relacionar qualquer palavra a um dado armazenado em determinados suportes *on-line*, por meio de uma *tag* (etiqueta) adicionada ao documento. Trata-se, então, de uma forma coletiva de organizar a informação na *web* (Aquino, 2007).

11 Disponível em: <http://firstmonday.org/htbin/cgiwrap/bin/ojs/index.php/fm/article/view/1158/1078>. Acesso em: 9 jul. 2009.

Confiança tem muito que ver com atitudes concretas e objetivas, mas também com a percepção dos outros em relação a essas atitudes. Citando Rosa (2006), assim como a imagem, a reputação é uma forma de percepção – e não apenas uma forma de ação.

> Falar em reputação não é falar apenas em conduta: não é falar sobre seguir uma linha de comportamento que esteja afinada com valores fundamentais, valores que percebidos pelos outros ajudem a despertar a confiança deles em relação a você ou à instituição por trás de você. (Rosa, 2006, p. 124)

Por essa razão, qualquer esforço de criar uma boa reputação para uma pessoa ou empresa, além da coerência de conduta e valores, deve atentar para o olhar dos outros, "porque nossa imagem é aquela que os outros enxergam em nós" (*ibidem*, p. 135).

Para Fascioni[12], identidade representa o que a empresa é; imagem, o que as pessoas acham que ela é. Por fim, reputação é um juízo de valor das pessoas quando comparam a imagem que elas têm da corporação com o que consideram o ideal.

Diferentemente da identidade, defende Ind (1992), imagem corporativa é algo mais fácil de mudar, mesmo que, em certos casos, seja necessário grande esforço para transformar uma imagem muito arraigada. Neves (2000) acredita que uma empresa que aprendeu a dispensar atenção à administração de sua imagem tem a seu favor uma vantagem competitiva de importância equivalente ao uso da tecnologia, dos recursos humanos e das modernas técnicas de gerenciamento. Rosa (2006, p. 251) lembra que o ato de cultivar uma imagem não deve ser confundido com promo-ção pessoal, vaidade ou mesquinhez, embora exista quem considere uma espécie de fraude ou manipulação cuidar de uma imagem pública, zelar por ela, trabalhar duro para que ela se eternize em nosso olhar.

Se preservar uma boa imagem sempre foi importante para a sobrevivência de uma instituição, no contexto atual, em que as informações circulam na velocidade de cliques no *mouse*, essa tarefa merece total atenção. Há algumas décadas, se uma pessoa ou empresa cometesse um deslize considerado grave, sua desgraça se espa-lharia pelo círculo de sua comunidade próxima, de sua cidade ou, no máximo, dos habitantes ao alcance das notícias do jornal local. Atualmente, em tempos de internet de banda larga, de Orkut e de Youtube, ela corre o risco de ver sua desgraça exposta em praça pública, em praticamente todo o planeta, numa rapidez incrível.

---

12 Ligia Fascioni é consultora em gestão de identidade corporativa e de *design*. Extraído da Revista *Amanhã*, ano 21, n. 239, jan./fev. 2008, p. 56.

Marconi expõe à reflexão a ampliação não apenas da velocidade de transmissão de informações, mas também de seu impacto no meio corporativo.

> Durante anos, um problema, uma crise ou até mesmo notícias ruins poderiam ser mantidos longe dos acionistas, dos controladores ou do público em geral, até que um tempo, pelo menos razoável, tivesse se passado e a história fosse apresentada de forma razoável. A comunicação instantânea é apenas uma parte da equação. A outra parte da mesma é o volume. Há mais pessoas empregadas na coleta e na cobertura de notícias do que jamais aconteceu antes. (Marconi, *op. cit.*, p. 21)

Essa democratização da comunicação e da transmissão de informações tem dado voz e vez a grupos cada vez maiores de indivíduos, que conquistam espaços para levantar a bandeira de seus interesses. Muitos desses interesses, antes solenemente ignorados pelo segmento empresarial, merecem todo cuidado e atenção, pois, de uma demanda relativamente simples, pode gerar-se uma questão pública relevante que ganhe as páginas dos jornais e as telas de televisão. Essa questão pública pode macular, de forma alarmante, a imagem da instituição.

É possível afirmar, desse modo, que a reputação afeta diretamente o desempenho comercial. É preciso saber desenvolvê-la e defendê-la adequadamente nesse meio, de maneira a monitorar e gerenciar as interações de experiências, impressões, crenças, sentimentos e conhecimentos que as pessoas possuem acerca de determinada empresa.

Considerações finais

Depois de percorrida esta breve exposição conceitual sobre crises, identidade, imagem e reputação corporativa em tempos de conteúdo gerado pelo consumidor, tem-se que os julgamentos dos *stakeholders* podem variar de acordo com a maneira como estes enxergam a organização. A imagem deve ser considerada uma dimensão bastante subjetiva, uma vez que cada indivíduo detém uma percepção diferenciada do outro.

O surgimento de novos modelos organizacionais para enfrentar a competitividade estrategicamente e o volume de informações circulante sobre as corporações impõe, cada vez mais, mudanças na percepção da realidade. Sobretudo, na ampla compreensão de como uma imagem favorável pode garantir a preferência dos públicos, bem como na divulgação do nível de satisfação obtido nos pontos de contato com uma empresa.

Prima-se por observar que as opiniões são embasadas no histórico de contatos comunicacionais e exige-se uma postura que favoreça a possibilidade de criação/fortalecimento de vínculos. Essa dinâmica também requer preparação para o impacto causado a cada emissão de mensagens para que, quando se dê o choque entre o que compreende o público e o que diz o objeto corporativo, haja similaridade e as opiniões possam se constituir favoravelmente, de maneira a reduzir a incidência de crises de imagem.

Esse pressuposto norteia o sistema de informações chamado *boca a boca*, pois o contato é direto e as narrações de experiências proliferam-se rapidamente entre os indivíduos e são por eles mais valorizadas do que a comunicação institucional sem direção específica. É a proximidade que gera a credibilidade entre objeto e públicos.

No caso da *web* 2.0, sua análise e seu monitoramento tornam-se relevantes para reduzir a incerteza em relação à impossibilidade de conhecer previamente os atributos significativos na interação entre organização e públicos, tais como qualidade e desempenho mercadológico.

Os atributos envolvidos nesse processo, que se incorporam à reputação corporativa, dependem dos interesses e valores dos membros de uma rede social. A percepção, a seleção, a atenção e a lembrança dos diversos atributos dependem das características dessa rede.

Considerando-se que a reputação é essencialmente um sistema coletivo de crenças subjetivas, discussões devem prosseguir na análise das dimensões reputacionais que apresentam um ciclo de vida significativo: são formadas, desenvolvidas, alteradas e, eventualmente, deixam de existir.

E é exatamente com relação a essa propriedade subjetiva correspondente à reputação que os vínculos comunicacionais se estabelecem. Quanto melhor se apresentarem as interações, maiores serão as oportunidades criativas e argumentativas dos *stakeholders* para embasar suas opiniões.

É justamente nesse contexto – em que há necessidade de mapear esses públicos, emitir mensagens de forma efetiva e propiciar a participação desses agentes – que se insere a prática contemporânea de relações públicas. Em momentos de crise, a comunicação será fundamental para resolver a situação, o que pode ser facilitado conforme a relação de confiança mantida entre as partes.

Referências bibliográficas

ANDERSON, Chris. *A cauda longa*. Rio de Janeiro: Campus, 2006.

ARGENTI, Paul. *Comunicação empresarial: a construção da identidade, imagem e reputação*. Rio de Janeiro: Elsevier, 2006.

CARVALHO, C. S.; MONTARDO, S. P.; ROSA, H. A.; GOULART, R. V. "Monitoramento da imagem das organizações e ferramentas de busca de *blogs*". *Prisma.com*, v. 3, p. 420-47, 2006.

CARVALHO, Cinthia da Silva. *Relações públicas e a perspectiva sistêmica de mediação no gerenciamento de conflitos e crises organizacionais.* Porto Alegre: 2004.

FORTES, Waldyr Gutierrez. *Relações públicas: processo, funções, tecnologia e estratégias.* São Paulo: Summus, 2003.

FRANÇA, Fabio. *Públicos: como identificá-los em uma nova visão estratégica.* São Caetano do Sul: Yendis, 2004.

HERRERO, Alfonso González. *Marketing preventivo: la comunicación de crisis en la empresa.* Barcelona: Bosch, 1998.

IND, Nicholas. *La imagen corporativa. Estrategias para desarrollar programas de identidad eficaces.* Madri: Díaz de Santos, 1992.

KOTLER, P. *Administração de marketing: análise, planejamento, implementação e controle.* São Paulo: Atlas, 1998.

KUNSCH, Margarida M. Krohling. *Relações públicas e modernidade: novos paradigmas na comunicação organizacional.* São Paulo: Summus, 1997. [2. ed. 1999]

LERBINGER, Otto. *The crisis manager.* New Jersey: Lawrence Erlbaum Associates, 1997.

LEWIS, David; BRIDGES, Darren. *A alma do novo consumidor.* São Paulo: Makron Books, 2006.

LUCAS, Luciane. "Relações públicas e banco de dados: novas configurações na interface empresa-cliente". In: FREITAS, R.; LUCAS, L. *Desafios contemporâneos em comunicação.* São Paulo: Summus, 2002.

MARCONI, Joe. *Marketing em época de crise.* São Paulo: Makron Books, 1993.

MESTIERI, Carlos Eduardo. *Relações públicas: arte de harmonizar expectativas.* São Paulo: Aberje, 2004. (coleção Grandes Nomes)

MITROFF et al. *The essential guide to managing corporate crisis.* Nova York: Oxford University Press, 1996.

NEVES, Roberto de Castro. *Imagem empresarial: como as organizações (e as pessoas) podem proteger e tirar partido do seu maior patrimônio.* Rio de Janeiro: Mauad, 1998.

_____. *Comunicação empresarial integrada.* Rio de Janeiro: Mauad, 2000.

ROSA, Mario. *A síndrome de Aquiles.* São Paulo: Gente, 2001.

_____. *A era do escândalo: lições, relatos e bastidores de quem viveu as grandes crises de imagem.* São Paulo: Geração, 2004.

_____. *A reputação na velocidade do pensamento.* São Paulo: Geração, 2006.

SANTAELLA, Lucia; NÖTH, Winfried. *Imagem: cognição, semiótica, mídia.* 3. ed. São Paulo: Iluminuras, 2001.

SCHULER, Maria de. *Administração da imagem – Organizações, marcas e produtos.* Apostila do curso e workshop, 2005.

SIMÕES, Roberto Porto. *Relações públicas: função política.* São Paulo: Summus, 1995.

_____. *Relações públicas e micropolítica.* São Paulo: Summus, 2001.

SUSSKIND, Lawrence; FIELD, Patrick. *Em crise com a opinião pública.* São Paulo: Futura, 1997.

VILLAFAÑE, Justo; MÍNGUEZ, Norberto. *Principios de teoria general de la imagem.* Madri: Pirâmide, 1996.

3
Eventos em relações públicas: ferramenta ou estratégia?

ETHEL SHIRAISHI PEREIRA

Introdução

Por sua característica predominantemente operacional, recebemos com frequência questionamentos sobre a relevância do ensino da disciplina de organização de eventos nas faculdades de relações públicas. No início de nossas carreiras, somos contratados para estagiar em departamentos de comunicação ou em assessorias e, muitas vezes, esbarramos com tarefas corriqueiras, relacionadas com o processo de organização dos eventos, podendo criar a equivocada percepção de que a atividade é muito simples para aqueles que atuam em nível universitário. Muitas vezes, o que não é revelado à equipe de produção de um evento são suas estratégias e os posicionamentos comunicacionais que costumam ficar restritos aos tomadores de decisão do processo de concepção e planejamento da ação.

Evento é uma atividade que já extrapolou o domínio da comunicação. Atualmente, são feitos também pela área de marketing, recursos humanos, além de outras como turismo, administração e hotelaria. Cursos de formação superior, graduação e pós-graduação, na área de eventos surgiram na segunda metade da década de 1990. Essa tentativa de profissionalizar o setor, cada vez mais exigente e competitivo, transformou-se em uma verdadeira indústria quando observada do ponto de vista econômico: sua relevância para arrecadação de impostos, geração de empregos e circulação do dinheiro nas localidades onde os eventos são promovidos faz que algumas cidades e regiões sobrevivam graças à promoção de eventos, sejam eles culturais, de negócios, esportivos, entre outros.

O objetivo deste capítulo é contextualizar o evento como ferramenta do *mix* da comunicação organizacional. Além disso, pretende-se despertar o interesse do leitor para uma visão mais estratégica da atividade que, por sua facilidade de adaptação ao comportamento da sociedade, ganha contornos midiáticos, sensoriais e permite até o uso do mecanismo da cocriação para envolver públicos estratégicos e transmitir conceitos relacionados com os princípios organizacionais, além de contemplar seus objetivos institucionais e mercadológicos.

Comunicação organizacional, relações públicas e eventos

Comunicação organizacional é, de acordo com Margarida Kunsch, a disciplina que estuda como se processa o fenômeno comunicacional dentro das organizações no âmbito da sociedade global. Ela analisa o sistema, o funcionamento e o processo de comunicação entre a organização e seus diversos públicos (Kunsch, 2003, p. 149). Quando trabalhada de maneira integrada, ou seja, pelo composto da comunicação institucional, mercadológica, interna e administrativa, a comunicação organizacional proporciona às organizações condições de se relacionar efetivamente com os seus *stakeholders*. Assim como Gaudêncio Torquato, em *Tratado de comunicação organizacional e política* (2002), Kunsch defende que, como instrumento de comunicação institucional, cabe às relações públicas "administrar estrategicamente a comunicação das organizações com seus públicos, atuando não de forma isolada, mas em perfeita sinergia com todas as modalidades comunicacionais" (*ibidem*, p. 166).

Considerando que "evento constitui-se em veículo de significativa importância no *mix* de comunicação" (Haman *apud* Kunsch, 1997, p. 107), torna-se necessário apresentar os conceitos que o caracterizam como ferramenta estratégica de relações públicas. Segundo o conceito desenvolvido por Mário Chamie:

> Evento é um acontecimento programado que gera expectativa e necessidade de retorno institucional e/ou promocional. É considerado um instrumento de marketing, pois dinamiza o mercado, motivo pelo qual deve ser entendido como um produto, com finalidades específicas. (Informação verbal)

O evento em si, de acordo com Roberto Porto Simões, é um instrumento de relações públicas que pode ser definido como "um acontecimento criado com a finalidade específica de alterar a história da relação organização-público, face às necessidades observadas. Caso ele não ocorresse, a relação tomaria rumo diferente e, certamente, problemático" (Simões, 1995, p. 170). Porto Simões considera evento "um canal de dupla via, porque, normalmente, durante o acontecimento, há uma reunião de representantes da organização e do público, o que favorece a troca de ideias e de informações" (Simões, *op. cit.*, p. 170).

Para Cristina Giácomo, o "evento tem por objetivo minimizar esforços, fazendo uso da capacidade sinérgica da qual dispõe o poder expressivo no intuito de engajar pessoas numa ideia ou ação" (Giácomo, 2007, p. 33). Pode ser utilizado como recurso estratégico de comunicação dirigida por permitir a segmentação do público de interesse e lhe dirigir mensagem específica, ou seja, agregar pessoas em torno de uma ideia. Para Ferracciù,

> a grande força de um evento reside no envolvimento que ele permite. A atmosfera criada, a atenção despertada, a curiosidade, a predisposição de espírito, tudo, enfim, conduz a um envolvimento coletivo apropriado que condiciona positivamente o participante e que nenhum outro recurso de promoção consegue fazer. (Ferracciù, 1997, p. 70)

O professor emérito de relações públicas da Universidade de Maryland, nos Estados Unidos, James E. Grunig, realizou uma pesquisa com a International Association of Business Communicators (IABC) sobre a busca da excelência em relações públicas. Com esse estudo, Grunig conclui que

> relações públicas são a única função gerencial que auxilia a organização a interagir com públicos de interesse em seu ambiente. [...] os comunicadores podem desenvolver relacionamentos de forma eficaz quando se comunicam simetricamente com os públicos. (Grunig, 2009, p. 63-4)

Quando concebidos e planejados com esse intuito, os eventos podem contribuir para que a organização estabeleça bons relacionamentos com seus públicos e obtenha compreensão necessária para conseguir sucesso, por exemplo, em momentos críticos que podem afetar sua reputação ou durante um processo de negociação. Torna-se necessário, porém, que a organização promotora do evento compreenda o papel estratégico das relações públicas e crie condições favoráveis para sua prática de forma excelente, ou seja, permita o uso do modelo simétrico de duas mãos,

> [...] a visão mais moderna de relações públicas, em que há uma busca de equilíbrio entre os interesses da organização e dos públicos envolvidos. Baseia-se em pesquisas e utiliza a comunicação para administrar conflitos e melhorar o entendimento com os públicos estratégicos. (Kunsch, 1997, p. 110-1)

Ainda sobre as pesquisas desenvolvidas por Grunig, destaca-se que o modelo simétrico de duas mãos é "a abordagem mais ética de relações públicas e que o modelo é eficaz quando aplicado à realização dos objetivos da organização". O professor norte-americano complementa dizendo que "as relações públicas simétricas propiciam o foro para diálogo e discussão de questões que levarão a resultados divergentes em razão de participarem pessoas com diferentes valores e pontos de vista" (Grunig, 2003, p. 88).

A relação existente entre o modelo simétrico de duas mãos com os eventos é explicada por Porto Simões no livro *Relações públicas:* função política. O autor classifica eventos como um instrumento misto,

> pois permitem o intercâmbio de informações através de um mesmo canal. São técnicas ou canais de dupla via, perfeitos para realizarem a comunicação no seu sentido de processo e resultado, o que os torna particularmente adequados à consecução do objetivo essencial das relações públicas: a legitimação. (Simões, *op. cit.*, p. 162)

Por seu caráter abrangente, os eventos são instrumentos capazes de viabilizar e estimular o diálogo de maneira simétrica. Também colaboram para a obtenção de objetivos diversos dentro das organizações, que, nas últimas décadas, foram pressionadas a investir em ações de relacionamento com seus públicos de interesse, além promover suas marcas, produtos e serviços em busca de maior competitividade. Com relação a este tema, Waldyr Gutierrez Fortes lembra que "o conceito e a constatação da existência de públicos que podem afetar os objetivos das empresas fazem que as organizações precisem das relações públicas" (Fortes, 2003, p. 58).

O evento como estratégia de comunicação

Para que sejam estratégicos, os eventos precisam estar alinhados às metas de comunicação de uma organização e ser concebidos e planejados conforme os preceitos éticos da atividade, além de contribuir para os objetivos de negócios das organizações e dos públicos com os quais elas se relacionam. Ao fazer uso de uma comunicação excelente em suas ações, os eventos em si podem ser utilizados como canais de mão dupla, tão necessários para harmonizar os interesses entre as organizações e seus diversos públicos de relacionamento. Para relembrar, segundo James Grunig, as relações públicas são excelentes quando

> ajudam a organização a atingir seus objetivos. Entretanto, as organizações não atingem seus objetivos isoladamente porque suas decisões têm consequências nos públicos e

estes, frequentemente, opõem-se aos objetivos da empresa. Portanto, as organizações devem estar em sinergia com seus públicos e incorporar seus objetivos aos da organização. Quando as empresas e seus públicos desenvolvem objetivos juntos, elas geralmente possuem melhores relacionamentos que as organizações que tomam decisões sem pensar nas consequências que terão. O trabalho de relações públicas excelente, portanto, é uma função administrativa que ajuda a construir relacionamentos com públicos estratégicos – aqueles que afetam as decisões da organização ou que são afetados pelas decisões da organização. (Grunig *apud* Damante, 1999)

Com esse espírito é que compreendemos os eventos como ações planejadas, com gestão de objetivos orientados para os resultados da organização, sempre em busca da construção de relacionamentos duradouros e confiáveis. A compreensão das questões macro e microambientais, além da cultura organizacional, torna-se imprescindível para uma análise do cenário em que o evento irá se integrar ao assumir papel estratégico. Para Maria Aparecida Ferrari,

a estratégia é indispensável para a garantia da qualidade do relacionamento da organização com seus públicos e para a criação de valores a serem incorporados pelos funcionários, clientes, fornecedores e acionistas, que resulte, entre outras vantagens, na maximização de seus negócios. (Ferrari, 2003, p. 2)

As metas da função estratégica da comunicação devem ser o equilíbrio do bem-estar social, mediante a melhoria da qualidade de vida e do trabalho e a construção de relações mais democráticas e justas que agreguem outros valores, como a maximização do retorno, da competitividade e da eficiência organizacional.

Assim como outros autores, Ferrari defende que as relações públicas, para serem exercidas de maneira efetiva, precisam ganhar o apoio da alta direção das organizações. Mas a autora vai além e estabelece que, para ser reconhecida como função estratégica, a comunicação deve ser valorizada por outros três níveis da organização, ou seja, pelos especialistas, pelo nível funcional e pelo nível institucional, que, em sua visão, é o mais importante. O valor das relações públicas como função estratégica está em equilibrar os interesses da sociedade com os interesses dos clientes com os quais o profissional trabalha.

Relações públicas agregam valor às organizações. Estas, ao se preocuparem com os interesses da sociedade, ganham uma nova e valiosa ferramenta estratégica, não apenas para agregar novos valores a seus serviços e produtos, mas também para resolver conflitos que, frequentemente, surgem em seu contexto de atuação. [...] Se nós construímos nossos relacionamentos com os públicos estratégicos, pensando nas organizações para as quais prestamos serviços, mesmo que indiretamente, estamos também beneficiando a sociedade. A melhor forma de beneficiar a sociedade é administrar, dentro dos princípios éticos, os conflitos que as organizações criam ou os conflitos criados pelos diferentes stakeholders que interagem com a organização. (Ferrari, *op. cit.*, p. 09-10)

Para Ivone de Lourdes Oliveira, a organização como ator social tem compromissos com vários grupos; por esse motivo, a comunicação, com seu aparato técnico-conceitual, torna-se parceira na implementação de políticas organizacionais, na divulgação de sua missão e objetivos, na cooperação entre grupos e interorganização. "A comunicação ganha notoriedade, pela sua função de conhecer, analisar e direcionar fluxos informacionais para o objetivo geral da organização, dando um sentido estratégico à prática comunicacional" (Oliveira, 2003, p. 2). Para produção de sentido, é necessário trabalhar os fluxos informacionais, promovendo uma rede de relacionamentos que "só se concretizam com o envolvimento de todos os grupos que são afetados ou afetam as estratégias organizacionais" (Oliveira, *op. cit.*, p. 5). Entende-se que a comunicação estratégica é, por excelência, processual, no sentido em que busca estabelecer canais de conversação contínuos entre a organização e seus interlocutores.

Ela não é soberana nesse processo de relacionamentos, visto que se movimenta à base de construções e estratégias – produtos de múltiplas operações objetivas e subjetivas – que acontecem no interior do ambiente interno e fora dele, para legitimar a sua ação. [...] Assim, a comunicação estratégica atua para produzir sentidos, dar significados e difusão às ações organizacionais. (Oliveira, *op. cit.*, p. 5)

Oliveira conclui que "a dimensão estratégica acontece no momento em que os espaços de mediação, negociação, integração e diálogo são abertos, deixando no passado o caráter instrumental e mecânico da comunicação organizacional" (Oliveira, *op. cit.*, p. 8).

Para que se possam compreender as questões centrais que impulsionam o processo organizacional em direção a uma comunicação estratégica, a autora ressalta os seguintes pontos: percepção do campo da comunicação organizacional como gerenciador dos relacionamentos da organização; adoção de metodologias que possibilitem incrementar o verdadeiro compartilhamento no processo comunicacional. Para a comunicação ser estratégica, deve estar aliada à estrutura do poder decisório de modo a debater os problemas que surgem com base nas demandas e expectativas dos grupos de relacionamento. A aprovação e o apoio da direção administrativa às políticas de comunicação são fundamentais, bem como o monitoramento dos processos comunicacionais, cujos resultados vão respaldar novas ações ou reformular estratégias de comunicação em processo de implantação e concepção da comunicação como campo integrado e integral. Preocupada em ser mais clara a respeito do processo de formação da opinião pública como fator determinante da construção da imagem e legitimação das práticas institucionais, Eugênia Mariano da Rocha Barichello considera que

> a opinião pública é formada a partir dos temas expostos na mídia, o principal dispositivo de visibilidade das instituições e atores sociais. A partir das informações disponibilizadas na esfera midiática, os atores começam a construir sua imagem, embora essa só se concretize ao ser recebida e interpretada por seus interlocutores. Portanto, a obtenção de legitimidade passa por processos comunicacionais midiáticos, nos quais as instituições procuram explicar-se e justificar-se perante uma sociedade que recebe e reelabora essas informações. (Barichello, 2003, p. 15)

Apesar de a autora não tornar evidente a função estratégica das relações públicas nesse processo, recorre-se a Roberto Porto Simões para lembrar que

> o objetivo das relações públicas, função organizacional e atividade profissional, é legitimar as ações organizacionais de interesse público. A sustentação desta assertiva inicia-se pela explicação de que toda e qualquer ação organizacional é efeito de uma decisão tomada anteriormente, por algum membro da mesma. Nada é feito sem que se tenha decidido fazê-lo. (Simões, *op. cit.*, p. 191)

Dessa forma, pode-se concluir que o trabalho de construção e monitoramento de imagem desenvolvido pelos profissionais de comunicação é uma função estratégica, tendo em vista que manter a imagem pública favorável implica organizar e inserir fatos e discursos na esfera pública.

> A legitimação é construída através da linguagem, principal depositária das experiências coletivas. Tanto a vivência da instituição, através das práticas características a sua comunidade, quanto as representações que a definem formam a identidade da mesma, tornam a instituição presente e legítima na experiência do indivíduo na sociedade. (Barichello, *op. cit.*, p. 15)

Para complementar os aspectos estratégicos da comunicação, insere-se o estudo realizado por Marlene Marchiori a respeito da comunicação organizacional e cultura, no qual aponta a valorização do relacionamento com o público interno como uma estratégia de relações públicas. Os conceitos apresentados por Marchiori mostram que a comunicação deve fortalecer o sentimento de pertencimento para que os funcionários tenham "vontade de representar a empresa", obtendo, dessa forma, maior efetividade e credibilidade perante os públicos externos.

> É por meio da comunicação que uma organização recebe, oferece, canaliza informação, tomando decisões mais acertadas. [...] Engajamento, obrigação e lealdade mútua são expectativas de todo indivíduo em relação ao grupo a que pertença. Na realidade, a construção de uma estratégia cria oportunidades, visualizadas e analisadas pelos membros de uma organização, mas não garante a sua participação. A busca de sua identidade e da satisfação possibilita a existência e o desenvolvimento de comprometimento e lealdade. É preciso evidenciar a organização e conhecer seu processo interno, valorizando e comprometendo os indivíduos com a empresa para, então, passar a exteriorizá-la perante os diferentes grupos com os quais atua. (Marchiori, 2002, p. 196-7)

Para a autora, o que conta na atividade de relações públicas é a busca da legitimidade da empresa mediante a crença dos públicos nos seus valores e o modo como ela toma decisões para satisfazer os públicos e obter seu entendimento. Esses aspectos "afetam o posicionamento e manutenção da empresa e exigem um pensar mais aprofundado das relações públicas como prática estratégica para as organizações" (Marchiori, *op. cit.*, p. 198). Assim, as relações públicas devem atuar buscando o aumento da qualidade por meio dos relacionamentos, do comprometimento e da responsabilidade; cuidar para que haja coerência e unanimidade em determinados pontos-chave para que a organização possa ser interpretada como uma comunidade; manter a visão de que as pessoas são o elemento mais importante nas organizações e a percepção de que fatores sociais necessitam ser levados em conta para o entendimento da *performance* organizacional. As relações públicas podem ser valorizadas numa organização ao se interpretar os diferentes contextos e opiniões existentes para obtenção de uma identidade consistente:

> [...] o grande enfoque da comunicação interna passa a ser carregado de entendimentos, visão, emoção, compreensão, conhecimento, levantamento de situações, de criação de vínculos, para que se possam manter relacionamentos que sejam verdadeiros. É assim que se legitima. É somente desta forma que se constrói a credibilidade. É assim que se efetivam as relações públicas nas organizações. (Marchiori, *op. cit.*, p. 203)

Após discorrer sobre mudança cultural como consequência do gerenciamento dos relacionamentos por meio da comunicação, sobre como a opinião dos públicos se forma com base nos diálogos estabelecidos entre a organização e seus públicos e sobre como as experiências vivenciadas pela organização formam sua identidade, Marchiori conclui

> [...] que relações públicas não podem existir somente como imagem sem substância é indiscutível. A substância desta atividade parece concentrar suas forças nos esforços para a construção de relacionamentos que tenham significado para a vida organizacional. Dessa forma, relações públicas podem ajudar a organização a diminuir as incertezas. É sabido que incertezas causam desconforto nas pessoas e estas se encontram abertas para continuamente estarem trocando informações, atingindo relacionamentos equilibrados. Parece-nos que este será um dos aspectos principais para a sustentabilidade das organizações nesta nova economia e que trará não somente o fortalecimento estratégico da atividade de relações públicas nas organizações, mas também sua dependência. (Marchiori, *op. cit.*, p. 206-7)

O uso dos eventos como ferramenta estratégica de relações públicas faz-se imprescindível para colaborar com a implementação das ações de comunicação integrada nas organizações, devendo, no entanto, seguir os preceitos que tornam as relações públicas excelentes. Nas últimas décadas, as relações públicas ganharam *status* nas organizações ao assumir um posicionamento estratégico em suas ações, principalmente por contribuir para atingir os objetivos de negócios. Parte desse resultado pode ser alcançado com a abertura de diálogo com os *stakeholders*: postura positiva, proativa, capaz de gerar compreensão mútua entre as partes, pois ouvir os públicos de interesse e atender a suas expectativas é, certamente, uma atitude de respeito que permite a transparência nas relações.

O fascinante nos eventos é que, por conta de sua complexidade, podem transitar por todas as esferas que contribuem para a busca da excelência na prática das relações públicas. Ao assumir o papel de ação estratégica, transformam-se em mídias cujas mensagens são transmitidas aos públicos de interesse da organização, seja por meio de uma comunicação dirigida ou por uma comunicação de massa. Esta, uma nova dimensão dos eventos, além de contribuir para a legitimação dos conceitos institucionais de uma organização e fortalecer a sua imagem, passa a agregar objetivos mercadológicos que dão ao universo dos eventos contornos promocionais e os transformam num poderoso instrumento de sustentação e geração de negócios. As mensagens ainda contribuem para que os conceitos institucionais e mercadológicos sejam facilmente alcançados e compreendidos pelo público-alvo do evento, muitas vezes compostos por formadores de opinião.

O planejamento dos eventos e o diferencial dos relações-públicas

As mudanças ocorridas na sociedade no final do século XX (globalização, avanços tecnológicos, valorização do espírito de cidadania etc.) fizeram surgir um novo tipo de organização que, para competir nesse novo mercado, direciona seu foco nos clientes e passa a adotar uma nova filosofia empresarial, fundamentada nos conceitos do marketing. De acordo com Philip Kotler, a chave para atingir os objetivos da organização consiste em determinar as necessidades e os desejos dos mercados-alvo e satisfazê-los mais eficaz e eficientemente do que os concorrentes (Kotler, 1993, p. 46).

Nesse contexto, a atividade de concepção, planejamento e organização de eventos atingiu o amadurecimento necessário para se firmar como uma reconhecida e eficiente estratégia de comunicação. O mercado exige o planejamento de eventos bem-estruturados e sólidos, que garantam o retorno sobre os investimentos. Por outro lado, o profissional de comunicação deve estar munido de visão crítica para aplicação das técnicas de forma ética e comprometida com o desenvolvimento dos negócios.

Os eventos são atividades que precisam despertar o interesse de seu público-alvo para garantir adesão e atingir seus objetivos – apresentam uma dinâmica de funcionamento diferente das demais ferramentas comunicacionais e estão em permanente evolução. O uso da criatividade é uma exigência, pois, a cada edição, um evento deve, de acordo com a lógica da sociedade de consumo, trazer novidades ao público, visando garantir sua participação. Isso faz que surjam novas tipologias de eventos eventos, formatos, novas propostas e finalidades. Enfim, tem-se a impressão de que os eventos têm vida própria e estão em constante evolução. Para atingir seus objetivos, fazem uso de outras ferramentas comunicacionais, sejam as tradicionais ou as mais recentes mídias desenvolvidas por meio de um suporte tecnológico cada vez mais avançado e utilizado para apoiar o funcionamento da atividade.

Considerando que evento é uma ferramenta de relações públicas, focada no negócio e integrante de um processo de comunicação excelente, é necessário estar atento a alguns aspectos, como o fortalecimento da imagem institucional de uma organização em busca de diferenciação das marcas. Kotler atribui às relações públicas a tarefa de auxiliar as organizações na construção de "uma imagem corporativa que se projete favoravelmente sobre os seus produtos". Ele complementa:

> Para desenvolver uma imagem forte para uma marca ou para uma empresa é necessário criatividade e esforço. A imagem não pode ser implantada na mente do público da noite para o dia, nem divulgada por um veículo de mídia isolado. A imagem deve fazer parte de todas as comunicações da empresa e ser mostrada repetidamente. (Kotler, *op. cit.*, p. 361-2)

Dessa forma, não se podem mais compreender os eventos de acordo com seus objetivos puramente institucionais. Os eventos devem, também, ser concebidos segundo o enfoque mercadológico. Sobre esse conceito, Bueno comenta:

> [...] a ideia equivocada de se distinguir o esforço de formação de imagem daquele que se associa à venda de produtos e serviços não tem mais sentido [...] não se justifica pensar, para uma empresa ou entidade, a implementação ou a manutenção de estruturas e/ou filosofias distintas para dar conta dessas vertentes. Fazer isso seria afrontar o conceito de comunicação integrada. (Bueno, 2003, p. 10)

O planejamento do evento deve, portanto, ter como base os preceitos estabelecidos no planejamento estratégico da organização, concebidos como parte integrante de um processo de comunicação que visa à excelência, atender às necessidades dos diversos públicos de interesse e colaborar para um melhor posicionamento da organização no mercado em detrimento de seus concorrentes.

Deixar de avaliar o contexto mercadológico, o clima da organização e as necessidades dos colaboradores pode fazer que as organizações não atinjam seus objetivos de negócios e deixem de investir em ações de relacionamento com seus públicos de interesse, além de promover suas marcas, produtos e serviços em busca de maior competitividade.

Ao planejar eventos estratégicos, de acordo com o modelo simétrico de duas mãos proposto por Grunig, o relações-públicas destaca-se dos demais organizadores existentes no concorrido e crescente mercado de eventos. Isso ocorre por ser capaz de criar conceitos e elaborar mensagens coerentes com o pensamento da organização, além de posicionar o evento como uma importante ferramenta de relacionamento com públicos estratégicos. Dessa forma, os eventos colaboram para a valorização das relações públicas e permitem ao profissional exercer a atividade de maneira ética e condizente com seu papel social, ou seja, promover o diálogo e a compreensão mútua entre as organizações e seus diversos públicos de interesse. Os relações-públicas estabelecem relacionamentos, fortalecem a imagem institucional e, justamente por esse motivo, também agregam valor ao marketing das organizações.

O planejamento de um evento deve ser flexível, com a função de estabelecer conceitos a respeito de determinado fato. Planejar o processo de comunicação de um evento representa estabelecer o conteúdo da mensagem – que pode representar, por exemplo, exclusividade, credibilidade, motivação – e deve colaborar para influenciar o pensamento ou o comportamento do público-alvo do evento, de acordo com os objetivos previamente estabelecidos.

Os eventos devem ter uma linguagem adequada e própria, seja ela calorosa, emocional ou formal. A linguagem deve proporcionar interação com o público-alvo e permitir que ele se sinta um influenciador do processo e não mero espectador. É importante estar atento aos limites do discurso utilizado, pois este permite decodificações que não precisam estar afastadas do objetivo proposto.

Com essa preocupação, deve-se defender que o profissional de relações públicas é aquele que possui a formação ideal para planejar o processo de comunicação de um evento, conquistando para si um diferencial em relação aos demais profissionais que atuam no setor, pois reconhece que a divulgação é um mecanismo de transmissão de um conceito a ser comunicado de forma planejada. Domina as técnicas de disseminação das informações e, principalmente, compreende a necessidade de análise do perfil do público-alvo da mensagem para construção de conteúdos relevantes e alinhados com os objetivos do evento, permitindo interação com o participante.

Fazer que o público-alvo se sinta um influenciador do processo é uma estratégia de comunicação cada vez mais utilizada nos eventos: de mero espectador, o participante passou, com o devido controle dos promotores, a cocriador das ações de organização, da programação, entre outros aspectos estruturais. Atualmente, os eventos fazem uso de elementos sensoriais, ganham interesse jornalístico e estrutura de espetáculo e se tornam midiáticos. Em outras palavras, vão se adaptando às necessidades do mercado, como na adoção de diversas práticas de preservação do meio ambiente: promovem-se a reciclagem de resíduos, a utilização de materiais orgânicos e certificados, a neutralização dos gases de efeito estufa gerados com a organização do evento, para que, por associação, as patrocinadoras e a própria organização promotora sejam consideradas socialmente responsáveis e ambientalmente sustentáveis. Ou seja: os eventos ganham aspectos que colaboram para fortalecer conceitos organizacionais.

Os desafios, entretanto, vão além do envolvimento do público-alvo da ação. Para garantia do sucesso, o evento deve ser concebido sob a ótica de uma atividade complexa que envolve interesses de diversos públicos: são os promotores, patrocinadores, imprensa, órgãos governamentais, comunidades, fornecedores, entre outros que reconhecem nele uma forma interessante de contemplar seus objetivos específicos. Dessa forma, cabe ao relações-públicas estabelecer objetivos mensuráveis e facilmente percebidos por todos os públicos envolvidos e, assim, transformar o evento num ambiente de convergência de todos esses interesses. A gestão do evento deve ser cuidadosa para garantir tanto o cumprimento das ações planejadas quanto o bom relacionamento entre os diversos públicos envolvidos, para que haja respeito e confiança mútua, além do comprometimento de todos com as propostas do evento. Mais uma prova de que, embora muito operacionais em sua execução, os eventos reque-rem visão crítica e pensamento estratégico no momento de sua concepção e de seu planejamento.

Referências bibliográficas

BARICHELLO, Eugênia Mariano da Rocha. "Campo midiático, opinião pública e legitimação". In: *XXVI Congresso Brasileiro de Ciências da Comunicação* – núcleo de Relações Públicas e Comunicação Organizacional. Belo Horizonte: Intercom, 2003.

BUENO, Wilson da Costa. *Comunicação empresarial: teoria e pesquisa*. Barueri: Manole, 2003.

DAMANTE, N.; NASSAR, P. Gerando comunicação excelente. Revista *Comunicação Empresarial*, São Paulo, n. 33, quarto trimestre 1999.

FERRACCIU, João de Simoni Soderini. *Promoção de vendas*. São Paulo: Makron Books, 1997.

FERRARI, Maria Aparecida. "Relações públicas e a sua função estratégica". In: *XXVI Congresso Brasileiro de Ciências da Comunicação – núcleo de Relações Públicas e Comunicação Organizacional*. Belo Horizonte: Intercom, 2003.

FERRARI, Maria Aparecida; FRANÇA, Fábio; GRUNIG, James E. *Relações públicas: teoria, contexto e relacionamentos*. São Caetano do Sul: Difusão, 2009.

FORTES, Waldyr Gutierrez. *Relações públicas: processos, funções, tecnologia e estratégias*. 2. ed. rev. e ampl. São Paulo: Summus, 2003.

GIÁCOMO, Cristina. *Tudo acaba em festa: evento, líder de opinião, motivação e público*. São Paulo: Summus, 2007.

GRUNIG, James E. "A função das relações públicas na administração e sua contribuição para a efetividade organizacional e societal". *Comunicação & Sociedade*. São Bernardo do Campo, n. 39, p. 67-92, 2003.

HAMAN, R. "O evento integrando o mix da comunicação". In: KUNSCH, M. M. K. *Obtendo resultados com relações públicas*. São Paulo: Pioneira, 1997.

KOTLER, Philip. *Administração de marketing: análise, planejamento, implementação e controle*. 2. ed. São Paulo: Atlas, 1993.

KUNSCH, Margarida M. Krohling. *Obtendo resultados com relações públicas*. São Paulo: Pioneira, 1997.

_____. *Planejamento de relações públicas na comunicação integrada*. 4. ed. São Paulo: Summus, 2003.

_____. *Relações públicas e modernidade: novos paradigmas na comunicação organizacional*. São Paulo: Summus, 2003.

MARCHIORI, Marlene. *Comunicação organizacional e cultura: as estratégias das relações públicas*. 2002. Tese (Doutorado em Comunicação) – Escola de Comunicação e Artes, Universidade de São Paulo, São Paulo.

OLIVEIRA, Ivone de Lourdes. "Novo sentido da comunicação organizacional: construção de um espaço estratégico". In: *XXVI Congresso Brasileiro de Ciências da Comunicação – núcleo de Relações Públicas e Comunicação Organizacional*. Belo Horizonte: Intercom, 2003.

SIMÕES, Roberto Porto. *Relações públicas: função política*. 3. ed. rev. e ampl. São Paulo: Summus, 1995.

TORQUATO, Gaudêncio. *Tratado de comunicação organizacional e política*. São Paulo: Pioneira Thomson Learning, 2002.

YANAZE, Mitsuru H. "Relações públicas e o marketing". In: KUNSCH, Margarida M. Krohling. *Obtendo resultados com relações públicas*. São Paulo: Pioneira, 1997.

4
Comunicação interna como diferencial em relações públicas

ELSE LEMOS

Introdução

Num contexto de profundas transformações nas esferas política, econômica, social, tecnológica e midiática, comunicar-se com competência tornou-se condição para o crescimento e para a sobrevivência das organizações.

Nesse sentido, muito se tem falado sobre a importância estratégica, no cenário organizacional, do denominado *comunicação interna*. O tema não é novo e tem suas origens na transição entre o modelo de manufatura e a revolução industrial, que trouxe para o ambiente da nova empresa que surgia um público interno e, com ele, uma desafiadora perspectiva de comunicação. Trata-se de matéria rica e amplo campo de pesquisa e análise, sendo seu estudo influenciado pela psicologia, sociologia, administração, comunicação e outras ciências. Assim, parece imprescindível que se faça da comunicação interna uma leitura multidisciplinar, crítica e que contribua para o debate dessa linha de pesquisa e para o aprimoramento de seu *corpus* teórico, bem como para a reflexão sobre sua prática no cotidiano organizacional. A comunicação nas organizações é apresentada, aqui, numa perspectiva sistêmica, como descreve Ferrari:

> A comunicação como campo de conhecimento é um processo contínuo e permanente que permeia as interações humanas, atuando como um sistema dialógico com o objetivo de informar, persuadir, motivar e alcançar a compreensão mútua. Sendo a comunicação essencialmente uma dimensão social, podemos considerá-la como uma célula indispensável aos sistemas sociais, ou seja, se não há comunicação, não há sistema social. Desta forma, também as organizações são sistemas que, como todo sistema social, estão constituídas por comunicações. (Ferrari, 2008, p. 78)

Comunicação organizacional e comunicação interna: conceituação

A comunicação organizacional vai muito além de um setor ou departamento que produz e transmite informações. Deve-se ver a comunicação como um fenômeno inerente à natureza das organizações e que acontece em diferentes dimensões, como a humana, instrumental e estratégica, e sob fortes influências conjunturais e dos contextos econômicos, sociais, políticos, culturais e tecnológicos (Kunsch, 2008, p. 112).

Para os propósitos deste artigo, é fundamental que se aprofunde o conhecimento dos termos aqui usados. Tais conceitos têm como base a definição adotada por vasta literatura sobre os temas.

Não faltam termos para falar de comunicação nas organizações: comunicação empresarial, comunicação institucional, endomarketing[1], entre tantos outros usados indiscriminadamente. Neste artigo, o enfoque recai sobre os conceitos que distinguem a comunicação interna do que se entende por endomarketing e comunicação administrativa[2]. Para chegar à sua definição, é imprescindível que se conceitue a comunicação organizacional.

---

1 Conforme definição de Kotler (1998, p. 258), *endomarketing* é uma atividade de "motivação dos empregados para que trabalhem como um time para prover serviços de qualidade superior". Para Fasti (1999, p. 7), "o endomarketing nasce da indústria de serviços e procura envolver todos os funcionários num esforço único de aderência às estratégias da empresa com o propósito de gerar diferenciais de qualidade na percepção do público-alvo". O termo *endomarketing* não é, portanto, equivalente ao que se denomina *comunicação interna*, pois reduz a abrangência e a função da política de comunicação interna. Para Brum (1998, p. 15), o principal objetivo do *endomarketing* é "fazer com que todos os funcionários tenham uma visão compartilhada sobre o negócio da empresa, incluindo itens como gestão, meta, resultados, produtos, serviços e mercados nos quais atua". Mais adiante, acrescenta (Brum, *op. cit.*, p.16): "Visto sob outro ângulo, o *endomarketing* pode ser definido também como um conjunto de ações utilizadas por uma empresa (ou uma determinada gestão) para vender a sua própria imagem a funcionários e familiares". Em sua obra *Tratado de comunicação organizacional e política*, Torquato (2002, p. 54) apresenta, no capítulo "A comunicação nas organizações privadas", os termos como sinônimos: *comunicação interna* (endomarketing). Para o autor, "a missão básica da comunicação interna é contribuir para o desenvolvimento e a manutenção de um clima positivo, propício ao cumprimento das metas estratégicas da organização e ao crescimento continuado de suas atividades e serviços e à expansão de suas linhas de produtos". Para Kunsch (2003, p. 155), "o endomarketing limita-se a ver os funcionários como 'clientes internos'". A autora defende, quanto ao relacionamento com o público interno, "uma política de relações públicas numa perspectiva muito mais ampla".

2 Há que se fazer uma distinção entre a comunicação descrita como administrativa, "relacionada com os fluxos, os níveis e as redes formal e informal de comunicação, que permitem o funcionamento do sistema organizacional" (Kunsch, 1997c, p. 22) e a comunicação interna. Aquela está relacionada com os procedimentos administrativos em si. Redfield (1980, p. 17) afirma que a comunicação administrativa apoia a estrutura e o funcionamento básico de uma organização formal.

A expressão *comunicação organizacional*, substituída muitas vezes por *comunicação empresarial*, é amplo e designa todo o trabalho de comunicação realizado nas organizações em geral. Acredita-se, concordando com Kunsch, que o termo *comunicação organizacional* é mais abrangente. Ele afirma:

> A nosso ver, o termo comunicação organizacional abarca todo o espectro das atividades comunicacionais, apresenta maior amplitude, aplicando-se a qualquer tipo de organização – pública, privada, sem fins lucrativos, ONGs, fundações etc., não se restringindo ao âmbito do que se denomina "empresa". (Kunsch, 2003, p. 150)

Para Goldhaber, a comunicação organizacional é

> um processo dinâmico por meio do qual as organizações se relacionam com o meio ambiente e por meio do qual as subpartes da organização se conectam entre si [...] o fluxo de mensagens dentro de uma rede de relações interdependentes. (Goldhaber, 1991, p. 32)

Rodríguez de San Miguel (1996, p. 31) define a comunicação organizacional como um conjunto de técnicas e atividades para facilitar e agilizar o fluxo de mensagens entre os membros da organização ou entre a organização e o meio, "influindo nas opiniões, atitudes e comportamentos dos públicos internos e externos da organização para que esta cumpra melhor e mais rapidamente seus objetivos". Com base nessa definição, Rodríguez de San Miguel divide a comunicação organizacional em *interna*, quando dirigida ao pessoal da organização, e *externa*, quando dirigida aos diferentes públicos externos da organização.

Muitos são os conceitos de comunicação organizacional que trazem consigo os termos *comunicação interna*, dirigida ao público interno, e *comunicação externa*, dirigida aos públicos externos. Em geral, boa parte da literatura em comunicação registra e reforça essa divisão. Quer na produção acadêmica, quer nas organizações[3], é frequente a alusão ao *público interno*, embora variem os termos que o especifiquem[4]. É

---

3 Reconhecida premiação de comunicação do mercado brasileiro na atualidade, o Prêmio Aberje tem como uma de suas categorias *Comunicação e relacionamento com o público interno*, descrita como "conjunto de ações de comunicação e relacionamento dirigido ao público interno (empregados e familiares, empregados de empresas terceirizadas que prestem serviços em caráter permanente, aposentados etc.), com o objetivo de informar, educar, motivar, engajar, criar espírito de equipe e desenvolver o "orgulho de pertencer". Disponível em <http://www.premioaberje.com.br/regulamento.asp#10>. Acesso em: 15 mar. 2009.

4 Ao falar de público interno, é comum encontrar ocorrências dos termos *funcionários*, *empregados* e *colaboradores* em artigos, materiais institucionais, documentos e também em *cases* sobre o tema.

comum encontrar menções aos termos *funcionários, empregados* ou *colaboradores*. Consideram-se também, comumente, como parte desse público, os familiares, os aposentados e terceiros alocados na organização em caráter permanente.

Grosso modo, cada organização define sua própria terminologia à revelia. Quando França (2004, p. 106-107) apresenta o conceito de públicos não constitutivos ou de sustentação (dos quais fazem parte os colaboradores/empregados), afirma que podem ser considerados em duas subcategorias: os primários e os secundários. Entre os primários, estariam os "colaboradores diretos", que "estão ligados à empresa de forma legal"; entre os secundários, estariam os "contratados terceirizados e temporários", que teriam, então, "menor grau de dependência". O próprio autor afirma, no entanto, que há empresas que consideram esse tipo de distinção, e outras que atribuem a colaboradores diretos e indiretos a mesma responsabilidade (França, *op. cit.*, 107).

França (*op. cit.*) faz amplo estudo a respeito das definições daquilo que é o mais importante foco do trabalho de comunicação e relações públicas: os públicos. "Um dos principais desafios dos comunicadores e das relações públicas é definir com precisão quem são os públicos e as formas de relacionamento com eles" (p. 122). Como apresenta o autor,

> tornou-se, portanto, mais complexo identificar os públicos e estabelecer os tipos de relacionamentos em determinados casos. Como classificar, por exemplo, nos dias de hoje, os públicos terceirizados que trabalham para a empresa, dentro ou fora de suas instalações – interno? externo? misto? E os parceiros nos negócios: são internos ou externos? Os empregados temporários, estagiários, trainees fazem parte de que público: da agência que os contratou ou da empresa onde trabalham? E as pessoas que trabalham em escritórios próprios, em casa, por tarefas, em tempo parcial, que tipo de público são? (França, 2004, p. 78)

Etimologicamente falando, esses termos têm origens distintas, sendo *funcionários* e *empregados* considerados sinônimos. *Funcionário*, do francês *fonctionnaire* e do inglês *functionary*, é forma derivada do latim clássico *functio* (relativo a exercício de órgão ou aparelho), e caracteriza aquele "que exerce dada função" (Houaiss, 2007); a palavra está etimologicamente ligada aos termos *servidor público, funcionalismo* e *funcionarismo*. Já *empregado* é particípio de *empregar* e refere-se à pessoa que presta serviços de caráter contínuo a um empregador, sob a supervisão dele e mediante salário. Houaiss (*op. cit.*) registra, também, o uso do termo para designar aquele que presta serviços domésticos. Sua sinonímia está ligada a funcionário, servidor. Por fim, *colaborador* é substantivo derivado do latim (verbo *collaborare*) e diz respeito ao "trabalhador na mesma obra, cooperador" (Cunha, 1982). Houaiss registra o termo francês *collaborateur,* traduzido como "aquele que colabora ou que ajuda outrem em suas funções". No artigo, optou-se pelo termo *colaborador*, o que em nada desqualifica outras abordagens.

A divisão entre *público interno* e *públicos externos* não explica, de maneira abrangente e completa, a comunicação organizacional e, tampouco, a comunicação interna. Com base em uma extensa e aprofundada reflexão sobre os conceitos de públicos descritos na literatura de comunicação, França (*op. cit.*, p. 79) reitera que "as definições sociológicas ignoram esse paradigma das transformações organizacionais, das exigências do mundo globalizado". Para o autor, "o foco contemporâneo da relação situa-se não em critérios de proximidade (geográficos), mas no do conhecimento, da qualificação e das competências das partes envolvidas".

O pensamento de Hunt e Grunig (1994) oferece bases para uma maneira contemporânea de se entender os públicos. França (2004) e Kunsch (1997a) descrevem, em suas obras, a importância da nova visão dos públicos-alvo como *stakeholders*. Para França,

> o conceito mais próximo desse raciocínio encontra-se na determinação de públicos como stakeholders. Embora seja uma classificação genérica, diferencia-se das demais porque, nessa visão, consideram-se públicos aqueles que têm uma parceria financeira ou comprometimento estável (stake) com a organização e, por este motivo, são considerados sustentadores (holders) importantes de negócios. (França, *op. cit.*, p. 79-80)

Também segundo o autor,

> é importante ressaltar ainda que o termo [stakeholders] não se subdivide em designações de públicos internos e externos; denota as pessoas ou grupos que "estão 'conectados' a uma organização porque eles e a organização mantêm um encadeamento lógico de um em relação a outro". (Hunt, *apud* França, *op. cit.*, p. 60)

Nessa mesma linha, Kunsch também reforça o conceito "não geográfico" de *stakeholders*:

> Enfim, tratam-se, para nós, dos públicos-alvo ou, em uma linguagem mais moderna, públicos estratégicos. [...] Os critérios a serem levados em conta para esse mapeamento dos públicos no processo de planejamento estratégico vão além daquela classificação tradicional que os divide em interno, misto e externo. (Kunsch, *ibidem*, p. 119-120)

A comunicação interna é uma parte da comunicação organizacional. Dirige-se a um público estratégico essencial das organizações: seus colaboradores. Ligados à empresa por vínculos de trabalho, afetam ou são afetados por ela enquanto perseguem sua missão e objetivos. A comunicação interna, mais ampla que a comunicação administrativa, deve ser planejada e é, intrinsecamente, dirigida. Como afirma Kunsch (*ibidem*, p. 129), "o público interno é um público multiplicador [...]. A comunicação interna permitirá que ele seja bem-informado e que a organização antecipe respostas para suas expectativas. Isso ajudará a administrar conflitos e a buscar soluções preventivas".

Premissas para uma leitura contemporânea da comunicação interna

Na literatura e nos inúmeros relatos práticos da área, há consenso quanto à importância estratégica da comunicação interna para que as organizações atinjam seus objetivos. Isso é ainda mais evidente se considerado o ambiente global contemporâneo, que cada vez mais valoriza a criatividade, a inovação e a habilidade para prever mudanças e adaptar-se a elas, mas que, ao mesmo tempo, confronta as organizações com suas próprias práticas de gestão e ameaça sua perenidade e lucratividade.

A reflexão acerca de estratégias de comunicação interna passa, necessariamente, pela análise de sua evolução conceitual. A comunicação interna contemporânea é complexa e abrangente em muitos aspectos. Na revolução dinâmica que se vem experimentando dia a dia, a comunicação interna deve considerar três grandes fundamentos: orientar-se para o *cidadão* nas organizações, estando atenta à ambiência em que se dá, quer interna, quer externa; promover o conhecimento sobre a cultura organizacional e o envolvimento das lideranças com o planejamento e a disseminação das mensagens; ser ágil, verdadeira e parte de um sistema de comunicação integrada. Só assim ajudará as organizações a alcançar seus objetivos e, ao mesmo tempo, oferecerá ao público interno a possibilidade de também alcançar seus próprios objetivos.

No mundo em transformações, público interno?

As mudanças com as quais o processo de globalização tem confrontado o ambiente organizacional nas últimas décadas são mais rápidas e intensas do que quaisquer jamais experimentadas em outros séculos[5]. A globalização destituiu as

---

5 Ianni (1999) traz importante reflexão sobre o desenvolvimento do processo de globalização, das grandes navegações iniciadas no século XV até o presente. Se, por um lado, o autor apresenta uma globalização que começou há muito tempo, por outro reforça que aquilo que se vivencia no presente é uma nova história: "As sociedades contemporâneas, a despeito das suas diversidades e tensões internas e externas, estão articuladas numa sociedade global. [...] O que começa a predominar, a apresentar-se como uma determinação básica, constitutiva, é a sociedade global, a totalidade na qual pouco a pouco tudo o mais começa a parecer parte, segmento, elo, momento. São singularidades ou particularidades cuja fisionomia possui ao menos um traço fundamental conferido pelo todo, pelos movimentos da sociedade civil global" (p. 39).

pessoas de todas as noções até então consolidadas do que se entende como tempo e espaço. Como falar em comunicação interna num mundo sem fronteiras? Os indivíduos que atuam *nas* organizações são cidadãos e devem ser assim considerados *dentro das* e *pelas* organizações. Essa afirmação aparentemente óbvia nem sempre é levada a sério. Como afirma Kunsch (2003, p. 157), de nada adiantam extraordinários programas de comunicação se os colaboradores "não forem respeitados nos seus direitos de cidadãos e nem considerados o público número um, no conjunto de públicos de uma organização". Kunsch reforça o que parece simples demais para ser mencionado, mas é muitas vezes esquecido: o público interno não deve ser o último a saber dos negócios e dos acontecimentos da organização, por outras fontes que não a própria organização. Promover relacionamentos de confiança com os públicos de interesse e, particularmente, com o público interno, é o que pode dar significado à comunicação organizacional, à comunicação interna. Numa era em que as informações circulam em velocidade extraordinária, e na qual a exposição de indivíduos e organizações está ao alcance de qualquer um, é ingenuidade pensar numa comunicação interna que suponha que os indivíduos nas organizações estejam isolados do mundo exterior.

O contexto global contemporâneo apresenta uma mudança complexa e irreversível com relação àquilo que parecia ser o limite para a comunicação interna: os muros. A comunicação que acontece *nas* organizações é constantemente confrontada com a que acontece *fora* delas. A comunicação "oficial", "formal" e compartilhada *pelas* organizações convive, simultânea e dialogicamente, com a comunicação "extra-oficial", "informal" e compartilhada *dentro* e *fora* das organizações. Nesse sentido, o público interno está cada vez mais exposto a uma quantidade muito grande de informações, numa velocidade nunca antes experimentada. Em particular, o uso de tecnologias de comunicação e de compartilhamento de informação contribui, em larga escala, para a exposição (favorável ou não) das organizações. Numa rede mundial sem fronteiras, o conceito geográfico se desconfigura, e o que vale cada vez mais é o relacionamento, o diálogo, a confiança[6].

Diante de um mundo em constante transformação e cujas noções de tempo e espaço já não representam barreiras significativas para trocas comunicativas, a comu-

---

6 Em seu artigo "A reputação sob a lógica do tempo real", Mário Rosa alerta para a mudança na lógica que condiciona a gestão da reputação, já que, na grande rede de hoje, o controle acontece não apenas em direção descendente, mas também – e em igual proporção – de baixo para cima. Mário Rosa apresenta como grande desafio dos profissionais de relações públicas aquilo que chama de gestão da confiança: "Defender reputações, zelar por elas, planejar seu posicionamento estratégico significa gerir o patrimônio de confiança de carreiras e de marcas. Sob essa perspectiva, somos todos gestores de confiança. Administramos cadeias de confiança; não trocamos produtos ou serviços, mas as relações de troca envolvem, em todos os seus estágios, esse ativo fundamental: a confiança" (2007, p. 66).

nicação interna passa a ter como foco um cidadão mais crítico, mais participativo, mais consciente. Isso implica uma ampliação das temáticas incorporadas à comunicação organizacional como um todo e, particularmente, à comunicação interna. Ética, governança corporativa, responsabilidade socioambiental, sustentabilidade e outros temas ligados à cidadania e ao cuidado com as gerações futuras exigem consonância entre discurso e prática para que a comunicação interna faça, de fato, sentido. Os indivíduos que *estão* nas organizações *são* cidadãos e, de maneira cada vez mais intensa e frequente, têm outras preocupações além das ligadas a seu ofício. São consumidores, chefes de família, indivíduos com aspirações, desejos e interesses próprios. Enfim, podem formar opinião, tomar decisões e potencializar os resultados (bons e ruins) da comunicação.

Compreender os indivíduos e grupos que compõem o público interno, seus interesses básicos como cidadãos, e reconhecer o tipo de relacionamento que se pretende estabelecer com eles é, atualmente, o fundamento da comunicação interna.

Respeitando as diferenças, cultivando as semelhanças

Cada organização, um cenário. Entendendo a cultura organizacional como chave de identificação (para dentro) e diferenciação (para fora), é essencial fazer uma comunicação interna que respeite as diferenças, ao mesmo tempo que cultive as semelhanças. Como afirma Nassar,

> cada organização expressa a sua cultura em uma determinada identidade. Esta é constituída de um conjunto de símbolos, comportamentos e narrativas que a tornam única diante de seus públicos, redes de relacionamento e sociedade. (Nassar, 2008, p. 63)

Para Cesar (2008, p. 129-130), "deve-se compreender que a cultura e também os modelos de gestão são específicos de cada organização e qualquer tentativa de redução a uma singularidade implica perda de compreensão do todo". Segundo a autora, "o desafio, para o profissional de comunicação interna, é ter acesso a esse mundo simbólico, por vezes hermético para os que o olham de fora".[7]

As organizações trazem consigo um conjunto de histórias, características, ritos e símbolos que, juntos, apresentam-se como elementos de identificação intramuros, e elementos de diferenciação extramuros, fazendo-as distintas de todas as demais. A

---

7   Ana Maria Roux V. C. Cesar faz importante reflexão sobre o tema em seu artigo "Cultura e comunicação organizacional". Com base em amplo estudo bibliográfico, a autora apresenta os principais conceitos e autores da área e reforça as possibilidades do trabalho de comunicação nesse campo.

comunicação interna que revela e reforça os atributos de identidade da organização é, sobretudo, a que se faz reconhecer por um "jeito de ser" alinhado à cultura organizacional.

Ainda, seguindo a mesma lógica, é fundamental reconhecer que a comunicação interna não é genérica ou generalista. Sua lógica não é a abrangência, mas o profundo conhecimento da ambiência em que ela se dá. Respeitar as diferenças e cultivar as semelhanças é um desafio diário em seu gerenciamento.

Por entender a comunicação interna como importante reforço da identidade, imagem e reputação das organizações, é essencial:

Conhecer a história da organização

As melhores práticas de comunicação interna são um referencial importante por meio do qual as organizações podem aprimorar seus próprios programas de comunicação interna. O *benchmarking* em comunicação interna tem sido fonte de inspiração para diversas empresas. Entretanto, tendências não devem estar sobrepostas às características da própria organização. Primeiramente, é preciso respeitar o grau de desenvolvimento da comunicação organizacional na própria organização.

Assim, um dos mais relevantes pontos de partida para o bom gerenciamento da comunicação interna é o conhecimento da história organizacional. Para Nassar (*op. cit.*, p. 63), entre as características "comuns a todas as organizações", as organizações "são o produto da ação de seus fundadores, de seus integrantes, e da sociedade onde se insere". Segundo o autor, a organização, "ao longo de sua história, que vai além da história de seus fundadores, constitui uma cultura; cria, consolida e inova tecnologias; forma pessoas. Esse acervo de conhecimentos deve ser continuamente transmitido e reforçado para os integrantes da organização".

A trajetória de uma organização promove a identificação de seus públicos com características comuns nas quais ambos, organização e públicos, se reconhecem. Nassar (*op. cit.*, p. 23) reforça que a história de uma organização não é mero resgate do passado, mas um marco com base no qual "as pessoas redescobrem valores e experiências, reforçam vínculos presentes, criam empatia com a trajetória da organização e podem refletir sobre as expectativas dos planos futuros".

Promover o diálogo e a aproximação entre público interno e lideranças

A comunicação interna acontece o tempo todo, em fluxos ascendentes, descendentes, horizontais, circulares, em contextos formais e informais. A rede formal de comunicação, composta principalmente pelos canais e veículos formalmente estabelecidos pela organização, é apenas um dos elementos da comunicação interna. Nos corredores, nas rodas de bate-papo, as informações se transformam, são debatidas, ampliadas. Nesse sentido, é cada vez mais abrangente e desafiador o papel das lideranças como comunicadoras e agentes multiplicadores das decisões corporativas. A comunicação face a face tem um papel decisivo na gestão de mudanças[8]. O conceito de capacitação em comunicação deve ser parte das estratégias e ações de comunicação interna, ampliando-se, assim, a rede de multiplicadores exponencialmente. Superiores imediatos preparados para comunicar mensagens fazem a diferença em todas as fases de um programa de comunicação, pois reforçam atributos de proximidade, empatia e pertencimento. Considerar os gestores de outras áreas como participantes da comunicação interna, seja na proposição ou na disseminação de mensagens, é fundamental na comunicação interna do século XXI.

Trabalhar por uma comunicação interna integrada, ágil e verdadeira

O termo *comunicação integrada* é definido por Margarida M. K. Kunsch como a

filosofia que direciona a convergência das diversas áreas, permitindo uma atuação sinérgica. Pressupõe uma junção da comunicação institucional, da comunicação mercadológica, da comunicação interna e da comunicação administrativa, que formam o mix, o composto da comunicação organizacional. (Kunsch, 2003, p. 150)

Um diagrama mais recente sobre o conceito de comunicação organizacional integrada foi apresentado no artigo "Planejamento estratégico da comunicação" (Kunsch, 2008, p. 114). Kunsch destaca "duas áreas fundamentais na direção da comunicação organizacional: relações públicas e marketing". A autora prossegue: "Relações públicas abarcaria, pela sua essência teórica, a comunicação institucional, a comunicação interna e a comunicação administrativa. O marketing responderia, em tese, por toda a comunicação mercadológica" (*ibidem*, p. 114-5). Kunsch finaliza:

[...] deve haver total integração entre a comunicação interna, a comunicação institucional e a comunicação mercadológica para a busca e o alcance da eficácia, da eficiência e da efetividade organizacional, em benefício dos públicos e da sociedade como um todo e não só da organização isoladamente. (*ibidem*, p. 115)

---

8 Larkin e Larkin (2006) reforçam a importância da comunicação face a face na comunicação com empregados. Os autores reúnem em seus artigos diversos estudos sobre a comunicação na gestão de mudanças, enfatizando a relevância de se ouvir as lideranças ao planejar ações de comunicação interna. Conheça mais sobre o assunto em <www.larkin.biz>.

No contexto atual, a comunicação interna que gera valor é a que está associada ao composto de comunicação integrada, a qual não deve ser vista como um ideal, mas como algo real, cotidiano. É a comunicação interna que garantirá um direcionamento sem o qual não se pode chegar a resultados eficazes e efetivos.

É importante compreender a comunicação interna como algo que acontece o tempo todo nas organizações. Deve-se, também, reconhecer que o contexto moderno relativizou os conceitos de tempo. Quando uma *decisão* chega aos colaboradores como *rumor*, *boato*, a comunicação formal não foi ágil o suficiente para informar. E informação é a essência do trabalho de comunicação interna. Informação verdadeira, comunicada com transparência, no momento certo, e em integração plena com o composto de comunicação, é o que promoverá um relacionamento baseado em confiança.

Comunicação interna e a nova teoria de relações públicas

Ao compreender a comunicação interna como estratégica e como filosofia de gestão e relacionamento, deve-se considerar, também, suas intersecções com a chamada Teoria Geral de Relações Públicas. Em seu livro *Excellence in public relations and communication management* (1992), James Grunig apresenta o primeiro esboço da tal Teoria Geral de Relações Públicas. O estudo – conduzido por Grunig, professor da Universidade de Maryland, e um time de pesquisadores dessa e outras universidades – buscava levantar qualidades que distinguiam e caracterizavam os melhores programas e profissionais de relações públicas, bem como a cultura organizacional mais adequada para sua prática de relações públicas[9].

Com base nos princípios identificados e descritos nos resultados do estudo, e considerando os temas abordados neste artigo, destacam-se os seguintes aspectos a considerar quando da comunicação interna do século XXI e suas vinculações com as relações públicas:

1. Envolvimento de relações públicas na administração estratégica: as organizações eficazes geralmente têm planos estratégicos no longo prazo, o que as capacita a desenvolver uma missão e estabelecer objetivos que sejam apropriados para seu meio ambiente. Unidades de relações públicas excelentes envolvem-se no pro-

---

9 Os estudos de Grunig e equipe tiveram como base uma amostra, composta por 326 organizações de pequeno, médio e grande porte nos Estados Unidos, Canadá e Reino Unido, considerando listas de empresas identificadas como "excelentes" em publicações como a *Fortune 500* – para as melhores, e também listas de piores empresas, como a *Mis-Fortune 500*.

cesso de planejamento estratégico, ajudando a organização a reconhecer partes do ambiente que afetam a missão e os objetivos da organização. Tais partes relevantes podem ser chamadas de *stakeholders* ou públicos estratégicos.

Uma organização que pratica relações públicas estrategicamente, portanto, desenvolve programas para comunicar-se com seus públicos estratégicos. Ela se esforça para ter bom relacionamento com públicos que limitam ou ampliam sua habilidade para perseguir seus objetivos. As organizações também tentam cultivar relacionamentos com os públicos que apoiem seus objetivos. Construir bons relacionamentos com públicos estratégicos maximiza a autonomia das organizações para perseguir seus objetivos, o que é importante, uma vez que a literatura e a prática mostram que organizações eficazes são aquelas que escolhem objetivos apropriados e os alcançam.

2. Utilização do modelo simétrico de duas mãos: a comunicação com os públicos baseia-se na pesquisa e serve para gerenciar conflitos e melhorar relacionamentos, oferecendo respostas, dispondo-se à troca, ao compartilhamento. Embora os modelos de relações públicas[10] coexistam nas organizações, o modelo simétrico de duas mãos seria o mais próximo do ideal.

3. Utilização de um sistema simétrico de comunicação interna: as organizações excelentes permitem que os colaboradores participem do processo de tomada de decisões. Elas têm sistemas simétricos de comunicação interna, o que aumenta a satisfação no trabalho porque os objetivos dos colaboradores são incorporados à missão organizacional.

4. Profundo conhecimento do papel de administrador e de relações públicas simétricas: um departamento de relações públicas excelentes tem profissionais que conhecem a teoria da área, tanto pela experiência como por seu estudo ou cursos de aperfeiçoamento. Portanto, o alinhamento entre teoria e prática se confirma como diferencial para a prática de comunicação e relações públicas nas organizações que almejam a excelência em comunicação.

---

10 Para Grunig, os modelos de relações públicas são parte de uma teoria subjacente de relações públicas que liga os modelos a outras variáveis, como estrutura organizacional, ambiente, cultura e poder. Partindo do pressuposto de que um modelo é uma representação simplificada da realidade, Grunig e Hunt (1984) descreveram conjuntos de valores e padrões que caracterizam a abordagem de departamentos e profissionais de relações públicas. Classificaram, então, quatro modelos de relações públicas: o primeiro modelo, *de imprensa*; o segundo, da *informação pública*; o terceiro, *assimétrico de duas mãos,* adiciona um novo elemento à comunicação: a pesquisa; o quarto modelo, *simétrico de duas mãos,* que caracteriza as relações públicas excelentes. A análise profunda e criteriosa de Grunig e Hunt é fundamental para a compreensão geral da atividade de relações públicas como teoria e prática. A precisão descritiva e metodológica e a proposição do modelo são um referencial didático para o conhecimento desse campo de estudo.

Considerações finais

A comunicação interna compõe um amplo campo de estudos. A ideia de uma filosofia de relacionamento com públicos estratégicos e, mais especificamente, com os colaboradores, deve ser incorporada e apoiada pela alta administração. Entretanto, deve, também, envolver toda a gestão. Como reforça Kunsch (1997a), uma comunicação integrada só é possível se pautada por um planejamento estratégico que seja parte da filosofia de administração da organização. A prática de relações públicas tem sido, ao longo dos anos, mais técnica que estratégica, mais reativa que pró-ativa. A mudança nos pressupostos da atividade traz consigo a necessidade de uma nova postura do relações-públicas. Como afirma Kunsch (*ibidem*, p.121), "seu papel deverá ser o de um estrategista e de uma pessoa com visão de mundo e de negócios. Terá de mostrar aos dirigentes a relevância da comunicação e a necessidade de sua administração".

Referências bibliográficas

BRUM, Analisa de Medeiros. *Endomarketing como estratégia de gestão*. Porto Alegre: L&PM, 1998.

CESAR, Ana Maria Roux V. C. "Cultura e comunicação organizacional". In: KUNSCH, M. M. K. (Org.). *Gestão estratégica em comunicação organizacional e relações públicas*. São Caetano do Sul: Difusão, 2008.

CUNHA, Antônio Geraldo. *Dicionário etimológico Nova Fronteira da língua portuguesa*. Rio de Janeiro: Nova Fronteira, 1982.

FASTI, Ricardo. "Esqueçam endomarketing". *Mercado Global*, São Paulo, n. 106, ano xxv, p. 6-8, set. 1999.

FERRARI, Maria Aparecida. "Teorias e estratégias de relações públicas". In: KUNSCH, Margarida M. K. (Org.) *Gestão estratégica em comunicação organizacional e relações públicas*. São Caetano do Sul: Difusão, 2008.

FRANÇA, Fábio. *Públicos: como identificá-los em uma nova visão estratégica*. São Caetano do Sul: Yendis, 2004.

GOLDHABER, Gerald M. *Comunicación organizacional*. 5. ed. México: Editorial Diana, 1991.

GRUNIG, James E. *Excellence in public relations and communication management*. Hillsdale: Erlbaum, 1992.

GRUNIG, James E.; HUNT, Todd. *Managing public relations*. Nova York: Holt, Rinehart & Winston, 1984.

HOUAISS – *Dicionário da língua portuguesa*. Instituto Antônio Houaiss. Rio de Janeiro: Objetiva, 2007. (2. reimpr. com alterações)

IANNI, Octavio. *A sociedade global*. 8. ed. Rio de Janeiro: Civilização Brasileira, 1999.

KOTLER, Philip. *Administração de marketing*. 5. ed. São Paulo: Atlas, 1998.

Kunsch, Margarida M. Krohling. "Planejamento estratégico da comunicação". In: Kunsch, Margarida M. Krohling (Org.). *Gestão estratégica em comunicação organizacional e relações públicas*. São Caetano do Sul: Difusão, 2008.

_____. *Planejamento de relações públicas na comunicação integrada*. 4. ed. São Paulo: Summus, 2003. v. 1.

_____. *Relações públicas e modernidade: novos paradigmas na comunicação organizacional*. São Paulo: Summus, 1997a. (Coleção Novas Buscas em Comunicação; v. 56.)

_____. (org). *Obtendo resultados com relações públicas*. São Paulo: Pioneira, 1997b. (Biblioteca Pioneira de Administração e Negócios)

Larkin, T. J.; Larkin, Sandar. *Communicating big change using small communication*. Third Edition, 2006. Disponível em: <www.larkin.biz>.

Nassar, Paulo. "Conceitos e processos de comunicação organizacional". In: Kunsch, Margarida M. K. (Org.) *Gestão estratégica em comunicação organizacional e relações públicas*. São Caetano do Sul: Difusão, 2008, v. 1.

_____. *Memória de empresa: história e comunicação de mãos dadas, a construir o futuro das organizações*. São Paulo: Aberje, 2004.

Prêmio Aberje 2009 – Regulamento. Disponível em: <http://www.premioaberje.com.br/regulamento.asp#10>. Acesso em: 15 mar. 2009.

Rodríguez de San Miguel, Horacio Andrade. "Hacia una definición de la comunicación organizacional". In: Collado, Carlos Fernández. *La Comunicación en las Organizaciones*. 2. ed. México: Trillas, 1996.

Rosa, Mário. E. de. "A reputação sob a lógica do tempo real". *Organicom*, ano 4, n. 7, p. 58-69, 2. sem. 2007 (Dossiê: Identidade, marca e gestão da reputação corporativa)

The 22 Immutable laws of change management/employee engagement. *Perspective*. Publicado por Edelman Change and Employee Engagement. v. 1, Issue 2, 2007.

Torquato, F. G. *Tratado de comunicação organizacional e política*. São Paulo: Pioneira Thomson Learning, 2004.

5

Governança corporativa e comunicação organizacional: interfaces possíveis em relações públicas

TÂNIA CÂMARA BAITELLO

Introdução

No amplo, diversificado, volátil, mutante e complexo cenário em que se inserem as organizações contemporâneas e, consequentemente, a comunicação corporativa, é possível vislumbrar também as oportunidades. Entre tantas, o entendimento da governança corporativa como uma grande chance para um exercício de interface entre a comunicação organizacional e a administração é uma das frentes mais promissoras. É algo que deve ser visto como uma oportunidade especial, principalmente para os profissionais de relações públicas, dada a sua dimensão de gestão da comunicação organizacional e de mediação de relacionamentos com públicos estratégicos.

A teoria e a prática da governança corporativa não são fatos essencialmente recentes, mas ganharam proporção e notoriedade após alguns acontecimentos que se tornaram emblemáticos para o sistema capitalista ao final do século XX. Esses fatos ampliaram a percepção dos diversos atores sociais para toda a dimensão de atuação das organizações na sociedade contemporânea, atualmente global no que diz respeito à instantaneidade da notícia e à circulação de informação. Também convergiu para ampliar a percepção acerca da governança corporativa a ampliação da consciência pública mundial, em todos os níveis, a respeito de temas como comportamento ético das organizações, responsabilidade social corporativa e sustentabilidade.

De certa forma, governança corporativa pode ser entendida como uma grande plataforma de atuação sustentável para as organizações; porém, somente pode ser tida como eficaz – ou seja, que busque a consecução de seus objetivos – se permeada e trabalhada por meio de um processo de comunicação estratégico e sistêmico, notadamente gerado por meio das relações públicas, como demonstrado a seguir.

Anos 2000: a era dos escândalos corporativos

Durante mais de um século, considerando-se o início da formação das empresas modernas, as companhias se tornaram grandes conglomerados globais, conquistando mercados e nações. Mesmo com a revisão das estruturas organizacionais gigantes e complexas entre as décadas de 1980 e 1990, as empresas consolidaram seu poder de atuação em nível mundial por meio do mercado de capitais e das possibilidades da tecnoglobalização. Até o início dos anos 2000, elas eram percebidas como ícones inabaláveis do sucesso capitalista.

Em dezembro de 2001, entretanto, o mundo, ainda abalado pelos atentados terroristas ocorridos em 11 de setembro, foi surpreendido por outro evento com proporções globais: a descoberta de manipulações contábeis em uma das empresas mais conceituadas dos Estados Unidos: a Enron.

Essa descoberta deu início a um efeito dominó devido à constatação de práticas de manipulação em várias outras empresas, não só norte-americanas, mas de outras nacionalidades também, resultando em uma crise de confiança em níveis inéditos desde a quebra da bolsa norte-americana em 1929. "[...] A cada dia se constatava que o mercado aparentemente eficiente da maior economia do mundo era extremamente vulnerável. O grau de confiança nas informações fornecidas aos investidores se tornou preocupante para o mundo inteiro (Borgerth, 2007, p. XV)."

Os escândalos corporativos que vieram na esteira do caso Enron foram considerados, por alguns historiadores e por vários estudiosos da economia, como o verdadeiro marco que dá início ao século XXI. No gancho do caso Enron, a Arthur Andersen, tradicional empresa de auditoria com quase noventa anos de atuação que validava os balanços da companhia, desapareceu em apenas três meses.

Casos similares se seguiram: a WorldCom, até julho de 2002, quando pediu falência, era conhecida como a segunda maior empresa de telefonia de longa distância nos Estados Unidos. De menor impacto, mas derivados da mesma situação de graves ocorrências no controle contábil e assimetria de informação aos mercados e aos *stakeholders*, seguiram-se outras ocorrências, envolvendo companhias de imagem até então quase inabaláveis, como Merck (2001), Xerox (2002), Bristol-Myers Squibb (2002), sem falar na quebra da gigante Parmalat (2003).

Parecia que já era o suficiente até a chegada de setembro de 2008, quando a economia mundial foi fundamentalmente abalada por uma grave crise que, novamente, teve origem no comportamento irresponsável de algumas organizações, desta vez no segmento financeiro. O ícone desse momento histórico foi o banco Lehman Brothers, instituição centenária que pereceu em poucos meses na esteira dos escândalos da concessão de créditos de maneira irresponsável, lastreados em hipotecas e negociados *ad infinitum* numa pirâmide do mercado secundário de ações – os chamados derivativos –, que ficou conhecido como "crise dos *subprimes* americanos".

A crise levou a economia mundial, as organizações globais, os Estados nacionais e toda a sociedade a consequências cujas proporções foram bem próximas ao *crash* da Bolsa de Valores de Nova York, em 1929, fazendo que o sistema capitalista pudesse exercer, mais uma vez, uma nova revisão sobre seus pilares de autonomia máxima ao mercado e poder mínimo de regulação ao Estado.

Desde a sequência inicial de escândalos corporativos do início dos anos 2000, uma das principais medidas de regulação adotadas nos Estados Unidos teve repercussão global, dado o nível de internacionalização das companhias e dos mercados.

Nesse contexto, uma série de medidas regulatórias foi introduzida ao longo de 2002, tanto nos Estados Unidos quanto no resto do mundo, e o Brasil não ficou de fora. Dentre essas medidas, destaca-se a Lei Sarbanes-Oxley, de 30 de julho de 2002, cujo grande objetivo foi restaurar o equilíbrio dos mercados por meio de mecanismos que assegurassem a responsabilidade da alta administração de uma empresa sobre a confiabilidade da informação por ela fornecida (Borgerth, 2007, p. XVI).

Os pressupostos da Lei Sarbanes-Oxley e o efeitos sofridos por todo o mercado, gerando quebra de confiança dos investidores e da opinião pública nas informações geradas pelas corporações e a consequente queda do valor de mercado de muitas companhias, levaram o próprio mercado, mais uma vez, a criar e recriar mecanismos e instituições, como governança corporativa, para resgatar sua credibilidade e imagem na sociedade e, com isso, garantir rentabilidade e sustentabilidade adequadas ao perfil das corporações do século XXI.

Governança corporativa: natureza e conceitos

A necessidade de estabelecer políticas e instrumentos de regulação e controle das atividades de gestão das organizações privadas passou a existir desde a separação entre o capital e o controle das companhias e se acentuou à medida que as estruturas organizacionais e de capital se tornaram mais complexas.

O economista Maílson da Nóbrega resume o advento das firmas – primeiras instituições jurídicas criadas para acomodar as necessidades dos mercados do início do século XX – e o advento da corporação:

A invenção da firma criou uma ficção, a pessoa jurídica, separada da pessoa física. Ela seria fundamental para viabilizar as operações da era capitalista, que exigiam recursos acima das possibilidades dos empreendedores.

[...] A corporação surgiu no início do século XIX nos países desenvolvidos, nos quais foram aprovadas leis que regulamentavam sua criação e seu funcionamento. Depois, o conceito se generalizou. [...] Para movimentar capitais em grande volume, a forma corporativa oferece muitos benefícios. Além de os investidores não correrem o risco de perder mais do que investiram, as ações da corporação podem ser transferidas sem necessidade de sua reorganização legal. O conceito de pessoa jurídica permite à empresa autonomia para iniciar ações legais, mover e sofrer processos, realizar contratos etc., o que protege a pessoa física dos investidores. Finalmente, a duração da corporação não está limitada pela duração da participação de qualquer um de seus investidores.

A partir do início do século XX, as corporações adquiriram maior importância, trazendo benefícios e desvantagens. Por um lado viabilizaram grandes empreendimentos. Por outro, favoreceram a criação de conglomerados cuja dimensão pode levar ao domínio dos mercados e ferir a livre concorrência. Seu gigantismo criou o ambiente para fraudes em vários momentos, como os que ocorreram recentemente nos Estados Unidos envolvendo a Enron, WorldCom e outras empresas. (Nóbrega, 2005, p. 151-2)

No cenário de atuação das organizações do século XXI, em que crises de gestão podem levar a sérias consequências em escala global, a preocupação de governos e do próprio mercado com instrumentos de preservação e ajustes de conduta que possibilitem melhor confiabilidade às organizações e, portanto, à sociedade, tem sido objeto de estudo, dedicação e investimento.

É assim que ocorre com a governança corporativa, que pode ser considerada mais do que um conjunto de normas e procedimentos: uma filosofia de gestão. Sua natureza está intrinsecamente ligada às finalidades das organizações e à incorporação de instrumentos que fazem a gestão trabalhar por uma melhor simetria de informações e pela minimização dos conflitos de interesse entre seus públicos constituintes. Governança corporativa

é o sistema pelo qual as sociedades são dirigidas e monitoradas, envolvendo os relacionamentos entre acionistas/cotistas, Conselhos de Administração, diretoria, auditoria independente e Conselho Fiscal. As boas práticas de governança corporativa têm a finalidade de aumentar o valor da sociedade, facilitar seu acesso ao capital e contribuir para sua perenidade. (IBGC – Instituto Brasileiro de Governança Corporativa)[1]

---

1 Disponível em: <http://www.ibgc.org.br>. Acesso em: 10 nov. 2010.

Para entender a governança corporativa além de seu conceito, é preciso analisá-la sob duas dimensões. Uma, de percepção inquestionável, que se refere ao âmbito administrativo e de gestão com os acionistas e investidores: os *stokeholders*, detentores do capital. A outra, aquela que extrapola esse limite justamente por considerá-la filosofia de gestão e, como tal, parte fundamental da cultura corporativa; por isso, se inter-relaciona com a comunicação no que se refere ao âmbito de informação, relacionamento e mediação de conflitos entre a organização e os públicos direta ou indiretamente afetados pela atuação dela, os *stakeholders*.

De forma literal, governança corporativa relaciona-se à ótica da lógica econômica. Assim, alguns estudiosos defendem que governança corporativa nada mais é do que uma reação das organizações aos problemas de *agency*.

Como filosofia de gestão, a governança corporativa incorpora-se aos elementos de cultura organizacional e passa a fazer parte preponderante do sucesso ou fracasso das estratégias de perenidade. Consequentemente, constitui elemento fundamental do processo de reputação.

Torna-se, como elemento de cultura, a argamassa que ajuda a unir indivíduos e personalidades distintas em torno de objetivos comuns, papel da cultura corporativa que só se efetiva por meio da comunicação corporativa, tendo em vista que pressupõe convencimento pela conscientização dos diversos públicos envolvidos com interesses e objetivos, em primeiro grau, conflitantes. Pressupõe, também, maior grau de qualidade e transparência possível da informação, a qual não se enquadra somente em atributos positivos e, por isso, foge ao âmbito do marketing e da publicidade. Trata-se de uma comunicação destinada a mediar e não a publicizar.

Essencialmente ligada a mecanismos de regulação que afetam, em primeiro grau, as empresas de capital aberto, a governança corporativa ainda é percebida como agregadora de valor apenas para esse núcleo de companhias privadas ou mistas. Entretanto, tida como filosofia de gestão e de relacionamento transparente e ético com os diversos públicos, pode servir como modelo para a gestão de qualquer tipo de organização.

Com seu conjunto de objetivos e ao estipular e formalizar uma série de princípios, normas de conduta e procedimentos, a governança corporativa torna-se uma das "instituições"[2] fundamentais para a preservação do capitalismo flexível e a perenidade das organizações contemporâneas.

---

2 Instituições são as regras do jogo em uma sociedade ou, mais formalmente, as restrições criadas para moldar a interação humana e assim estruturar incentivos para ações de natureza política, social ou econômica. As instituições são formais (regras criadas pelos governos) ou informais (códigos de conduta estabelecidos pelos indivíduos) (Nóbrega, *op. cit.*, p. 68).

Para que isso seja possível, é necessário que a governança corporativa seja entendida não apenas como filosofia de gestão. Para que suas normas e condutas sejam admitidas como práticas consensuais e relevantes por todos os públicos envolvidos no processo de gestão e existência da organização – acionistas, gestores e públicos de interesse –, é preciso agregar à governança corporativa estratégias e técnicas da comunicação organizacional, especialmente de relações públicas, para que possa funcionar como uma "instituição" positiva[3].

Para cumprir seu objetivo maior, que é aumentar o valor da sociedade, melhorar seu desempenho, facilitar o acesso ao capital a custos mais baixos e contribuir para a perenidade da organização, a governança corporativa é estruturada em princípios básicos[4] que estabelecem vinculações diretas com elementos essenciais da cultura corporativa e necessitam de um processo estratégico de comunicação:

◆ *Transparência*. Mais do que "a obrigação de informar", a administração deve cultivar "o desejo de informar", sabendo que da boa comunicação interna e externa, em particular quando espontânea, franca e rápida, resulta um clima de confiança, tanto internamente quanto nas relações da empresa com terceiros. A comunicação não deve se restringir ao desempenho econômico-financeiro, mas contemplar também os demais fatores (inclusive intangíveis) que norteiam a ação empresarial e conduzem à criação de valor.

◆ *Equidade*. Caracteriza-se pelo tratamento justo e igualitário de todos os grupos minoritários, sejam do capital ou das demais "partes interessadas" (*stakeholders*), como colaboradores, clientes, fornecedores ou credores. Atitudes ou políticas discriminatórias, sob qualquer pretexto, são totalmente inaceitáveis.

◆ *Prestação de contas* (*accountability*). Os agentes da governança corporativa devem prestar contas de sua atuação a quem os elegeu e responder integralmente por todos os atos que praticarem no exercício de seus mandatos.

◆ *Responsabilidade social corporativa*. Conselheiros e executivos devem zelar pela perenidade das organizações (visão de longo prazo, sustentabilidade) e, portanto, incorporar considerações de ordem social e ambiental na definição dos negócios e operações. Responsabilidade social corporativa é a visão mais ampla da estratégia

---

3 Segundo Nóbrega (*op. cit.*), instituições geradoras de comportamentos adequados podem aumentar, portanto, o potencial de crescimento de uma economia. Incentivos incorretos podem, em contrapartida, gerar perdas de bem-estar geral. Segundo o autor, incentivos bem-estruturados por meio de instituições tendem a gerar efeitos mais positivos do que a mera imposição de penalidades. Más instituições acarretam consequências negativas.

4 Transcritos em forma literal (Fonte: IBGC).

empresarial, contemplando todos os relacionamentos com a comunidade em que a sociedade atua. A "função social" da empresa deve incluir a criação de riquezas e oportunidades de emprego, a qualificação e diversidade da força de trabalho, o estímulo ao desenvolvimento científico por intermédio da tecnologia e a melhoria da qualidade de vida por meio de ações educativas, culturais, assistenciais e de defesa do meio ambiente. Inclui-se neste princípio a contratação preferencial de recursos (trabalho e insumos) oferecidos pela própria comunidade.

Governança corporativa no Brasil

A década de 1990 trouxe várias mudanças para os mercados mundiais, com consequências positivas para o início de uma forte reconfiguração na estrutura do mercado acionário brasileiro. Abriu caminho para que, atualmente, o Brasil exerça melhor suas condições de competitividade e se posicione como um dos países mais avançados no que diz respeito à evolução e à regulação de governança corporativa.

Entre essas mudanças, que funcionaram como fatores geradores e impulsionadores das práticas de governança corporativa, estão:

- ◆ o aumento da competitividade dos mercados mundiais, ocasionado pelas possibilidades da tecnologia, impactando o fluxo financeiro de capitais e a alocação de mão de obra;
- ◆ a intensificação da globalização dos mercados, com o aumento substancial das transações comerciais globais ocasionadas pela desregulamentação de vários mercados, bem como de fusões e aquisições de companhias em todo mundo;
- ◆ a estabilização econômica de vários países, incluindo o Brasil, suportada por uma onda de crescimento econômico que, após alguns abalos nos mercados asiáticos e da América Latina, já dura mais de dez anos;
- ◆ o engajamento dos estados por meio da instituição de vários tipos de incentivo e iniciativas institucionais que tornaram possível à atividade empresarial uma atuação mais abrangente e mais segura, como, no caso brasileiro, a aprovação da nova lei das S/A, a criação dos códigos de governança corporativa do IBGC e da CVM e a criação dos Níveis Diferenciados de Governança Corporativa da Bovespa, a saber:
  - – *Nível 1*: no qual as companhias se comprometem, principalmente, com melhorias na prestação de informações ao mercado e com a dispersão acionária (percentual mínimo de 25% de ações em circulação e realização de ofertas públicas de ação);

- *Nível 2*: em que as companhias se comprometem a cumprir as regras aplicáveis ao Nível 1 e, adicionalmente, um conjunto mais amplo de práticas de governança relativas aos direitos societários dos acionistas minoritários;
- *Novo mercado*: segmento de listagem destinado à negociação de ações emitidas por companhias que se comprometem, voluntariamente, com a adoção de práticas de governança corporativas adicionais em relação ao que é exigido pela legislação e realizam apenas emissão de ações ordinárias (com direito a voto) e/ou conversão das ações preferenciais em ações ordinárias.

Sem dúvida, a governança corporativa só tem lugar em um ambiente institucional mais bem regulado, com instituições positivas que possam contribuir para o desenvolvimento dos mercados.

Pode-se perguntar como, mesmo com o advento de regulações importantes e válidas para o mercado mundial, como todo o arcabouço de governança corporativa, os escândalos corporativos continuam a ocorrer e a trazer abalos significativos para as economias mundiais, como visto recentemente, no final do ano de 2008. É possível constatar que as crises são inerentes ao sistema capitalista e a sobrevivência deste está justamente vinculada ao fato de que as crises possibilitam a renovação das instituições que suportam o sistema, assim como a governança corporativa.

No Brasil, mesmo com um mercado de capitais ainda tímido (se comparado a alguns importantes centros econômicos mundiais) e com a participação ainda expressiva das empresas de controle familiar e limitadas no contexto de estrutura das empresas brasileiras, é inegável o avanço da percepção sobre a necessidade de adotar os princípios e práticas de governança corporativa, bem como o reconhecimento de seus benefícios diretos mais relevantes (principalmente a maximização do valor das ações).

No mínimo, para as empresas de capital fechado ou limitadas, ou mesmo para governos e entidades de terceiro setor, as práticas de governança corporativa podem funcionar como um indicador de boas práticas de gestão, fundamentais hoje para aquelas que, por exemplo, captam recursos, têm necessidade de buscar um sócio estratégico ou, ainda, financiamentos expressivos em órgãos bancários e de fomento.

Justamente pelos benefícios à gestão (maximização do valor dos papéis e ganhos de imagem e reputação), optar por aderir ao modelo e às práticas de governança corporativa é uma atitude de grande impacto e que muda o perfil de relacionamento de qualquer organização. Por seu conjunto de objetivos, princípios, práticas e instrumentos recomendados, não existe o risco de transformar-se em discurso vazio ou em plataformas de "marketing institucional", apesar de ser fator agregador de formação de imagem e reputação.

A governança corporativa conta com mecanismos muito precisos de atuação, pautados pelo Código de Melhores Práticas de Governança Corporativa do IBGC, por exemplo, além de vários outros indicadores internacionais, como Global Reporting Initiative (GRI)[5]. Assim, institutos, órgãos reguladores e entidades da sociedade podem verificar exatamente a qualidade e a efetividade das ações de governança corporativa apregoadas pelas organizações, contribuindo para que, nesse caso, a prática dos princípios e dos mecanismos tenha de corresponder à essência e à responsabilidade ao divulgar a atuação da organização quanto à governança.

Governança corporativa e comunicação organizacional: as interfaces possíveis por meio das relações públicas

Antes da prática, como visto, é preciso mobilizar os públicos pela conscientização, começando pela alta administração da organização, já que os mecanismos de governança corporativa se relacionam à essência da cultura e da estrutura organizacionais. Essa relação visa equalizar justamente a distribuição de poder entre quem detém a propriedade (entre aqueles que a administram) – os gestores da organização – e os públicos impactados pela atuação da organização (*stakeholders*).

Em princípio, há a convergência natural pelo escopo de atuação da comunicação corporativa e pelo contexto de governança corporativa. Nesse caso, não somente os resultados econômicos e os dividendos importam, mas também a maneira como foram obtidos os impactos socioambientais produzidos para sua obtenção, a ética e as práticas de governança corporativa adotadas pela empresa, a qualidade e a conceituação do produto no mercado, os outros valores ativos e passivos intangíveis (não contabilizados em balanço), o controle de riscos de toda ordem, o grau de sustentabilidade dos negócios e toda gama de fatores que a influenciam. O somatório de fatores que atualmente são levados em conta pelo mercado investidor, para determinar o valor da companhia, é tão amplo que abrange praticamente tudo aquilo que o público em geral considera importante na formação da imagem corporativa (Marçal, 2005).

As interfaces possíveis estão localizadas tanto no nível estratégico de atuação do comunicador quanto no nível funcional. Assim, é possível identificá-las em dois eixos básicos de atuação.

---

5   A Global Reporting Initiative (GRI) é uma organização não governamental internacional, com sede em Amsterdã, na Holanda, cuja missão é desenvolver e disseminar globalmente diretrizes para a elaboração de relatórios de sustentabilidade utilizadas voluntariamente por empresas do mundo todo. Desde seu início, em 1997, a GRI tem focado suas atividades no desenvolvimento de um padrão de relatório que aborde os aspectos relacionados à sustentabilidade econômica, social e ambiental das organizações.

Interfaces estratégicas

Primeiro, deve-se localizar o pensamento de governança corporativa no nível estratégico de atuação da comunicação e das relações públicas, pois a governança corporativa, como filosofia, necessita dos processos de:

a) *Conscientização*: considerando a governança corporativa como algo além de práticas de gestão, dado que tem por princípios a transparência (desejo de informar), a equidade (igualdade de tratamento e acesso à informação), a prestação de contas – *accountability* (prestação de contas com regularidade, disponibilidade e responsabilidade) e a responsabilidade social corporativa (consciência sobre os impactos da atividade da organização e criação de mecanismos de contrapartida, como forma de gestão de negócio), é necessário que ela seja plenamente compreendida como tal para que qualquer um de seus mecanismos possa atuar conforme os princípios estabelecidos, gerar valor, formar imagem e consolidar reputações. Essa conscientização refere-se, primordialmente, ao alto nível da administração (conselhos e presidência executiva, ou qualquer nomenclatura e estrutura do nível institucional das organizações) e estende-se a todos os segmentos de público interno, pois precisa estar contemplada na raiz da cultura, do planejamento estratégico da administração e comunicação até a forma de cada colaborador atuar pela organização.

b) *Mediação*: atuar e trabalhar pela execução dos mecanismos mediante os princípios de governança corporativa pressupõe que os vários *stakeholders* envolvidos possam negociar seus conflitos de interesses em torno de uma plataforma comum de atuação que garanta a reputação e a perenidade da organização. Novamente, desde o alto nível de administração, que tem regulada cada instância de poder, até os códigos de conduta ética que estipulam direitos, deveres e regras de comportamento admitidas entre todos aqueles que convergem, direta e indiretamente, para a consecução dos objetivos da organização, é necessária a intermediação da comunicação para identificar os pontos de convergência entre tais objetivos e as expectativas, demandas e interesses dos diversos segmentos de *stakeholders*, e não só deixar que as informações necessárias para o funcionamento dos mecanismos transitem, mas identifiquem, com isenção, aquelas que irão circular, além de garantir a credibilidade de todo o processo.

É a organização que define seus rumos, dita os valores, traça as políticas, define a missão. Por mais que tais itens sejam compartilhados com públicos estratégicos (funcionários, parceiros, fornecedores etc.), é inegável a preponderância da visão da administração da organização, de seus proprietários, sócios, adminis-tradores, acionistas, enfim, da chamada alta administração.

Por outro lado, os *stakeholders*, com seus interesses específicos e expectativas em relação às organizações, atualmente são parte fundamental para a perenidade destas, pois possuem informações e meios e esperam por ser cada vez mais inse-ridos nos processos de sustentabilidade.

Portanto, o papel do comunicador na intermediação desse relacionamento é essencial para que discursos e práticas não só guardem reconhecimento com a imagem trabalhada, mas também respeitem as relações de força entre a organiza-ção, seus públicos e o interesse social. É necessário, além de intermediar o enten-dimento do conjunto de valores, princípios e práticas da organização entre seus públicos, também tentar fazer que estes comunguem, o mais possível, da postura trabalhada.

c) *Reputação*: o desafio de proteger a marca, o valor e a reputação passa por transpa-rência, comunicação e ética empresarial. Defender tais ativos intangíveis vai garan-tir estabilidade e fontes diversificadas de crescimento sustentável (Dias, 2005).

A comunicação corporativa tem como objetivo principal o processo de for-mação, manutenção e consolidação de imagem positiva da organização com rela-ção aos públicos e à opinião pública como forma de gerar reputação, processo que, nas relações públicas, se constrói por meio de um processo estratégico e sistêmico de relacionamento entre as organizações e seus públicos de interesse.

Ao reunir a aplicação dos princípios de transparência e ética e estimular a responsabilidade social empresarial como filosofia de gestão, a governança corpo-rativa torna-se um direcionador também para as estratégias de comunicação cor-porativa, pois gera indicadores considerados fortes critérios para a consolidação e avaliação de reputação corporativa.

É imprescindível lembrar que para atuar no nível estratégico e alcançar os objetivos de uma comunicação que gere relacionamento eficaz e seja agregadora no processo de reputação corporativa, incorporando a compreensão e a prática de governança corporativa na organização, o profissional de comunicação deve ter acesso estratégico à alta gestão.

Com isso, e justamente pela interface entre administração e comunicação, o relações-públicas encontra-se em melhor posição para atuar como gestor de comunicação nos processos de governança corporativa, dadas sua base conceitual e sua formação acadêmica mais abrangente, no que diz respeito à comunicação corporativa, e mais próxima ao universo conceitual e funcional da administração. Não se exclui a necessidade de contar com equipes multidisciplinares em que, por exemplo, o profissional de relações com investidores também tenha papel fundamental pelos mesmos motivos de formação conceitual e prática quanto às demandas específicas de administração, economia e mercado financeiro.

Interfaces funcionais

Há também a interface no nível do ato de fazer, que contempla o plano de ação de comunicação para governança corporativa, justamente para efetivar as propostas máximas contidas na filosofia de governança corporativa e consequência dos processos de conscientização e mediação, realizados em âmbito estratégico. A interface funcional objetiva:

◆ fazer saber aos públicos de interesse acerca da essência da organização;
◆ disponibilizar e aumentar o nível de acesso dos públicos de interesse às informações da organização;
◆ ouvir os públicos de interesse e suas demandas.

Tais objetivos precisam estar contemplados no planejamento estratégico de comunicação de forma a nortear instrumentos, canais e ferramentas específicas de comunicação dirigida que cumpram seu papel de equalizar o desequilíbrio de informação entre organização e públicos, um espectro muito mais amplo de públicos e suas idiossincrasias do que aquele a que está habituado o profissional de relações com investidores, por exemplo.

Se estiver clara a convergência entre comunicação corporativa, governança e relações com investidores na interface estratégica, o mesmo raciocínio deve valer para a interface funcional. Para corroborar essa visão, é interessante conhecer a proposta de Farias (2006) sobre as interfaces entre comunicação organizacional[6] e relações públicas, apresentada a seguir na Figura 1:

> entende-se, desse modo, como comunicação organizacional a área do pensamento responsável pela busca de teorias e pela transformação dessas teorias em modos interpretáveis pelos agentes da comunicação, representados pela área de relações públicas. Relações públicas, por sua vez, são as teorias, as estratégias e os conjuntos de técnicas e de instrumentos – estes utilizados de forma articulada entre si – que buscam a opinião pública favorável a um determinado objetivo. (Farias, 2006, p. 173)

---

6 Comunicação organizacional e comunicação corporativa são expressões sinônimas em escopo de atuação. A primeira é mais frequentemente utilizada em âmbito acadêmico, e *comunicação corporativa*, no mercado.

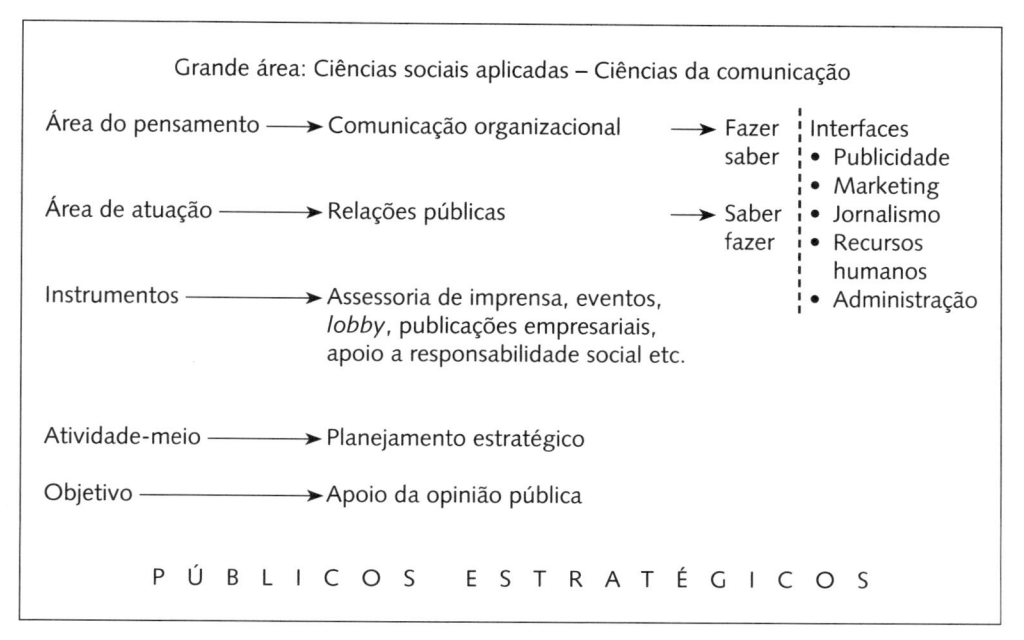

Figura 1 Interfaces entre comunicação organizacional e relações públicas
Fonte: Farias, 2006, p. 173.

É uma proposição que demonstra as relações de interface entre a comunicação corporativa e as relações públicas como saber teórico e base conceitual de atuação. Traduzem-se em instrumentos específicos – nível funcional – adequando os discursos por meio de táticas de comunicação dirigida e suas interfaces com as áreas afins da comunicação e da administração (publicidade, marketing, jornalismo, recursos humanos, administração), o que possibilita enxergar as possibilidades de multidisciplinaridade, neste caso, aplicáveis aos processos de comunicação em governança corporativa.

Assim, no nível funcional, a comunicação para governança corporativa traduz-se em vários instrumentos concernentes à área de atuação das relações públicas. Os instrumentos terão por objetivo informar, conscientizar, posicionar a sociedade e os públicos para as estratégias, o papel e a inserção da organização na sociedade, ao mesmo tempo que promovem a intermediação das relações da organização com seus públicos de interesse. Isso ocorre por meio de relacionamento com a imprensa, publicações empresariais, códigos de conduta ética, relatórios anuais e sociais, *sites* corporativos, *blogs* e todo arsenal da comunicação 2.0, eventos específicos (de *roadshows* para investidores potenciais a audiências públicas com comunidades), enfim, todos os possíveis instrumentos de comunicação geridos e administrados pela competência das relações públicas.

Por fim, não se trata de uma atuação do comunicador meramente funcionalista ou relativista. Trata-se da oportunidade que o profissional de comunicação tem de se fazer ouvir no cerne da organização, seus conselhos decisórios, e no que se refere aos públicos de interesse, intermediando o entendimento com estratégias, técnicas e instrumentos de relações públicas colocados a serviço da informação gerada com consciência, que respeite os valores da instituição e de seus públicos. Deve ocorrer de forma que gere relacionamentos efetivos e mais maduros, para contribuir fundamentalmente para a reputação das organizações e para a geração de valor agregado via governança corporativa.

Referências bibliográficas

BORGERTH, Vânia Maria da Costa. *Sox: entendendo a Lei Sarbannes Oxley*. São Paulo: Thomson, 2007.

DIAS, Bruno Gonçalves. "Transparência na gestão corporativa". *O Estado de S.Paulo, caderno de Economia*. Dez. 2005.

FARIAS, Luiz Alberto de. *A literatura de relações públicas – produção, consumo e perspectivas*. São Paulo: Summus, 2004.

_____. "Comunicación por resultados: el cambio organizacional por la visión integrada". In: REBEIL CORELLA, Maria Antonieta (Coord.). *Comunicación estratégica en las organizaciones*. Cidade do México: Trillas, 2006.

MARÇAL, Rubens A R. "Comunicação integrada e governança corporativa". *Revista RI*. Nov. 2005.

NÓBREGA, Maílson da. *O futuro chegou: instituições e desenvolvimento no Brasil*. São Paulo: Globo, 2005.

6

Da responsabilidade social à sustentabilidade: comunicação, cultura e imaginários

RUDIMAR BALDISSERA

Sobre o contexto e a constituição de um imaginário

Vive-se, atualmente, um tempo de decisões. Decisões que não são nem simples nem fáceis, pois implicam intensas (e até radicais) mudanças na teia simbólica que a sociedade teceu historicamente. Durante muito tempo, particularmente no mundo dos negócios (político-econômico), os processos tenderam a ser norteados pelo e para o acúmulo de poder e riqueza; importou o capital econômico e simbólico. Nessa direção, as transações econômicas, políticas e/ou simbólicas atualizavam-se para corroborar a ordem posta que vinculava as ideias de desenvolvimento humano e qualidade de vida às de altos índices de consumo (que se traduziu em consumismo desenfreado), sem dar importância ao fato de que o consumo, em certa medida, também implicava: esgotamento dos recursos não renováveis, acúmulo de lixo, elevação dos índices de poluição e agravamento de problemas de saúde dela decorrentes, desequilíbrios ambientais, rotinas sempre mais agitadas e, com isso, altos índices de estresse, níveis cada vez mais elevados de excluídos, entre outras coisas.

A sociedade parece ter estado entorpecida ante os encantamentos tecnológicos e, fundamentalmente, ante a possibilidade de consumir. Aliás, o problema não é a ciência e/ou a tecnologia em si. A ciência e a tecnologia, em princípio, são as potências para a qualificação da vida humana sem que isso signifique o comprometimento de outros sistemas vivos e/ou o esgotamento dos recursos não renováveis. No entanto, o uso que se tem feito das ciências e das tecnologias nem sempre observa essas premissas. Assim, muito do conhecimento científico e das tecnologias é empregado apenas para atender a fins econômicos (gerar lucros) e/ou como exercício de poder.

Na perspectiva das organizações, a cegueira resultante do desejo exacerbado de acumular capital e poder traduz-se na ideia de geração de lucros a qualquer custo. Paralelamente ao permanente avanço industrial, à exploração da força de trabalho e dos sistemas ecológicos, materializaram-se esforços (processos) para instituir – comunicar e fazer reconhecer – a compreensão de que os produtos industrializados eram/são melhores e de que apenas o científico deveria/deve ser observado, tem valor. Empregando diferentes estratégias, essa compreensão de mundo foi construída e sedimentada. Atualmente, apresenta-se como marca profunda da/na cultura e se traduz, fundamentalmente, em estado de dependência do ser humano perante as tecnologias. Não se trata mais do emprego das tecnologias como forma de ampliar/potencializar as capacidades humanas, mas de dependência, isto é, a sociedade se realiza/estrutura pelas/em tecnologias.

Essa configuração de mundo consolidou-se pautada pelo individualismo exacerbado e descomprometido[1]. Esse individualismo se realiza, dentre outras coisas, em:

a) consumo indiscriminado (não se trata de consumir para atender às necessidades humanas, mas, principalmente, para gerar a sensação de atualização, de pertença, de posse e de poder);

b) ações de egoísmo (o indivíduo como centro de tudo; tudo deve girar em torno da satisfação de seus desejos e necessidades, independentemente dos custos para isso);

c) ideias e atitudes de intolerância (dificuldade extrema em lidar com a diversidade de valores, ideias, comportamentos, pois o indivíduo consegue perceber valor somente no que lhe é idêntico e, no máximo, naquilo que se apresenta como exótico, atração espetacular); e

d) redução das relações sociais à ideia de competição (o indivíduo tende a agir sob a lógica de que tudo é competição e de que precisa ganhar sempre, não importando o que isso significa para sua alteridade – outros indivíduos, sociedade, sistema ecológico etc.). O que importa é "dar-se bem sobre a alteridade".

---

1 Lipovetsky (2004), refletindo sobre ética do individualismo, afirma que atualmente existem duas formas de individualismo: o "irresponsável" – que consiste no culto ao "eu"; no cada um por si; na busca do sucesso/lucro a qualquer custo, independentemente dos danos/impactos sobre a alteridade (outros sistemas) – e o "responsável" – que se caracteriza pelo comprometimento, pela tolerância, pelo voluntariado e responsabilidade social, pela denúncia e repúdio à corrupção, à guerra e a outras formas de violência, dentre outras coisas. Se a ética do individualismo é uma presença, deve-se considerar que existem, pelo menos, duas possibilidades para sua realização. Na perspectiva do individualismo responsável, tem-se a compreensão de que a possibilidade de continuidade do indivíduo está na continuidade da sociedade; portanto, o comprometimento com o indivíduo exige, antes de mais nada, o comprometimento social.

Para satisfazer a necessidade de se sentir vencedor da disputa, dentre outras coisas, vale desqualificar a alteridade, furar fila, subornar, realizar ultrapassagens perigosas e/ou andar no acostamento, usar de influências (policiais, sexuais, de poder, de relacionamento etc.) para conseguir mais apoios, visibilidade e/ou poder, manipular informações, ameaçar/chantagear, atuar na ilegalidade, agir sem ética, reduzir preços para forçar outras empresas a se retirar daquele mercado e/ou a falir, e, também, reter informações, como chefe de um departamento, por exemplo, para que os subordinados não consigam se qualificar ou ter suas competências reconhecidas. Com base na compreensão de que as relações são, necessariamente, da qualidade do ganha-perde, sair-se melhor do que a alteridade tende a gerar altos índices de satisfação ao vencedor.

Nessa configuração, o consumismo (e tudo que implica) instituiu-se como crença "forte" que assume ares míticos, portanto algo que não deve ser questionado[2]. Suas marcas na cultura são vigorosas. Questionar sua validade significou – e, com algum nível de flexibilização, ainda significa – entrar em rota de colisão social, isto é, andar em sentido contrário à sociedade. Como se sabe, a sociedade inclina-se a cobrar altos preços aos que ousam não seguir a ordem posta (os valores assumidos como verdades).

Assim, sujeitos que não consomem ou consomem pouco tendem a ser desqualificados e rechaçados pela sociedade. Sua possibilidade de pertencimento é reduzida aos grupos marginais, ao âmbito da marginalidade. São percebidos como "peso" a ser "carregado" pela sociedade, particularmente por meio do poder público – algo como um grande fardo para os governantes e governos. Vale lembrar que, de acordo com Canclini (1999), a atual organização da sociedade aponta o consumo como fator de pertencimento. É consumindo bens materiais e simbólicos que os diferentes sujeitos tecem a sociedade a que pertencem (desejam pertencer), constroem identidade e se assumem como cidadãos. Ainda segundo o autor, ao selecionarem e se apropriarem de bens, os sujeitos definem o que consideram publicamente valioso. Por aquilo que consomem, os sujeitos revelam o que são e se integram aos grupos. Para a sociedade de consumo, não consumir significa não pertencer.

Indicar e/ou questionar os excessos da ordem posta – nesse caso, o consumismo como valor sociocultural – também pode levar os sujeitos que assim procederem a sofrer alguma espécie de proscrição. Parece evidente que a proscrição assume dife-

---

2   Cassirer, referindo-se à realidade mítica (aos mitos), atenta para o fato de que "essa realidade não pode ser negada ou criticada; tem de aceitar-se passivamente" (1976, p. 63). Nessa perspectiva, o mito, após concebido, impõe-se à sociedade como uma regra a ser não apenas observada, mas, acima de tudo, rigorosamente seguida.

rentes intensidades, desde simples resistência, retaliações, até atos de violência simbólica e/ou física. É provável que, quanto mais intenso e basilar o questionamento (e tudo que ele implica: como e onde se dá o questionamento, quem o realiza, gravidade do que é questionado, quem e o que é inquirido etc.), mais intensa a força contrária. Assim, questionar um familiar por ser consumista pode gerar rápida irritação, um conflito passageiro. Questionar a produção de petróleo e todos os impactos ambientais que gera, porém, tenderá a ser classificado, pela grande parte da sociedade menos informada, como algo descabido, sem sentido. Igualmente, é provável que seja considerado um questionamento inaceitável pela parte da sociedade que, mesmo sabendo dos impactos, beneficia-se da exploração do petróleo. Por fim, mesmo aos que não se beneficiam diretamente com os lucros desse negócio, e aos quais a argumentação inquisidora faz sentido, pode-se perguntar se estarão dispostos a reduzir os níveis de conforto a que estão acostumados e tudo o mais que é possibilitado pelo petróleo.

Leva-se a entender que os indivíduos, como sistemas abertos, necessitam de energia do entorno para se manter vivos. Por causa disso, precisam consumir (alimentos, por exemplo). Assim, a ideia de consumo apresenta-se como natural, isto é, inerente aos sistemas abertos. Porém, diferentemente de outros sistemas vivos, os humanos, sócio-historicamente, (re)teceram a rede de significados – cultura, conforme Geertz (1989) – de modo que ao consumo (necessidade sistêmica) foram associadas novas porções de significação. Assim, a necessidade inata de os sistemas vivos consumirem (acumular, em alguns casos, e consumir para sobreviver), como noção, deslizou para um lugar secundário enquanto assumia relevo a ideia do consumismo (consumir todo tipo de coisa, em todo lugar, independentemente das necessidades de consumir como sistema vivo). Pode-se dizer que o sentido primeiro do consumo foi posto em suspenso, porém não foi eliminado; deslizou para uma zona de fundo para dar lugar ao consumismo. Dessa forma, parece que o primeiro sentido sempre pode/poderá ser acionado para justificar e/ou legitimar o comportamento consumista da sociedade contemporânea. Assim, o consumo – e sua exacerbação em consumismo – foi sendo apresentado e reapresentado como algo normal e natural. Aos poucos, e particularmente com a industrialização, ocorreu a naturalização do consumismo.

Atualmente, sob diversas forças (em particular a econômica e a política), os indivíduos são estimulados a consumir sempre mais. Há algo, como uma forte narrativa mítica, que dita o padrão do consumismo como o modelo a ser seguido.

Esses são apenas alguns dos aspectos que possibilitaram evidenciar nuances do contexto sócio-histórico-cultural que se constituíram em campo semântico para legitimar e fomentar o comportamento consumista. Além disso, foi possível, ainda, regenerar e revigorar permanentemente o imaginário do consumismo – desencadeando nos sujeitos/sociedade sensações de necessidade de consumir – e, por outro lado, permitir ao campo da produção e oferta acionar estratégias que seduzem os sujeitos/sociedade ao consumo exacerbado e egoísta como algo legítimo.

Será essa a única possibilidade? Não parece ser o caso. Nas últimas décadas e, em especial, nos últimos anos, é possível identificar posturas e ações que, em diferentes níveis, impactos e razões, tendem a questionar o modelo vigente e, mesmo, a contrapor-se a ele. Nessa direção, pode-se pensar na força que a noção de responsabilidade social empresarial tem assumido e, em nível mais complexo, a questão da sustentabilidade.

Considerações sobre responsabilidade social empresarial

A ideia de responsabilidade social não é recente. Para exemplificar (não se objetiva realizar resgate histórico), um de seus domínios, o assistencialismo, é basilar para a tradição judaico-cristã. Porém, é somente a partir da segunda metade do século XX que a noção de responsabilidade social empresarial começa a assumir relevo. À medida que a sociedade passa a exigir que as empresas, mais do que apenas gerem lucros, sejam socialmente responsáveis, percebe-se que diferentes atitudes começam a ser tomadas por elas, assumindo mais intensidade a partir da década de 1990. No Brasil, as primeiras manifestações das organizações para prestar contas à sociedade datam de 1965, quando da publicação da Carta de Princípios Cristãos de Empresas do Brasil (ADCE Brasil)[3]. Se esse foi um primeiro passo registrado, é preciso salientar que desde então muita coisa mudou. Por um lado, a sociedade tem exigido mais comprometimento social e ambiental de suas organizações, bem como se inclina a, cada vez mais, requerer que prestem contas de suas ações (em direção a *accountability*); por outro, parte das organizações ainda não se importa com isso, parte tem assumido atitudes que "parecem" mais responsáveis e outra (acredita-se que ainda é a menor) tem realizado importante esforço para que a ideia de responsabilidade social empresarial seja presença permanente em sua filosofia e até esteja nos seus pressupostos básicos.

Importa explorar um pouco mais a ideia de "atitudes que parecem mais responsáveis". Emprega-se o termo *parece* para atentar para o fato de que boa parte das tão divulgadas ações de responsabilidade social não passa de ações para atender à legislação vigente, ou de algum tipo de compensação por dano causado pela organização,

---

3 Uma cronologia dos fatos que marcaram o surgimento e a evolução do balanço social pode ser encontrada no *Guia de elaboração do balanço social*, Instituto Ethos, 2006. Disponível em: <http://www.abac.org.br/novo/banco_arquivos/downloads/balanco_social _modelo_ethos_2006.pdf>, p. 41-2.

seja no âmbito social, ecológico, cultural, econômico etc. Nos balanços sociais[4], por exemplo, é comum as empresas apresentarem ações que se caracterizam como simples atendimento ao que prescreve a lei e "promovê-las" à qualidade de ações de responsabilidade social empresarial. Trata-se de uso mitificado com fins propagandísticos.

Outro aspecto revestido dessa maquiagem do *parece* é o fato de que muitas das ações e/ou projetos realizados por várias organizações (que, poderiam ser definidos como ações/projetos de responsabilidade social) não passam de ações/projetos estratégicos de comunicação de marketing. Nessa direção, com diferentes intenções, como as de autopromoção, visibilidade, imagem-conceito[5] e/ou aumento do capital simbólico, parte das organizações investe valores elevados para divulgar o que dizem ser suas ações/projetos de responsabilidade social. Há casos, inclusive, em que os valores investidos em divulgação são superiores aos investidos na ação/projeto propriamente dito. Para isso, dentre outros profissionais, são acionados especialistas em comunicação e marketing. As formas mais comuns empregadas nesse processo são: campanhas institucionais; eventos; participação em concursos que premiam as organizações com "melhores" ações/projetos de responsabilidade social; publicação de balanços sociais; divulgação em *sites*; produção e distribuição de folheteria e revistas; e envio de informações para a imprensa.

Com isso, no entanto, não se está dizendo que as organizações não possam divulgar suas ações e/ou projetos de responsabilidade social, mas alertando para os usos equivocados, levianos e de má-fé que estão sendo feitos da ideia de responsabilidade social. Até que ponto o sentido de responsabilidade social aciona a organização a realizar ações/projetos responsáveis? Ou será que as ações/projetos são realizados/desenvolvidos somente com intenções de comunicação de marketing, realizando algo visando apenas à divulgação e autopromoção? Será isso, realmente, responsabilidade social empresarial?

O Instituto Ethos, respeitada associação de empresas, responde:

Responsabilidade social empresarial é a forma de gestão que se define pela relação ética e transparente da empresa com todos os públicos com os quais ela se relaciona e pelo estabelecimento de metas empresariais compatíveis com o desenvolvimento sustentá-

---

4   Sobre essa questão, ver Baldissera (2007) e Baldissera e Sólio (2004).
5   "A noção de imagem-conceito é compreendida/explicada como um construto simbólico, complexo e sintetizante, de caráter judicativo/caracterizante e provisório, realizada pela alteridade (recepção) mediante permanentes tensões dialógicas, dialéticas e recursivas, intra e entre uma diversidade de elementos-força, tais como as informações e as percepções sobre a identidade (algo/alguém), a capacidade de compreensão, a cultura, o imaginário, a psique, a história e o contexto estruturado". (Baldissera, 2004, p. 278).

vel da sociedade, preservando recursos ambientais e culturais para as gerações futuras, respeitando a diversidade e promovendo a redução das desigualdades sociais. (Instituto Ethos, *on-line*, 2009)

A responsabilidade social, portanto, segue em sentido contrário ao da realização de atividades e projetos com o intuito simplista de sua divulgação de marketing. A divulgação, se ocorrer, é consequência e não o motor das atividades. Da mesma forma, a direção apontada pelo Instituto Ethos tende a distanciar-se das ações assistencialistas. Como característica de gestão, pela responsabilidade social empresarial a organização compromete-se com o entorno, respeita-o e preserva-o enquanto age sobre ele para qualificá-lo. Até porque, em perspectiva complexa, sob o princípio hologramático[6], a organização (parte) está na sociedade (todo) que está na organização (parte), sem que uma se reduza à outra. Recursivamente[7], a organização constrói a sociedade e é por ela construída. Trata-se de uma relação de interdependência.

A organização, portanto, não pode "tudo". Ela não está livre para fazer o que quiser, pois é parte constituinte da sociedade de modo que também o são seus fazeres. Suas ações perturbam/interferem no sistema sociedade (todo) e, recursivamente, o sistema sociedade (todo) perturba/interfere no subsistema organização. Então, "responsabilidade social não deve denotar proteção à sociedade com ações paternalistas-filantrópicas, mas comprometimento com uma nova estética social, onde o coletivo dialoga com o individual, a diversidade com a homogeneidade e a complexidade sobrepõe-se à simplificação" (Baldissera e Sólio, 2004, p. 69). A essa luz, é possível pensar que, se é verdade que a empresa é de caráter privado (interesse privado), também é verdade que suas ações, sua postura, seu comportamento, à medida que perturbam/interferem na sociedade (entendida como sistema vivo), são também de interesse público. Então, o fator econômico, o lucro, particularmente, pode ser o foco da organização desde que isso também signifique avanços sociais e preservação ambiental, entre outras coisas, ou seja, desde que a organização esteja comprometida com o "algo sempre melhor" de que fala Lipovetsky (2004).

Nesse sentido, já considerando o que foi dito a respeito da cultura do consumismo, ressalta-se que a comunicação assume papel central na construção da cultura de responsabilidade social empresarial, pois parece ser "pela" e "em" comunicação

---

6 De acordo com Morin, o princípio hologramático atualiza a ideia de que "a parte não somente está no todo; o próprio todo está, de certa maneira, presente na parte que se encontra nele" (2002, p. 101), sendo parte e todo, ao mesmo tempo, mais e menos.

7 O princípio recursivo consiste em "[...] processo em que os produtos e os efeitos são ao mesmo tempo causas e produtores daquilo que os produziu" (Morin, 2001, p. 108); a sociedade constrói o sujeito que a constrói.

que, por um lado, as organizações podem (re)tecer suas redes simbólicas (cultura) de modo a ressignificar sua própria existência na sociedade (ser parte da sociedade) e sua postura perante ela/nela e, por outro, atualizar os sentidos de responsabilidade social em práticas cotidianas, sejam elas ações simples ou ambiciosos projetos. Pela comunicação, compreendida como "processo de construção e disputa de sentidos" (Baldissera, 2004, p. 128)[8], a significação que foi histórica e socialmente construída pode ser transformada. Isto é, os significados que foram sendo "decantados" pelo grupo (construídos e assumidos como valores), mediante comunicação, podem ser postos em movimento (e, portanto, assumir a qualidade de sentidos) e, novamente, ser disputados e (re)construídos. Assim, em/pela comunicação, os sujeitos (re)tecem a cultura – as teias simbólicas. Mediante esse processo, as organizações podem reconstruir sua cultura – no âmbito simbólico e no das materializações em posturas, ações e/ou comportamentos (artefatos) – de modo que a ideia de responsabilidade social seja assumida como pressuposto (valor culturalmente central) e não como simples estratégia de visibilidade.

Com base na reflexão realizada até aqui, tem-se que responsabilidade social empresarial não é da qualidade do marketing. Também é equivocado e/ou simplista o discurso que afirma ser a responsabilidade social das organizações necessária devido ao fracasso do Estado em atender à sociedade, em promover o bem-estar social. Esse discurso enalteceu a competência de gerenciamento das empresas e, sempre que possível, desqualificou o Estado. Assim, comunicou-se e procurou-se fazer reconhecer a ideia de que o Estado era/é incompetente para gerir. Com isso, dentre outras coisas, também se proclamaram o "Estado mínimo" e a auto-orquestração do mercado. Porém, como destaca Brito (2009), as mesmas empresas portadoras do discurso do Estado mínimo, aos primeiros sinais da crise anunciada em 2008, mudaram radicalmente seu discurso e passaram a "exigir" a intervenção do Estado (agora forte e poderoso (!?)) para que aportasse "[...] todo o recurso necessário para evitar a quebradeira geral das ainda há pouco supostamente autônomas e autossuficientes organizações econômicas do capitalismo vigente" (*ibidem*, p. 26).

A responsabilidade social empresarial não está, pois, no marketing, e não se trata de simples estratégia de visibilidade e imagem-conceito. Tampouco consiste em discurso organizacional. A responsabilidade social empresarial é inerente à gênese da organização, fundamento basilar do ser/existir organizacional. Assim, como fundamento filosófico da organização, tende a atualizar-se em sua postura sobre si mesma e perante sua alteridade, traduzindo-se em percepções, apresentações,

---

8   Essa compreensão foi apresentada em Baldissera, 2000.

ações, projetos e comportamentos, dentre outras coisas[9]. Instituída na organização, a responsabilidade social macula todo seu ser/existir, de modo a comprometer a organização com os demais sistemas, tais como o social, o cultural, o ecológico, o político e o econômico.

Da responsabilidade social à sustentabilidade

A este ponto, após discorrer sobre responsabilidade social das organizações, é possível refletir sobre a noção de sustentabilidade. Nesse sentido, importa retomar a questão do consumo na forma como se apresenta e se exerce sobre a sociedade contemporânea. O consumo, em seu sentido perverso – o consumismo cobra altos preços da sociedade, ou melhor, de toda forma de vida: inclina-se (velozmente) ao esgotamento do sistema ecológico (dos recursos não renováveis); realiza-se como permanente insatisfação dos sujeitos com o que têm; traduz-se em necessidade de trabalhar mais horas diárias para poder aumentar os rendimentos e atender ao desejo de consumir ainda mais; tende a gerar níveis mais elevados de estresse e a incidir sobre os vínculos sociais, tornando-os mais superficiais, mais líquidos (retoma a ideia do "ficar", muito empregada no âmbito das relações adolescentes – "A gente tá ficando"); impõe-se como possibilidade de pertencimento a um grupo específico, pois o pertencer é pautado pelo poder consumir o que o grupo consome; e põe em xeque a possibilidade de continuidade da vida, dentre outras coisas. Esses aspectos, interdependentes, são apenas parte da complexa e grave situação que se apresenta.

Vale lembrar que a preocupação sistêmica não foi exatamente a pauta da socie-dade no decurso histórico. Isto é, de modo geral, os subsistemas sociais (grupos, orga-nizações, culturas, países) não se compreenderam como interdependentes. Foram, sim, movidos pelo foco em si mesmos, seja com ideais heroicos (desbravar, conquistar), ideais de poder (dominar, subjugar, explorar, expulsar, expropriar), ideais de defesa e soberania (armar-se em defesa, ocupar e demarcar espaços) e/ou, mesmo, ideais míticos (superioridade, exemplaridade, ser modelar, a grande referência a ser seguida), entre outros. Esses procedimentos, caracterizados pela disputa de forças em ações disjunti-vas, somente atentavam para o "si mesmo"; eram/são ecossistemicamente dissociados, desvinculados. Os subsistemas (partes) percebiam-se (e ainda tendem a perceber-se) como sistemas, como o todo, e não como subsistemas de um sistema maior e, tampouco,

---

9 No texto "Responsabilidade, ética e comunicação: reflexões sobre a tensão organização-ecossis-tema", Baldissera e Sólio (2004) propõem quatro níveis de indicadores de cidadania organizacio-nal. A primeira versão desse texto está disponível em: <http://www.sinprorp.org.br/clipping/2008/Baldissera%20-%20RS.pdf>. Acesso em: abr. 2009.

como subsistemas em um emaranhado de subsistemas, de qualidades diversas (ecológicas, sociais, culturais, econômicas, políticas etc.), tensionados em um sistema maior.

Esse imaginário disjuntivo, materializado em disputas e dissociações, como cimento social (Maffesoli, 2001)[10] ou bacia semântica (Durand, 2001; 2002), orientou e ainda orienta a sociedade (pelo menos grande parte da sociedade) para o individualismo exacerbado, não comprometido. Os indivíduos são, desde pequenos, ensinados a "lutar" pelo seu lugar, a "se dar bem", a "conquistar" o seu espaço, ou seja, a disputar o tempo todo. Pouco a sociedade ensina sobre colaboração, estabelecimento de vínculos, interdependência. Mas ensina muito que "a alteridade interessa enquanto puder ser útil, enquanto servir para algo", seja lá o que for a alteridade (um colega de classe, um conhecido, o guarda de trânsito, o grupo de teatro, a organização, um empregado, o governo; assim também é com os recursos naturais: explora-se até o esgotamento[11]). Em sentido amplo e guardadas as exceções, ensinam-se o "antes eu", a disputa cotidiana e o exercício da exploração parasitária e até predatória.

Se, porém, esse imaginário é materializado em cultura (cultura do consumismo, da mitificação tecnológica em detrimento da organização da natureza, do individualismo descomprometido etc.), isso não significa que essas redes simbólicas não possam ser retecidas. Quer parecer que sempre há fissuras, espaços para que novos sentidos venham desaguar na bacia semântica e a transformem. Até porque é próprio do imaginário recriar-se, transformar-se, regenerar-se. Também não significa dizer que essas mudanças possam acontecer instantaneamente – pode-se pensar que os processos de mudança são acelerados pela gravidade daquilo que se apresenta exigindo tais mudanças. E é exatamente esse senso de urgência que se apresenta quando se pensa em sustentabilidade. Não há mais tempo a perder.

Antes de avançar, é importante esclarecer que a noção de sustentabilidade está aqui empregada conforme seu sentido primeiro, isto é, conforme foi apresentada por seu criador Lester Brown (fundador do Instituto Worldwatch), no início da década de 1980, "[...] que definiu a sociedade sustentável como aquela que é capaz de satisfazer suas necessidades sem comprometer as chances de sobrevivência das gerações futuras" (Capra, 2002, p. 237).

---

10 De acordo com Maffesoli, "o imaginário estabelece vínculo. É cimento social" (2001, p. 76); o imaginário "é o estado de espírito que caracteriza o povo. Não se trata de algo simplesmente racional, sociológico ou psicológico, pois carrega também algo de imponderável, um certo mistério da criação ou da transfiguração" (*op. cit.*, p. 75). E mais, "[...] o imaginário de um indivíduo é muito pouco individual, mas sobretudo grupal, comunitário, tribal, partilhado" (*op. cit.*, p. 80).

11 Nessa direção, Leff atenta para o fato de que "a degradação ambiental se manifesta como sintoma de uma crise de civilização, marcada pelo modelo de modernidade regido pelo predomínio do desenvolvimento da razão tecnológica sobre a organização da natureza" (2001, p. 17).

A ideia de sustentabilidade, apresentada aqui, se distancia dos seus empregos simplistas e mitificados, como os que a reduzem à ideia de sustentação econômica (ideia de as empresas se manterem atuantes no mercado e faturando), dos seus empregos para simples fins promocionais, usos retóricos (termo da moda; politicamente correto) e, também, dos empregos para referir alguma ação isolada/pontual que, de certa forma, pode até estar caracterizada por algum nível de sustentabilidade, mas é realizada apenas para conseguir visibilidade, imagem-conceito e/ou legitimidade. Então, trata-se de assumir a "[...] noção de sustentabilidade constitutiva do conceito de ambiente, como marca da ruptura da racionalidade econômica que negou a natureza[12] e como uma condição para a construção de uma nova racionalidade ambiental" (Leff, *op. cit.*, p. 20). Portanto, em termos de precedência, sustentação econômica consiste em um segundo (ou terceiro) em relação à sustentabilidade ecológica e social.

Portanto, é importante questionar a respeito de como a noção de sustentabilidade está sendo apropriada pela sociedade e, particularmente, como se apresenta e é assumida pelas organizações, bem como pensar como a comunicação pode constituir-se em processo potencializador das mudanças de significação que se mostram necessárias. De modo geral, a sociedade não compreende a noção de sustentabilidade em sentido complexo. Tende-se a pensar que em alguns níveis da sociedade, particularmente nos menos esclarecidos e mais pobres – grande parcela da sociedade –, essa compreensão, apesar de ser atualizada em alguns casos isolados, não faz sentido. Aliás, como pensar em interdependência, em cuidados com a natureza, em dar o destino correto aos dejetos e resíduos etc. quando se está tentando sobreviver? Em que medida a grande parte da sociedade que mal consegue alimentos para o dia poderia/conseguiria preocupar-se com questões mais complexas como a da sustentabilidade?

Quanto à parcela que consegue ter algum nível de entendimento sobre a questão (ou até compreendê-la muito bem), em que medida está disposta a assumir esses valores? Nesse sentido, parece haver três principais grupos:

---

12 De acordo com Leff (*op. cit.*), a crise ambiental já se tornava evidente na década de 1960, atrelada aos padrões de produção e consumo dominantes. Também por essa época, porém, surgiu a consciência ambiental, "[...] com a Primavera Silenciosa de Rachel Carson, e se expandiu nos anos 1970, depois da Conferência das Nações Unidas sobre o Meio Ambiente Humano, celebrada em Estocolmo, em 1972" (*op. cit.*, p. 16). Leff afirma, ainda, que o processo de difusão, oficialização e legitimação do discurso do desenvolvimento sustentável tem sua base na Conferência das Nações Unidas sobre o Meio Ambiente e o Desenvolvimento, realizada no Rio de Janeiro, em 1992 – Rio 92. Uma tradução livre dessa Declaração de Estocolmo pode ser conseguida em <http://www.dhnet.org.br/direitos/sip/onu/doc/estoc72.htm> (Declaração, *on-line*). A Agenda 21, principal documento da Rio 92, está disponível em: <http://www.ecolnews.com.br/agenda21/index.htm> (Agenda 21, *on-line*).

a) os que aderem totalmente (cientistas, ecologistas, ONGs, entre outros);
b) os que aderem parcialmente (fazem algumas coisas, como diminuir o consumo de água e reciclar o lixo); e
c) os que não estão dispostos a aderir, por diversos motivos, como egoísmo, descrença, exibicionismo e resistência ("Não estarei aqui para ver", "Isso é exagero de ecologista", "Não abro mão do meu conforto para preservar a natureza").

Também no âmbito organizacional, é possível identificar diferentes posturas e procedimentos diante da noção de sustentabilidade. Nessa perspectiva, as organizações podem ser agrupadas nas seguintes categorias principais:

1) aquelas que desconhecem e, portanto, não empregam a ideia e o termo;
2) as que conhecem parcialmente e, por isso, podem inclinar-se a: não se apropriar da ideia; realizar apenas algumas ações isoladas e pouco efetivas; transformar a ideia em discurso vazio; fazer usos mitificados etc.; e
3) aquelas que compreendem bem ou muito bem a ideia e podem tender a: fazer de conta que não conhecem ou não compreendem; usar os aspectos que melhor lhes convierem; transformar a noção em discurso estratégico; realizar algumas atividades/projetos e explorá-los para buscar visibilidade e imagem-conceito; assumir a ideia e agir de modo a convertê-la em pressuposto básico da cultura organizacional etc.

Por fim, destaca-se outra tentativa de aproximação de modo a compreender e explicar quais sentidos a noção de sustentabilidade assume na rede simbólica (cultura). Conforme apresentado em outro texto (Baldissera, 2009), o "lugar/significação" que essa noção assume para os diferentes sujeitos (pessoas, grupos, organizações etc.) no âmbito de suas culturas pode ser organizado em quatro principais categorias. Sustentabilidade como:

◆ valor central – pressuposto básico para a continuidade da vida humana/não humana, respeito e tolerância à diversidade;
◆ valor periférico e/ou estratégico de mercado – que apresenta três subcategorias: valor em construção, lugar discursivo e estratégia de mercado;
◆ não valor, valor negativo ou modismo – com as subcategorias: não faz sentido e/ou assume sentido negativo na cultura do seu grupo; é somente enunciado da moda; é valor da alteridade, portanto deve ser rejeitado/evitado/rechaçado;
◆ extrassistema – noção que não tem sentido algum para os sujeitos que não conseguem decodificá-la e/ou a desconhecem.

Considerando essas diferentes aproximações, conseguem-se evidenciar algumas questões para que se possam pensar a comunicação pública e a comunicação organizacional, em particular:

- apenas uma pequena parcela da sociedade compreende a noção de sustentabilidade; portanto, para a maior parte, trata-se de algo ainda sem sentido;
- é uma ideia que se contrapõe muito ao que a sociedade sempre pregou, isto é, os discursos, de modo geral, orientavam e exigiam que se consumisse muito e de todo o jeito. O discurso da sustentabilidade diz que o consumo precisa ser parcimonioso, e que se deve dar correto destino aos dejetos e resíduos etc.;
- vive-se a cultura da disjunção, da disputa, do dominar e explorar a natureza, do "antes eu", já a sustentabilidade exige a conjunção, evidencia a interdependência sistêmica;
- a sociedade edificou-se sobre certezas, enquanto a sustentabilidade aponta para as incertezas, para o dialógico, o hologramático e o recursivo;
- a noção de sustentabilidade tem urgência;
- as alterações no imaginário coletivo e na cultura são lentas; etc.

É importante ressaltar, novamente, que a cultura é compreendida como "[...] teias de significação" (Geertz, *op. cit.*, p. 15) tecidas pelo homem e às quais ele se prendeu/prende. Conforme Capra, pensando os sistemas sociais como sistemas vivos (rede autogeradora de comunicação), a cultura "[...] é criada e sustentada por uma rede (*forma*) de comunicações (*processo*) na qual se gera *significado*. Entre as corporificações materiais da cultura (*matéria*) incluem-se artefatos e textos escritos, através dos quais os signos são transmitidos de geração em geração" (*op. cit.*, p. 87, grifos do autor). Então, parece evidente que a mudança cultural necessária em direção à noção de sustentabilidade somente pode se dar pela comunicação. Isto é, é mediante processos comunicacionais que o consumismo, as tendências à disjunção e o individualismo exacerbado, dentre outras coisas, podem ser, aos poucos, neutralizados e mesmo dessemiotizados (perder o sentido) para, em processo contrário, permitir que as noções de conjunção, interdependência e cooperação sistêmica sejam semiotizadas (receber sentido) e deslizem para a centralidade da cultura. Instituir (comunicar e fazer reconhecer) essas ideias é fundamental, pois é sobre elas que a noção de sustentabilidade se edifica.

Nessa direção, é evidente a relevância do esforço conjunto para ampliação dos níveis de comunicação pública e deliberação, particularmente da que advém do setor público, pois se trata de uma questão de interesse público. É dever dos governos atentar para a gravidade do que se apresenta, informar e alertar a sociedade sobre essa questão que é, pode-se dizer, basilar para a continuidade da vida humana e não humana na terra. E é direito da sociedade ser informada.

Da mesma forma, por mais que as empresas sejam de caráter e interesse privados, particularmente devido ao seu capital (que é privado), como parte da sociedade e sistemicamente interdependentes, não estão livres para fazer o que quiserem. Isto é, sempre que algo que fizerem interferir ou disser respeito ao que é do interesse público, precisarão prestar contas sobre isso, ou seja, necessitarão de comunicação pública.

Então, considerando-se que a noção de sustentabilidade, devido à sua relevância, urgência e implicações ecossistêmicas já evidentes (catástrofes ambientais, por exemplo), assumirá/assume, necessariamente, centralidade nas agendas governamentais, midiáticas e sociais, este é o foco de atuação para as organizações que, apesar de serem individualistas, são comprometidas com os demais (sub)sistemas. Além disso, os cenários indicam que esse é o norte para as organizações que desejarem se manter atuantes. E não se trata, nesse caso, de pensar apenas nos processos comunicacionais, mas de atentar para a mudança de cultura necessária e, na medida das necessidades, transformações estruturais e tecnológicas.

Essas evidências lançam luzes sobre a articulação "responsabilidade social--sustentabilidade". Com base no que foi tratado neste artigo, parece evidente que a noção de responsabilidade social empresarial desliza para um lugar de composição da ideia de sustentabilidade. Ou seja, a noção de sustentabilidade pode ser considerada um avanço significativo na compreensão da existência do humano e das organizações no mundo e da necessidade de convivência em sentido de coevolução entre os sistemas.

Com foco na noção de sustentabilidade, as organizações podem orientar seus processos comunicacionais em, pelo menos, duas dimensões:

◆ dimensão cultura organizacional: atualização de fluxos de comunicação para que a ideia passe a fazer sentido, seja assumida como pressuposto básico e oriente a postura organizacional, seu ser/existir interdependente dos demais (sub)sistemas – comprometimento ecossistêmico;

◆ dimensão comunicação pública: geração de comunicação pública de modo a assumir posição sobre a questão e disponibilizar informações para ampliar e potencializar a deliberação sobre o assunto e, com isso, fomentar a mudança no imaginário coletivo e, portanto, na cultura. Trata-se de ser um pequeno rio que vai desaguar na bacia semântica (Durand, 2001) e contribuir para a constituição de um novo imaginário: o do comprometimento, da interdependência e da conjunção.

Considerando-se a necessária mudança paradigmática do viés econômico-consumista para o da sustentabilidade, para além da geração de conhecimento e da seleção e circulação de informações, será necessário pensar a comunicação como processo que permite desorganizar o sistema de significação atual de modo a exigir/gerar nova organização – a que atenta para a sustentabilidade. Porém, deve-se lembrar que não basta dizer algo, é necessário que esse algo faça algum sentido. Dessa forma, é provável que a noção de sustentabilidade deslize de um lugar periférico para o de centralidade.

Referências bibliográficas

A PRIMAVERA Silenciosa. Rachel Louise Carson. Disponível em: <http://www.geocities.com/~esabio/cientistas/primavera_silenciosa.htm>. Acesso em: abr. 2009.

AGENDA 21. Disponível em: <http://www.ecolnews.com.br/agenda21/index.htm>. Acesso em: abr. 2009.

BALDISSERA, Rudimar. *Comunicação organizacional: o treinamento de recursos humanos como rito de passagem.* São Leopoldo: Unisinos, 2000.

_____. *Imagem-conceito: anterior à comunicação, um lugar de significação.* 2004. Tese (doutorado em Comunicação Social) – Faculdade de Comunicação Social da PUCRS, Porto Alegre, Rio Grande do Sul.

_____. "Responsabilidade, ética e comunicação: reflexões sobre a tensão organização-ecossistema". In: ARAUJO, Margarete P.; BAUER, Maristela M. (Orgs.). *Desenvolvimento regional e responsabilidade social: construindo e consolidando valores.* Novo Hamburgo: Feevale, 2005.

_____. "Balanços sociais: entre a promoção de marketing e a responsabilidade social". In: *Anais do XXX Congresso Brasileiro de Ciências da Comunicação.* Santos: Intercom, 2007.

_____. "A comunicação no (re)tecer a cultura da sustentabilidade em sociedades complexas". In: KUNSCH, Margarida M. K.; OLIVEIRA, Ivone de L. (Orgs.). *A comunicação na gestão da sustentabilidade nas organizações.* São Caetano do Sul: Difusão, 2009.

BALDISSERA, Rudimar; SÓLIO, Marlene Branca. "Balanço social: transparência e/ou mistificações para lograr consenso". In: ARAUJO, Margarete P. (Org.). *Responsabilidade social como ferramenta de política social e empresarial.* Novo Hamburgo: Feevale, 2004.

BRITO, Walderes L. de. *Empresas responsáveis e comunidades cidadãs: responsabilidade social sob o crivo da comunicação pública.* 2009. Dissertação (Mestrado em Comunicação) – Faculdade de Comunicação e Biblioteconomia da UFG, Goiânia, Goiás.

CANCLINI, Nestor Garcia. *Consumidores e cidadãos: conflitos multiculturais da globalização.* 4. ed. Rio de Janeiro: EDUFRJ, 1999.

CAPRA, Fritjof. *As conexões ocultas: ciência para uma vida sustentável.* 2. ed. São Paulo: Cultrix, 2002.

Cassirer, Ernest. *O mito do estado*. Rio de Janeiro: Zahar, 1976.

Declaração de Estocolmo sobre o Meio Ambiente Humano – 1972. Disponível em: <http://www.dhnet.org.br/direitos/sip/onu/doc/estoc72.htm>. Acesso em: abr. 2009.

Durand, Gilbert. *O imaginário: ensaio acerca das ciências e da filosofia da imagem*. 2. ed. Rio de Janeiro: Difel, 2001.

_____. *As estruturas antropológicas do imaginário: introdução à arquetipologia geral*. São Paulo: Martins Fontes, 2002.

Geertz, Clifford. *A interpretação das culturas*. Rio de Janeiro: LTC, 1989.

Guia de Elaboração do Balanço Social. Instituto Ethos, 2006. Disponível em: <http://www.abac.org.br/novo/banco_arquivos/downloads/balanco_social_modelo_ethos_2006.pdf>. Acesso em: abr. 2009.

Instituto Ethos. "O que é responsabilidade social?". In: *Perguntas frequentes*. Disponível em: <http://www.ethos.org.br/DesktopDefault.aspx?TabID=3344&Alias=Ethos&Lang>. Acesso em: abr. 2009.

Leff, Enrique. *Saber ambiental: sustentabilidade, racionalidade, complexidade, poder*. Petrópolis: Vozes, 2001.

Lipovetsky, Gilles. *Metamorfoses da cultura: ética, mídia e empresa*. Porto Alegre: Sulina, 2004.

Maffesoli, Michel. *O imaginário é uma realidade*. Revista FAMECOS: mídia, cultura e tecnologia. Porto alegre: Edipucrs, ago. 2001, n. 15, p. 74-81.

Morin, Edgar. *Introdução ao pensamento complexo*. 3. ed. Lisboa: Instituto Piaget, 2001.

_____. *O método 4*. 3. ed. Porto Alegre: Sulina, 2002.

7

Uso estratégico das publicações na gestão dos relacionamentos organizacionais

AGATHA CAMARGO PARAVENTI

Introdução

O planejamento de relações públicas abordado nos demais capítulos deste livro – como etapas de mapeamento de públicos, pesquisa, diagnóstico, construção de relacionamentos e demais áreas específicas – passa por um processo de definição e implementação de meios de diálogo de uma organização com os seus *stakeholders*.

Esses meios formais de diálogo chamam-se publicações ou veículos, os quais representam a tangibilização do discurso organizacional traduzido em todos os aspectos de conteúdo, linguagem, estratégias e questões técnicas que os compõem, e permitem às organizações informar e ouvir os públicos de forma simétrica.

Neste capítulo serão apresentados um breve recorte histórico das publicações e o panorama atual; os tipos de publicações existentes e suas características; as etapas de um projeto editorial para as diferentes publicações existentes; os pressupostos estratégicos envolvidos na criação e na manutenção de publicações para a área de relações públicas e a análise de processos produtivos de empresas e terceirizações.

As publicações e a atividade de relações públicas

Para alcançar as relações simétricas e de credibilidade de uma organização com seus públicos, é importante entender as oportunidades das publicações empresariais. Mais do que "jornaizinhos internos", como eram vistas as comunicações internas no início do século XX, as publicações assumem papel cada vez mais estratégico nos planos organizacionais. A possibilidade de criar canais de comunicação dirigidos, de via de mão dupla, adequados aos objetivos de relacionamento com cada público e atentos às novas tecnologias e ao comportamento dos públicos, confere às publicações a necessidade de planejamento minucioso.

A integração de objetivos e relacionamentos com os diversos públicos deve ser pensada na estruturação das publicações para que cumpram seu papel eficaz. A identidade da organização, corretamente definida, precisa estar uniforme e consistente em todas as mensagens e linhas de comunicação adotadas nas diferentes publicações. Os fluxos de informação e *feedback* devem ser pensados para garantir o relacionamento. As publicações constituem meios de a organização unificar o discurso, a identidade, e fortalecer seus relacionamentos com vistas a alcançar uma imagem institucional fortalecida e vínculos duradouros com os públicos de interesse.

Dentro das esferas que compõem a comunicação organizacional (institucional, administrativa, interna e mercadológica), as publicações oferecem às organizações canais de comunicação com diferentes papéis, que podem ser utilizados em sinergia para que a organização alcance seus objetivos. Podemos dividir os tipos de publicações de acordo com a nova proposta das esferas de comunicação organizacional desenhadas por Margarida Kunsch (2008, p. 114), conforme apresentado na sequência.

Comunicação institucional

Canais de comunicação e publicações voltados à comunicação global que a organização deseja estabelecer, destinada a públicos abrangentes e, na maioria dos casos, a todos os públicos organizacionais. Geralmente envolvem informações relevantes sobre produtos e serviços, notícias sobre o setor, novos projetos, reporte e prestação de contas aos *stakeholders*, projetos de responsabilidade socioambiental, discussão de temas atuais, entre outros.

Exemplos de publicações que podem ter enfoque institucional:

- balanço social;
- *blog* e *microblog;*
- livro memória;
- revista corporativa;
- *site* de empresa;
- TV corporativa.

Comunicação interna e administrativa

Anteriormente divididas, as áreas interna e administrativa visam, por um lado, à integração, ao envolvimento e ao diálogo de via de mão dupla com o público considerado o primeiro da organização; por outro, à informação e aos canais para a efetividade das ações produtivas da organização.

A comunicação que envolve essas áreas trata de temas como projetos organizacionais, notícias, discussão de temas relevantes aos colaboradores, benefícios, reconhecimento interno e abertura de canais de comunicação no aspecto interno; no aspecto administrativo, fazem parte as informações recentes sobre os negócios e as atividades, procedimentos, fluxos operacionais, comunicações oficiais, entre outros.

Exemplos de publicações que podem ter enfoque administrativo:

◆ *blog* corporativo;
◆ boletim interno;
◆ intranet, jornal;
◆ *newsletter* interno;
◆ rádio corporativa;
◆ revista;
◆ TV corporativa.

Comunicação mercadológica

Trata-se de materiais geralmente de apoio aos objetivos de negócio da organização, que aliam a comunicação institucional ao enfoque mercadológico com objetivo de gerar demanda e divulgar a prática organizacional. De forma geral, os materiais procuram destacar produtos e serviços oferecidos, a atuação da empresa, as demandas do mercado e possíveis inovações da organização, com matérias jornalísticas e também participação de consumidores e especialistas.

Podem ser exemplo de comunicação mercadológica:

◆ *blog* e *microblog*;
◆ *newsletter*;
◆ revista.

Histórico das publicações empresariais no Brasil e no mundo

A história das publicações empresariais teve início em 1865, nos Estados Unidos, como relatado por Francisco Gaudêncio Torquato do Rego em sua obra de 1987, na qual faz um amplo resgate da história das publicações. Este capítulo não tem como objetivo o aprofundamento histórico, apenas serão destacados os fatores decisivos de mudança no perfil das publicações.

A primeira publicação, de 1865, era destinada a representantes da empresa Travelers Unsurance Companies e tinha periodicidade definida e tiragem de cinquenta mil exemplares, em uma época em que as principais revistas de circulação aberta dos Estados Unidos apresentavam tiragem de setenta e cinco mil exemplares.

Entre as publicações destinadas a funcionários, de cuja existência não deixa dúvida, *The Triphammer* foi a primeira, editada em 1885 pela empresa Massey Harris Cox. Após esse período, especificamente a partir de 1888, diversos periódicos de empresas começaram a surgir em diversos países, mas a evolução não foi contínua. Conforme apontado por Andrade (1993), a Primeira e a Segunda Guerras Mundiais, bem como a Crise de 1929 e a recessão na década de 1940, influenciaram o processo de desenvolvimento das publicações. Durante os conflitos, por exemplo, a criação foi interrompida, mas, logo em seguida, assistiu-se a um forte renascimento, impulsionado pela necessidade de reconstrução, de progresso econômico, de equilíbrio de tensões sociais entre trabalhadores e empresas, e pelo sentimento de reorganização. Já nos períodos de crise, as publicações foram afetadas diretamente pelo corte de custos, visto que hoje ainda encabeçam a lista de indicadas para redução de investimentos nessas situações.

Alguns autores, como Hintze e Dimitri Weiss (*apud* Rego, 1987, p. 22), buscaram classificar as publicações no panorama histórico. O primeiro as segmentou em patriarcal, protetoral e cooperativista, que representam respectivamente as publicações paternalistas (orientadas da cúpula para as bases, de forma a manter o ambiente); as que se preocupam com os conflitos e sua resolução, ainda que de forma descendente e protetora; e, por último, as com participação tanto da base quanto da cúpula na produção das publicações, marcada pelo espírito democrático e aberto para discussões. Já Dimitri procurou classificá-las em três épocas: a do divertimento (antes de 1940), a da informação (1940-1950) e a da interpretação e persuasão (depois de 1950). Ambas as classificações podem ser analisadas como muito simplistas, e não como representativas apenas desses períodos, uma vez que são encontradas ainda nos dias atuais, na primeira década do século XXI, em publicações com traços patriarcais ou protetorais, ou que simplesmente integram diversas características em um único projeto editorial.

Ao longo dos anos, as publicações desenvolveram-se de acordo com os objetivos e perfis das organizações, passando a ter mais representatividade aquelas destinadas aos públicos externos.

Acompanhando essa linha histórica, no Brasil as publicações tiveram trajetória bastante atrasada em comparação aos Estados Unidos e a países da Europa. Iniciaram seu desenvolvimento apenas na década de 1940, em função de o processo de industrialização ter começado apenas nos anos 1930 e do atraso na chegada das tecnologias de artes gráficas e editoriais já disponíveis em outros países. Rego (*op. cit.*, p. 26) divide em três fases o desenvolvimento das publicações nacionais: década de 1940 como "início", década de 1950 como "expansão" e década de 1960 como "estabelecimento definitivo", em face do período de desenvolvimento das relações públicas no país.

As principais datas do surgimento e da consolidação da área demonstram a sua relação com o fortalecimento das publicações, como a fundação do primeiro departamento de relações públicas em 1951, a criação dos cursos livres a partir de 1953 e do primeiro curso de graduação em 1966, a criação da Associação Brasileira de Relações Públicas (ABRP) em 1954 e, em 1967, da Associação Brasileira de Editores de Revistas e Jornais de Empresa (Aberje) – rebatizada em 1989 como Associação Brasileira de Comunicação Empresarial.

As primeiras publicações nacionais, lançadas antes da década de 1940, foram a *General Motors*, criada pela General Motors do Brasil em 1926; e o *Boletim Light* em 1925, que, por ter sido criado por funcionários e ter durado apenas três anos, teve pouca representatividade como primeira publicação empresarial. Na década de 1940, assistiu-se ao surgimento de diversas publicações, como destaca Breno Ribeiro Würdig (*apud* Rego, *op. cit.*, p. 27): o *Informativo Renner*, da A. J. Renner S/A; a *Revista do Banco do Brasil* e o *Boletim Preto e Branco*, da Editora Globo S/A Na década de 1950, destacam-se o *Aluminito*, da Alcan Alumínio do Brasil; o *Informativo Agrímer*, do Banco Agrícola Mercantil, entre outras.

A explosão da criação das publicações e a tentativa de organização e unificação de esforços para o desenvolvimento das publicações empresariais acontecem na década de 1960, com o lançamento de algumas publicações, como *Atualidades Nestlé*, da Nestlé; *Revista Ipiranga*, da Refinaria de Petróleo Ipiranga; e o *Família VW*, da Volkswagen do Brasil. Essas iniciativas são tidas por Rego (*op. cit.*, p. 28) como resposta ao objetivo de profissionalização das publicações, descritas por ele como áreas de completa improvisação no início da década de 1940, na qual "funcionários de escalões inferiores reuniam-se para fazer o jornal ou boletim, escreviam eles próprios os textos, os desenhos, ajeitavam de qualquer maneira a forma gráfica da publicação, datilografavam tudo e faziam até o trabalho de impressão em mimeógrafos".

Em função desse perfil, Rego destaca que "muitas publicações já morriam no nascedouro, condenadas pela indefinição de objetivos, pelo amadorismo e pelo completo desconhecimento técnico de seus planejadores" (Rego, *op. cit.*, p. 28).

A respeito do conteúdo, o perfil das pautas dos veículos nas décadas de 1970 e 1980 era caracterizado, segundo análise desenvolvida por Wilson da Costa Bueno (2003, p. 254), pelo conteúdo chamado "frio", ou seja, notícias e fatos sem vínculo com o que acontecia na organização naquele momento. O conteúdo tinha o objetivo de apenas registrar fatos de forma amena e entreter colaboradores com controle maior.

As pautas, geralmente, retratavam aspectos técnicos ou da produção, premiações a veteranos, entretenimento, melhorias da organização, entre outros. Já na década de 1990, Bueno destaca uma evolução nos aspectos técnicos e de produção dos *house organs*, como diagramação, impressão e qualidade de papel. O autor avaliou o aumento de participação dos colaboradores na definição de pautas e na validação das notícias, bem como a tímida inserção de artigos de consultores e especialistas (principalmente nas publicações dedicadas também ao público externo e à alta gerência). Destaca, porém, que de forma geral o conteúdo continuou focado no elogio à empresa, com excessiva adjetivação, além de retratação de fatos frios ocorridos, sem privilegiar o debate, o diálogo e as opiniões divergentes entre a organização e seus colaboradores.

Nessa análise de conteúdo das publicações, Bueno chama a atenção para a necessidade de uma publicação interna ter o mesmo papel de uma publicação jornalística externa, o que é um contraponto não apenas com a proposta de criação de um veículo organizacional, mas principalmente com o poder e validade jornalística imparcial que o canal terá. Na linha histórica, percebe-se uma evolução nos conteúdos com foco excessivamente elogioso para uma abertura de comunicação entre organizações e *stakeholders*, mas é preciso fazer ressalvas na visão de publicações pelos profissionais que atuam na área.

Mais à frente, nos subcapítulos que discorrem a respeito do conteúdo e das etapas de criação de projetos editoriais, serão abordadas a necessidade da construção essencial de diálogos e a discussão de temas de audiência e relevância para o público-alvo, que não podem ser comparadas com a proposta de um veículo da imprensa geral. Uma publicação corporativa, muitas vezes, precisa envolver conteúdos chamados de "frios" no contexto jornalístico, como uma análise de mercado, assuntos educativos ou orientadores, resgate histórico da organização, entre outros, que são fundamentais à proposta de determinado tipo de publicação, e pode distanciar-se do papel da imprensa em geral.

A análise de Bueno a respeito do conteúdo com excesso de adjetivações positivas às organizações também é comentada por outros autores e justificada pela própria história das relações públicas. Frank Corrado afirma que:

> No passado, o programa de comunicações era mais tático do que estratégico. O trabalho tinha determinadas funções: apoiar atividades de relações humanas e criar um sentimento de boa vontade, dando valor aos talentos pessoais dos empregados. A função dos departamentos de relações públicas era reativa – proteger os executivos contra a imprensa, produzir o relatório anual, escrever um discurso ocasional e publicar o boletim informativo mensal. Poucas das responsabilidades do departamento de comunicações eram destinadas a ajudar a realizar a missão da empresa. (Corrado, 1994, p. 32)

Dessa forma, com a evolução da área, as publicações passaram a ter caráter mais estratégico, impulsionado pelas transformações econômicas, sociais e políticas, e pela mudança de comportamento de públicos.

O conteúdo, os meios de produção e engajamento de públicos começam a acompanhar as novas demandas. A construção de relacionamentos passa a envolver conceitos mais aceitos nas organizações, como abertura a diálogos, participação efetiva e temas de interesse dos grupos.

A tecnologia também representou e determina, principalmente nos dias atuais, as estratégias e revoluções na produção dos materiais. Bruno Hingst, em ampla pesquisa sobre o audiovisual e a TV corporativa para o público interno, destaca que

> a revolução nas comunicações, com seus novos veículos de comunicação, como cinema, rádio e televisão, possibilitou o uso desses novos veículos com finalidades distintas, tanto no campo educativo quanto no campo comercial. A iniciativa privada logo percebeu as vantagens que esses novos veículos de comunicação traziam na produção de programas, possibilitando variedade de formatos e atingindo longas distâncias. (Hingst, 2005, p. 154)

Na década de 1990, as organizações começaram a intensificar o uso do audiovisual. Inicialmente usada para apresentações de produtos e de empresas, bem como para a formação de recursos humanos, a ferramenta passou a beneficiar a comunicação interna.

> A utilização de vídeos e filmes tem permitido transmitir, em menor tempo e com maior eficácia, as mensagens empresariais aos clientes e aos profissionais, pois, através deles, pode-se resumir, em um pequeno espaço de tempo, uma descrição mais confiável e eficaz em relação aos métodos tradicionais. (Hermosa, Esteban, Arrúe, 1999, *apud* Hingst, 2005, p. 155)

O estímulo provocado pelos audiovisuais também é fortemente apontado por Raigada, ao afirmar que,

> de todas as formas, os vídeos de comunicação interna servem sobretudo para promover o consenso nas relações internas, nas quais as relações de identidade e de convivência são mais facilmente estimuladas pelos audiovisuais do que as relações estritamente de trabalho ou profissionais. (Raigada, 1997, *apud* Hingst, 2005, p. 155)

Dessa forma, a TV corporativa surgiu como decorrência natural do uso crescente do audiovisual nas organizações por se tratar de um recurso extremamente dinâmico e de profundo engajamento de públicos.

A TV corporativa vem se viabilizando por meio do uso de tecnologias diferenciadas, como a banda larga, a rede IP-VPN (rede privada em ambiente *Internet Protocol*) e a transmissão de TV digital via satélite, de modo que informações e conteúdos estão sendo cada vez mais disponibilizados a longas distâncias, com aproximação de grupos e redução de gastos.

A Companhia Siderúrgica Paulista (Cosipa) foi uma das pioneiras no uso da TV corporativa, em 1995, na produção de programas com formatos jornalísticos sobre assuntos do universo da companhia, como aço, saúde, meio ambiente e segurança. O Banco do Brasil criou sua TV corporativa em 1999, pautado na necessidade de aumentar a difusão de conhecimento na organização que tinha mais de três mil agências espalhadas pelo país, sem ter gastos muito elevados. Com investimento inicial de novecentos mil reais, a TV BB apresentava programas como o jornalístico "Sala de Ouro", com entrevistas ao vivo e a participação dos funcionários, e o "Ponto a Ponto".

A Petrobras criou a TV corporativa em 2003, com programas em formatos bastante diferenciados para atingir o total de funcionários sediados em terra, mar e em outros países, como o "Canal Autodesenvolvimento", dedicado à qualidade de vida dos usuários e ao desenvolvimento das relações pessoais e interpessoais; o "Canal Estratégia", focado nos negócios, voltado aos executivos; o "Canal de Gestão", focado no desenvolvimento de ferramentas; o "Canal Comunicação Institucional", centrado na memória da empresa; e o "Canal da Universidade Petrobras", para uso do ensino a distância, que veicula documentários, debates e telejornais. Esses programas apresentam a característica dos principais conteúdos das publicações desta década, de *informação* no caso de programas com periodicidade menor, analítico de *mercado*, de *desenvolvimento pessoal*, de resgate *da memória empresarial* e até de *educação*. Essa variedade destaca a abrangência e a complexidade de demandas especiais de informação e relacionamento de uma publicação organizacional.

No final do século XX, também como forte fator tecnológico, os meios digitais e a internet proporcionaram outra grande revolução nas publicações empresariais. A abertura dos canais, a maior exposição das organizações e a transformação dos *stakeholders* em agentes de mídia nos meios da internet trouxeram novos desafios e oportunidades às organizações. Inicialmente em 2006, e com maior expressão em 2008, os *blogs* corporativos passaram a configurar uma importante mídia de relacionamento com alto poder de comunicação via de mão dupla, no cenário em que a comunicação assimétrica, além de não alcançar os resultados esperados, também traz prejuízos à imagem das organizações.

O resgate histórico das publicações permite observar, não só que essa maior exposição das organizações, em face da evolução tecnológica e do novo perfil de públicos de interesse, contribuiu para que elas percebessem a necessidade de ouvir seus públicos, mas também que o importante diálogo objetivado pela área de relações públicas desde a criação da área, tanto no Brasil quanto no mundo, passa a ser demanda prioritária das organizações, bem como o planejamento estratégico das publicações e dos canais que conduzirão esse relacionamento.

Tipos de publicações

As publicações, como abordado no início do capítulo, diferenciam-se pelos objetivos e pela área da comunicação a que ela está ligada – institucional, interna/administrativa ou mercadológica. Entretanto, é possível encontrar um mesmo tipo de publicação servindo a propostas diferentes. Dessa forma, avalia-se a necessidade de caracterizar as publicações pelo formato, periodicidade, perfil de atualidade de informações, oportunidade de estabelecimento de diálogos, perfil de públicos e gêneros jornalísticos utilizados.

Quadro 1 Categorias das publicações organizacionais quanto ao formato

Impressas	Audiovisuais	Digitais
Jornal mural	Rádio	Intranet
Boletim	TV	*Newsletter*
Jornal	*Podcasts*	*Blogs*
Revista		*Microblogs* (*Twitter*)
Balanço social		
Livro memória		
Código de ética		
Manual de integração		

Quadro 2   Características das publicações

Canais	Possibilidade de alcance de públicos	Periodici-dade	Atualidade de conteúdo informativo	Gêneros jornalísticos	Oportunidade de *feedback* dos públicos
Impressas					
Boletim	Todos	Diária ou semanal	Regular	Informativo	Baixa
Jornal	Todos	Diária, semanal ou quinzenal	Regular	Informativo, interpretativo e opinativo	Baixa
Revista	Todos	Acima mensal	Lenta	Informativo, interpretativo e opinativo	Baixa
Mural	Interno ou visitantes	Diário	Regular	Informativo	Baixa
Balanço social	Todos	Anual	Lenta	Informativo	Outros canais
Livro memória	Todos	Sem parâmetro	Lenta	Informativo	Outros canais
Código de ética	Todos	Sem parâmetro	–	–	Outros canais
Manual de integração	Interno	Sem parâmetro	Lenta	–	Outros canais
Audiovisuais					
TV corporativa	Interno	Acima diário	Regular	Informativo e interpretativo	Baixa
Rádio corporativa	Interno	Diário	Rápida	Informativo e interpretativo	Baixa

Continua

Quadro 2 Características das publicações (*cont.*)

Canais	Possibilidade de alcance de públicos	Periodici-dade	Atualidade de conteúdo informativo	Gêneros jornalísticos	Oportunidade de *feedback* dos públicos
Digitais					
Blog	Todos	Contínua	Imediata	Informativo e interpretativo	Alta
Twitter	Todos	Contínua	Imediata	Informativo	Alta
Intranet	Interno	Contínua	Imediata	Informativo, interpretativo e opinativo	Alta
Newsletter	Todos	Diária, semanal, quinzenal ou mensal	Rápida	Informativo	Alta

Além das características listadas no quadro, as publicações apresentam outros fatores de diferenciação, relacionados à sua utilização, oportunidades e história.

Nos canais de *comunicação impressos*, além das características apresentadas, o jornal mural difere dos demais pelo perfil de um único painel ou quadro poder ser lido e observado por diversos públicos da organização. Exceto por organizações que tenham em seu ambiente interno a circulação de clientes ou visitantes, como é o caso de escolas, academias, ONGs e associações, o jornal é um veículo usado com maior frequência por colaboradores. Oferece custo baixo de produção, e atualização de notícias e taxa elevada de disseminação de conteúdo.

No caso de boletins, jornais e revistas, sua diferenciação, no período de sua criação, estava relacionada à periodicidade. Nas décadas de 1970 e 1980, os boletins eram os canais mais ágeis, com perfil de diagramação e qualidade gráfica simples, destinados às informações mais "urgentes", com quatro a oito páginas em média; os jornais tinham periodicidade maior, permitiam que se aprofundassem mais os assuntos e em consequência davam espaço a matérias interpretativas, com volume de páginas maior, entre oito e dezesseis páginas de forma geral; as revistas, por fim, tinham a maior periodicidade, apresentavam um perfil de matérias predominantemente interpretativas e possuíam qualidade gráfica e de impressão superior, com número de páginas aproximado em vinte a quarenta páginas.

Atualmente, não há esse parâmetro rígido de identificação de boletins, jornais e revistas por periodicidade e número de páginas, sendo comum encontrar publicações com periodicidades completamente distintas com a mesma classificação. Configura-se, porém, de forma geral, a maior diferenciação entre revistas de um lado, principalmente pela qualidade gráfica, conteúdo interpretativo e atemporal e volume de páginas; e boletins e jornais de outro, que têm tido pouca diferenciação apesar dos conceitos distintos.

Em ambos os canais, o *feedback* dos públicos pode ser estimulado e efetivado de forma indireta por meio de outros canais de comunicação, como *e-mail*, caixa de sugestões, mensagens na intranet, reuniões, contato com a liderança etc.

Entre as publicações impressas, encontram-se as com *maior periodicidade, ou fixas*, das quais foram listadas as mais frequentes no universo corporativo. Balanço social, livro de memória empresarial, código de ética e manual de integração são publicações com periodicidade indefinida, que fazem parte do plano de comunicação organizacional. Os projetos editoriais e perfis dessas publicações não seguem padrões específicos, exceto o balanço social, pois seus perfis estão extremamente vinculados à cultura e ao perfil da organização.

O balanço social é um documento oficial, de periodicidade anual, cujo objetivo é declarar à sociedade e aos públicos de interesse o desempenho corporativo no campo social. Para que tenha reconhecimento e validade em critérios de avaliação corporativa em órgãos internacionais e mercados abertos, tem modelos e critérios específicos de preenchimento e adequação de exigências, descritos em seção própria do projeto editorial.

O livro de memória consiste na publicação realizada por organizações com trajetória representativa, que objetivam apresentar seus fatos relevantes e sua responsabilidade histórica (comercial, ambiental, social e cultural) desde sua criação, no presente e também se projetando para o futuro. Publicação estratégica para públicos especiais, tendo em vista o alto custo de produção desse material.

Por fim, os manuais de integração e os códigos de ética configuram publicações internas de conscientização, orientação e engajamento de colaboradores com relação às políticas, às crenças, aos valores e às normas da organização.

No caso das *publicações audiovisuais*, como a TV e a rádio, ambas representaram um salto qualitativo na busca da proximidade das comunicações e do engajamento dos públicos, bem como na democratização e distribuição de conteúdo de forma simultânea a diversos públicos. Esses canais configuram maior complexidade de produção, exigem profissionais técnicos da área de rádio e TV dedicados e representam investimentos iniciais elevados de estrutura tanto de produção quanto de veiculação.

No entanto, configuram forte efetividade nas comunicações em organizações com diversas filiais, por exemplo, ou com volume de funcionários de operações/atendimento elevado, que precisam de comunicação periódica intensa, rápida e adequada aos diferentes perfis culturais.

No caso de empresas de varejo, por exemplo, são comuns jornais televisionados de abertura de lojas, por meio dos quais os funcionários recebem as principais informações operacionais, conhecem destaques internos que são prestigiados, atualizam-se sobre projetos da organização, recebem mensagens motivadoras para o dia e até prestigiam colegas que fizeram parte de alguma gravação especial. Como outro exemplo, para os públicos motoristas e entregadores em transportadoras, uma oportunidade é o uso da rádio corporativa, que pode ser distribuída em CD aos funcionários, com projeto editorial também adequado ao público. Assim, como no caso das publicações impressas, o *feedback* dos públicos pode ser incentivado e efetivado de forma indireta.

Os *veículos digitais* representam uma forte tendência de evolução na agilidade e possibilidade de participação das comunicações com *stakeholders*, e os três tipos de canais abordados neste capítulo diferenciam-se pelo perfil de interação e públicos.

A intranet é o único canal exclusivamente interno, destinado a colaboradores, de caráter amplamente operacional e administrativo, além do conteúdo de relacionamento e informativo aos colaboradores. O projeto editorial pode contemplar todos os perfis de conteúdo, desde informativo, opinativo, interpretativo e até entretenimento. A utilização desse canal é comum na maioria das organizações, e a possibilidade de *feedback* do público pode ser imediata, pelo incentivo aos usos das ferramentas *on-line* disponíveis, como *e-mail*, mensagens personalizadas etc.

No caso das *newsletters*, elas representam a versão *on-line* de jornais ou boletins impressos, com perfil de conteúdo informativo, opinativo e interpretativo, disponibilizadas na periodicidade desejada a todos os perfis de públicos, desde clientes, investidores, associações, colaboradores, entre outros. Nesse caso, é importante destacar a necessária autorização do destinatário para receber a comunicação da organização, para não configurar mensagem *spam*, e a utilização de ferramentas de mensuração de disparo de mensagens, aberturas e cliques.

Os *blogs* corporativos e o *Twitter* (também chamado de *microblog*) são comunicações informais que têm o objetivo de atualizar os públicos sobre assuntos de interesse comum e receber *feedback* instantâneo, mas com profundidades diferentes. O *blog* permite a postagem de conteúdos dos três gêneros jornalísticos, que podem ser comentados abertamente pelo público, gerando a comunicação automática e transparente. Os conteúdos podem ser organizados em seções laterais como artigos, entrevistas, notícias, matérias, entre outros, e esse canal pode ser destinado a diversos públicos, como interno, consumidores, investidores, comunidade e a todos os públicos.

No caso do *Twitter*, forma de comunicação de extrema objetividade, as organizações podem estabelecer contato de caráter informativo e ágil com seus públicos de interesse, com notada baixa profundidade, mas elevado índice de participação e audiência com os públicos relacionados ao *Twitter* da organização, ou seja, com os públicos que a "seguem". O *tweet*, nome da mensagem publicada no microblog, pode ter até cento e quarenta caracteres, mas pode ter URL reduzida na mensagem que leva a uma matéria maior ou ao próprio *blog* da companhia.

Panorama atual das publicações empresariais

Existem algumas instituições e profissionais que encabeçam o desafio das pesquisas de acompanhamento das publicações corporativas no Brasil. Pela diversidade de publicações e não obrigatoriedade de registro das existentes por parte das organizações, torna-se tarefa complexa o mapeamento preciso do mercado.

O objetivo aqui traçado é entender em linhas gerais o perfil das publicações pelo enfoque das organizações que foram alvo de pesquisa ou de levantamento e servem de recorte ilustrativo da área.

Neste estudo, foram analisadas as pesquisas da Associação Brasileira de Comunicação Empresarial (Aberje) sobre comunicação interna, área que agrega a maior parte das publicações organizacionais, levantamentos do autor Wilson da Costa Bueno (*op. cit.*) e sondagem do portal *Blogs Corporativos*, de autoria de Fábio Cipriani.

A pesquisa da Aberje, maior referência para a análise desse panorama, foi realizada em 2007, com cento e sessenta e quatro corporações brasileiras integrantes da lista das mil maiores empresas do Brasil da Revista *Exame* 2007, que juntas empregam mais de um milhão de funcionários e representaram em seus faturamentos 33,7% do PIB do país em 2006. A pesquisa oferece ao leitor uma boa representatividade entre as maiores corporações, mas não possibilita entender o perfil das demais organizações que não compõem essa seleta amostra. Pode-se entender que esse é o possível cenário das organizações onde se encontra a maioria dos profissionais de comunicação e relações públicas em departamentos especializados, e por esse panorama podem-se vislumbrar a amplitude e o potencial de mercado para o profissional de comunicação no trabalho com as demais organizações que podem estar em processos de conscientização e entendimento de comunicação anteriores.

Tipos de publicações

As organizações responderam qual é a sua principal publicação, e entre os tipos mais citados o jornal impresso foi apontado por 26,6% das organizações, seguido pela intranet, com 18% das respostas. Esse percentual sofreu forte dinâmica desde a pesquisa realizada dois anos antes pela Aberje, que, em função da explosão da internet no período, tinha a maior representatividade na intranet, com 31%, em seguida pela revista com 21% e apenas em 3º lugar o jornal impresso, com 18,8% das respostas. Isso indica um equilíbrio, conforme avaliado pelo Instituto Aberje de Pesquisa (Databerje), das publicações *on* e *off-line*. Outro dado que complementa o entendimento dessa retomada de publicações impressas é a não disponibilização e acesso ao mundo digital por grande parcela dos colaboradores das organizações – apenas 50% dos funcionários, em 62% das empresas, têm acesso à intranet, por exemplo.

Contudo, quando se avaliam todos os veículos utilizados pelos respondentes da pesquisa, independentemente do principal veículo, percebe-se o impacto dos meios digitais na comunicação, pois a intranet é o mais comum dos canais internos, citado por 87,2% das organizações, seguido pelo jornal mural, com 83,5%. As reuniões ou encontros face a face foram listados por 50,6%, e na faixa dos 40% de citações estão a revista, a *newsletter*, o boletim e o jornal impresso. Nessa pesquisa surgiu o canal "Faixas", citado por 36% dos respondentes. Os videojornais e a TV corporativa estão presentes, respectivamente, em 9,1% e 6,7% das organizações. Dessa forma, avalia-se que existe um forte equilíbrio dos tipos de publicações utilizadas, em função de que cada um atenderá a um objetivo de comunicação e relacionamento.

O levantamento informal publicado pelo *Blog Corporativo* em 2009 aponta para o número de 330 *blogs* corporativos no país na lista *Wiki*; destes, 211 de pequenas e médias empresas, 80 de grandes empresas, 16 de *Chief Experience Officer* (CXO) e 24 de instituições de ensino. O critério utilizado é o do BNDES[1].

De acordo com os dados dessa pesquisa, de junho de 2006 até 2009, os *blogs* corporativos passaram de 3 para 330, incluindo 20 *blogs* extintos.

---

1   *Microempresas*: receita operacional bruta anual ou anualizada até R$ 1.200 mil (um milhão e duzentos mil reais). *Pequenas empresas*: receita operacional bruta anual ou anualizada superior a R$ 1.200 mil (um milhão e duzentos mil reais) e inferior ou igual a R$ 10.500 mil (dez milhões e quinhentos mil reais). *Médias empresas*: receita operacional bruta anual ou anualizada superior a R$ 10.500.000 milhões (dez milhões e quinhentos mil reais) e inferior ou igual a R$ 60 milhões (sessenta milhões de reais). *Grandes empresas*: receita operacional bruta anual ou anualizada superior a R$ 60 milhões (sessenta milhões de reais).

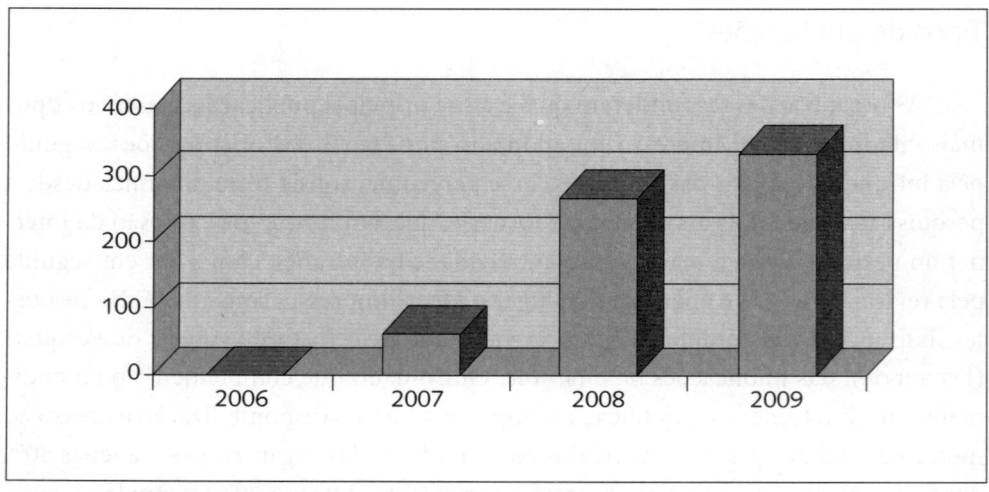

Gráfico 1 *Blogs* corporativos – 2006 a 2009.

Periodicidade

Periodicidade e tipo dos veículos estão relacionados, como abordou levantamento realizado por Wilson da Costa Bueno (Bueno, 2003): jornais são prioritariamente mensais (73,86%), revistas são bimestrais ou trimestrais (63,15%) e boletins são semanais ou quinzenais (77,77%).

Tabela 1 Periodicidade dos *house organs* por modalidade

Periodicidade	Jornal	Revista	Boletim
Mensal	73,86%	36,85%	22,23%
Superior a um mês	12,30%	63,15%	0
Inferior a um mês	13,84%	0	77,77%

Fonte: Bueno, 2003.

Contudo, percebe-se uma tendência de aumento da frequência de comunicação com o público interno, ante o dinamismo das comunicações ocasionado pelas novas tecnologias e demanda das organizações. A pesquisa da Aberje demonstra que a periodicidade do principal canal de comunicação interna é diária na maior parcela das organizações (em 38,2%). No comparativo com as pesquisas de 2005 e 2002, também do Databerje, percebeu-se queda nas periodicidades semanal, quinzenal e mensal, com ascensão, além da diária, da bimestral, geralmente dedicada a assuntos de maior profundidade ou discussões.

Tabela 2   Periodicidade dos canais de comunicação interna

Ano/ periodicidade	Diária	Semanal	Quinzenal	Mensal	Bimestral
2007	38,2%	13,2%	4,2%	20,1%	19,4%
2005	35,9%	19,7%	6%	20,5%	15,4%
2002	33%	14%	4%	28%	18%

Fonte: Dados da pesquisa Aberje. Tabela elaborada pela autora.

Tiragem

A tiragem das publicações internas varia de acordo com o número de colaboradores, mas a pesquisa desenvolvida por Bueno (*op. cit.*) aponta para um perfil médio de tiragem.

Tabela 3   Tiragem dos *house organs* por modalidade

Tiragem	Jornal	Revista	Boletim
Menos de 2.000	10,44%	21,05%	72,72%
De 2.000 a 5.000	43,62%	15,80%	9,10%
Mais de 5.000	45,94%	63,15	18,18%

Fonte: Bueno, 2003.

As publicações e o planejamento de relacionamentos estratégicos

O papel estratégico de uma publicação como meio de comunicação simétrica da organização precisa ser amplamente discutido na criação de um canal. O primeiro fator decisivo nesta análise é a importância da criação de fluxos de comunicação para a efetividade de relacionamentos. A comunicação assimétrica, destinada a apenas informar os públicos sobre os assuntos que são de interesse exclusivo da organização, não voltada aos reais interesses dos *stakeholders* e sem abertura de diálogo, pouco agregará aos objetivos organizacionais. Configurará apenas a satisfação de ego de uma cúpula diretiva pouco atenta às relações dinâmicas com os públicos que determinam o desenvolvimento das instituições.

Uma publicação, em função de seu formato, pode ter o objetivo maior de informar, mas a organização precisa ter outros canais para ouvir seus públicos, para consolidar a comunicação de via de mão dupla. É essencial, então, que a publicação deixe clara a existência desse diálogo, retratando as diferentes opiniões, considerações e respostas importantes ao que é demandado pelo público.

As mídias digitais têm papel estratégico para a consecução dos objetivos dos planos de relações públicas à medida que proporcionam abertura e participação dos públicos de forma ímpar. Contudo, esses novos canais têm colocado dificuldades à organização no gerenciamento das demandas de informação e posicionamento trazidas pelos públicos.

As mudanças caminham para um processo de distribuição de papéis entre as publicações de uma organização, em função da agilidade e possibilidade de resposta que elas podem oferecer. Essa distribuição de objetivos trouxe mudanças de propostas nos diferentes tipos de publicações, conforme apontado por diversos autores no início das mídias digitais. Bueno analisa a mudança no papel das publicações impressas na era *on-line*:

> Mantida essa tendência do jornalismo *on-line*, pode-se admitir que, gradativamente, os *house organs* impressos perderão sua utilidade, permanecendo apenas como mero espaço para registro dos fatos [...] Ele não poderá cumprir sua função estratégica de favorecer a circulação ágil das informações, estimular o debate e moldar uma organização voltada para o conhecimento. (Bueno, *op. cit.*, p. 257)

Essa análise do autor pode representar de forma radical a evolução dos canais de comunicação, mas, assim como na imprensa geral, os *sites* e veículos *on-line* não excluíram os canais impressos – no setor organizacional também existem necessidades específicas. Embora na análise da distribuição de papéis das publicações o objetivo de distribuição de informações com agilidade possa vir a ser alcançado principalmente com os canais *on-line*, não se pode afirmar que os veículos impressos perderão sua utilidade. Justamente pelo papel de relacionamento que as publicações exercem entre organizações e *stakeholders*, e pelos múltiplos conteúdos que pautam esse diálogo, a integração entre os veículos com diferentes propostas determina a efetividade de um plano.

Em continuidade a essa evolução digital, Elisabeth Saad Corrêa (2008) aponta que a *web* 2.0, termo surgido no final de 2004, em conferência com o objetivo de discutir as tendências da internet, apresenta-se como plataforma de interação social, crescimento de participação, geração de conteúdo pelo usuário e deslocamento do polo emissor de mensagens no processo comunicacional. Esse conceito, que traduz a realidade da internet e das relações sociais digitais, configura um cenário importante de desafios e oportunidades às organizações para relacionarem-se com seus públicos.

As mídias digitais especificamente serão mais aprofundadas no capítulo desenvolvido pela autora Carolina Terra, tendo em vista a particularidade de gestão desses canais.

A arquitetura de fluxos comunicacionais entre os diferentes tipos de publicações é estratégica para o sucesso de um plano de relações públicas. Configuram os primeiros passos para a criação de qualquer veículo:

◆ disposição em transformar a publicação em canal de relacionamento aberto;
◆ análise dos papéis institucional, administrativo, mercadológico e interno das publicações;
◆ planejamento sobre quais canais terão o papel de ouvir e informar cada público.

O Quadro 2 a respeito dos tipos de publicações, com as características que apresentam em relação à atualidade de informação, *feedback* e periodicidade, possibilita uma análise global de meios adequados para cada objetivo de relacionamento pensado pela organização.

Assim, com base nos públicos da organização, na análise do perfil institucional e nos objetivos e investimentos destinados à área de comunicação, é necessário fazer um

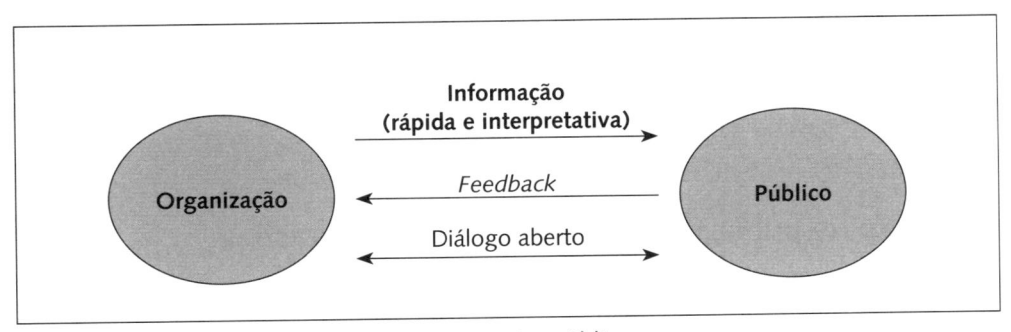

Figura 2 Fluxo de comunicação organização-público

planejamento detalhado dos fluxos, de forma que, com todos os públicos, a organização consiga se relacionar por meio de envio de informações rápidas ou aprofundadas/interpretativas, e de um canal para ouvi-los e ter resposta ou diálogo direto.

O quadro a seguir ilustra o planejamento de publicações com dois públicos comuns à maioria das organizações, em um exercício de arquitetura de fluxo de comunicação e relacionamento, delimitando o papel de cada veículo. O valor desta ilustração está na observação de que, para cada objetivo (informativo, informativo interpretativo/profundidade, *feedback* e diálogo aberto), a organização pode escolher a(s) publicação(ões) com características que cumpram esse papel.

Quadro 2 Planejamento de publicações

Públicos/ Publicações	Boletim/ Jornal	*News-letter*	Revista	Mural	Balanço social	Intranet	TV/Rádio corporativa	*Blogs / Twitter*
Colaboradores								
Informativo		X		X		X	X	
Informativo interpretativo/ profundidade	X		X		X	X		
Feedback						X		X
Diálogo aberto						X		X
Investidores								
Informativo	X	X			X			X
Informativo interpretativo/ profundidade			X		X			X
Feedback								X
Diálogo aberto								X

Produção de publicações: empresas e terceirizações

A atribuição da responsabilidade sobre a coordenação e produção das publicações empresariais envolve três diferentes aspectos: primeiro, a discussão sobre o departamento responsável na organização; segundo, a formação dos profissionais; por último, a discussão sobre o modelo de produção interna ou terceirizada.

A respeito do vínculo das publicações com a área de relações públicas, Andrade (1993) destaca que as publicações, desde seu surgimento, foram consideradas pela maioria dos autores nacionais e internacionais veículos a serviço das relações públicas. As definições da área sempre atribuem às publicações responsabilidades e ferramentas para alcançar os objetivos globais da área de comunicação. "Os objetivos apregoados [...] para as relações públicas pressupõem o estabelecimento e o restabelecimento de fluxos de comunicação, de multiplicação de fontes de comunicação [...]" e "O *house organ* permitirá que essa ligação se torne efetiva: contribuirá poderosamente para lançar pontes entre os diversos públicos, entre as coletividades" (Andrade, 1993, p. 30).

Contudo, a discussão da responsabilidade das publicações teve início logo no surgimento das publicações empresariais, com a reivindicação dos departamentos pessoal e de relações industriais sobre os veículos destinados ao público interno. Nesse momento, foram atribuídas exclusivamente aos profissionais de relações públicas as comunicações com o público externo, como investidores, consumidores e formadores de opinião, sob o argumento de que esses públicos requeriam maior profissionalismo e precisavam da especialização desse profissional. Dessa forma, muitas publicações internas passaram a ser descentralizadas: os veículos destinados a vendedores eram produzidos pelo departamento de vendas, as publicações de funcionários de fábrica ficavam sob a responsabilidade da área industrial ou da área de recursos humanos.

O panorama de responsabilidade por áreas da organização foi descrito em dois estudos, que apresentaram dados bastante diferentes. Wilson da Costa Bueno realizou levantamento em 2003, com sessenta e sete publicações, e identificou que, dentro das organizações, a responsabilidade está principalmente com a área de comunicação social (76,93%). No caso de jornais e boletins, a representatividade é ainda maior (86,48% e 81,18%, respectivamente), e as revistas têm a maior participação de áreas distintas da comunicação social (36,85%).

Já uma pesquisa desenvolvida pelo Instituto Aberje em 2002, em parceria com a Ideafix Estudos Institucionais, envolvendo cem empresas em todo o país, apontou que na área de comunicação interna a responsabilidade é dividida entre a área de comunicação (49%) e a área de recursos humanos (41%).

Última pesquisa realizada pela Aberje em 2007, com cento e sessenta e quatro corporações representativas no mercado nacional, apontou que o cenário continua parecido com o de 2002, com pequeno crescimento da participação da área de comunicação social. A representatividade das publicações internas destinadas a essa área está em 53%, mas surgiram novas áreas responsáveis pela comunicação interna, como assuntos corporativos, com 3%, ou diretamente a presidência, com 2,4%. Tais dados mostram um total de 58,4% das publicações destinadas à área de comunicação social ou áreas estratégicas da organização. Nessa pesquisa, verificou-se que caiu o percentual de organizações que conferem ao marketing a área de comunicação interna – de 12,8% em 2005 para 7,3% em 2007. A área de recursos humanos continua com grande parcela da coordenação das comunicações internas, com 40,2% em 2007, apontando pequeno crescimento em comparação a 2005 – 38,5%.

Quando avaliadas as formações profissionais dos líderes da comunicação interna das organizações, segundo pesquisa Aberje, destaca-se que o percentual de jornalistas caiu de 47,9% em 2005 para 34,1% em 2007, enquanto o percentual de relações-públicas subiu de 15% para 22%.

A análise de formações também é foco de interesse de profissionais de jornalismo, especializados na captação, redação e edição de conteúdos jornalísticos. Em sua dissertação de mestrado sobre publicações empresariais, a jornalista Regina de Abreu Pimentel (2003, p. 9) apresenta o potencial "que a produção de periódicos empresariais representa com relação a investimento de recursos e também como oportunidade de trabalho direto e indireto aos jornalistas". E reforça a importância desse profissional para o sucesso das publicações:

> Acrescente-se que, na disputa pela atenção (e tempo) de seus públicos-alvos, os periódicos empresariais competem com um universo amplo e cada vez mais sofisticado de meios de comunicação, os quais procuram contar com os melhores recursos disponíveis no mercado, inclusive, recursos humanos. Logo, disputar a atenção dos leitores com tais veículos demanda também, e sobretudo, o emprego de mão de obra qualificada, ou seja, jornalistas profissionais – e, se possível, especializados em jornalismo empresarial, já familiarizados com um fazer jornalístico que possui especificidades em relação ao fazer jornalístico num veículo de grande penetração. (Pimentel, 2003, p. 10)

Nessa análise da autora, cabe uma ressalva sobre a integração de objetivos práticos de uma publicação organizacional e a essencial atividade do jornalismo, de imparcialidade, cobertura geral e tantos outros aspectos de caracterização da excelência da atividade. O papel jornalístico compreende apenas uma das esferas de uma publicação organizacional. Nesse sentido, o jornalista estaria apto ou predisposto a alcançar os demais objetivos estratégicos de relacionamento com *stakeholders* de uma publicação no contexto da comunicação organizacional?

Sobre o processo de terceirização apontado na pesquisa Aberje 2007, 65,2% das empresas assinalaram que dividem a gestão da comunicação interna com uma empresa externa – uma queda significativa em comparação com a pesquisa de 2005 (73,5%) – e que as equipes internas estão cada vez mais enxutas – a maioria (40%) tem até três funcionários no departamento, e em 30% dos casos há de quatro a cinco funcionários. Apenas em 17% das empresas há entre seis e dez funcionários.

Essas três vertentes apresentadas sobre a responsabilidade das publicações – departamento interno, formação acadêmica e terceirizações – mostram tendências de um cenário de mudanças organizacionais, demandadas por fatores externos e internos das estruturas corporativas.

A área de publicações, representada nesses levantamentos pela comunicação interna, está cada vez mais estratégica, como reportada diretamente à presidência e à área de assuntos corporativos, o que sinaliza para uma maior conscientização por parte das lideranças sobre o papel estratégico da comunicação organizacional.

A representatividade das formações profissionais indica o verdadeiro equilíbrio entre o papel da área de relações públicas e a área de jornalismo. Segundo alguns autores, a primeira fica responsável por coordenação, alinhamento conceitual, adequação ao perfil de públicos e proposta de relacionamento; a segunda, pela adequada identificação de pautas, coleta de informações, redação e coordenação editorial. Essa distribuição de papéis é apontada por Palma (1983, p. 97) "[...] ninguém nega que o jornal de empresa está situado na faixa intermediária entre as funções de jornalista e relações públicas", e por Rego (1987, p. 7):

> [...] a responsabilidade direta (execução, redação), da publicação recairia sobre o jornalista. [...] Em algumas empresas, é possível e até aconselhável imaginar-se a execução da atividade pelo jornalista e a coordenação geral a cargo do RP. As publicações continuariam a desempenhar as suas funções de instrumento das Relações Públicas [...].

Tendo em vista que o mercado requer profissionais cada vez mais multidisciplinares ou multifunções, objetivando a redução de custos e também a otimização dos processos produtivos, tornam-se essenciais aos profissionais o conhecimento e a *expertise* tanto nos assuntos de gestão da comunicação e relacionamento das organizações, quanto nas habilidades técnicas e humanísticas necessárias. Entende-se que, mais do que formações, a capacidade de entrega de resultados e de integração será norteadora das decisões organizacionais.

No aspecto da produção interna ou terceirizada, destaca-se a necessidade de conhecimento, bem como de repertório técnico e planejamento da comunicação organizacional, tanto por parte dos clientes quanto das agências que prestam serviços na área de publicações. A efetividade da publicação pode apenas ser alcançada se o cliente tiver total clareza de sua realidade e das necessidades de comunicação e se a empresa terceira tiver visão e capacidade técnica para criar e desenvolver desde o projeto editorial adequado até todas as matérias das publicações. O desequilíbrio em qualquer uma das partes impede o alcance de resultados.

Projeto editorial

O projeto editorial de uma publicação é descrito por diversos autores, como Gaudêncio Torquato (*op. cit.*) e Jaurês Palma (*op. cit.*), em etapas que vão desde o planejamento, às diretrizes de condução e atividades rotineiras de cada edição.

Alguns fatores como definição de públicos, estratégia de avaliação e definição de formas de captação de notícias não são comuns a todos os modelos de projeto editorial, mas em linhas gerais as etapas se iniciam com a análise da organização e dos objetivos e finalizam com as estratégias de distribuição.

A lista de assuntos para a criação de um projeto editorial apresentados a seguir toma por base a pesquisa dos autores acima citados e complementa alguns fatores estratégicos do ponto de vista das relações públicas atuais para o alcance dos resultados de relacionamento.

Um projeto editorial configura-se como uma diretriz de raciocínio e pensamentos essenciais, desde assuntos globais de perfis de públicos e objetivos, até fatores técnicos de produção e revisão. Todos os fatores envolvidos devem buscar o balanceamento entre a imagem que a empresa deseja obter, sua realidade e as características dos públicos e suas necessidades de relacionamento. É um importante documento de acompanhamento e revisão, com vistas a realizar as adaptações necessárias e garantir sua efetividade.

Projeto editorial para publicações
Perfil da organização

A proposição de uma publicação parte, sem dúvida, da análise do perfil da organização. O entendimento dos cenários macro e microambiental da organização (como ela está posicionada política, econômica e socialmente), bem como seu perfil de atuação, cultura, estágio e linha de comunicação e objetivos globais, precisa ser considerado.

Essa análise define se a organização está apta a implementar uma publicação que pode avançar em discussões e estímulos a relacionamento, e de que forma a publicação precisa auxiliar o processo de desenvolvimento organizacional.

Entre os fatores avaliados no mapeamento do perfil de informações necessários para prosseguir com um projeto editorial, estão:

- participação no mercado e objetivos de negócio;
- análise de clima e nível de relacionamento com *stakeholders*;
- cultura organizacional;
- objetivos da comunicação institucional;
- nível estratégico da comunicação – posicionamento da área e engajamento da alta direção;
- investimentos disponibilizados ou formas de obtenção de recursos;
- estrutura da organização – filiais, unidades de negócio e dinâmica de departamentos internos.

Entende-se que a consciência sobre esses fatores é essencial para o pensamento em projetos que contemplem uma ou mais publicações organizacionais em apoio ao plano global de comunicação.

Definição de públicos

Entendido o perfil da organização, é importante – como abordado no início deste capítulo, quando discutido o papel estratégico das publicações para a área de relações públicas – que todos os públicos sejam contemplados em uma análise de fluxo comunicacional da organização. Independentemente de ter ou não uma publicação específica para o público, é importante destacar o habitual multiposicionamento de um *stakeholder*, que pode ser ao mesmo tempo acionista, consumidor e comunidade local, entre outros exemplos.

Dessa forma, o olhar sobre públicos e canais eficazes para a construção do relacionamento não pode ser isolado, precisa ser integrado a uma rede para avaliar corretamente conteúdo, objetivos e estratégias que garantam a unicidade e a qualidade das relações.

Nessa etapa de um projeto editorial, são listados todos os *stakeholders* da organização, perfis, demandas de informação e periodicidade, nível de relacionamento com a organização e seus inter-relacionamentos.

Logo após a análise individual, deve-se fazer a análise de possibilidade de integração de perfis e objetivos de informação para unificação e adequação de publicações.

Pesquisa

Caso a organização não conheça adequadamente seus públicos, esse será o momento de buscar informações para identificar o estágio de relacionamento entre as partes interessadas, o perfil de comportamento do público, as preferências, os hábitos de mídia, as oportunidades de reter atenção, as demandas principais etc.

Para identificar esses fatores, existem diversos modelos que podem ser usados, tanto quantitativos ou qualitativos. A metodologia dependerá do público.

O importante é a organização estar aberta a escutar os públicos antes de buscar criar canais de comunicação, para que se alcance a efetividade desejada. Melhor que investir esforços e recursos financeiros ao lançar uma comunicação não eficaz aos *stakeholders* que, ao não ser continuada, gera frustração e falta de consistência da postura organizacional, é incluir uma etapa de ouvir os públicos para, com base em dados concretos, planejar adequadamente uma comunicação eficaz.

Objetivo

A delimitação de objetivos de uma publicação deve estar alinhada com os objetivos globais do plano de comunicação, pois ela não pode responder sozinha às demandas de relacionamento com públicos. Como se entende do processo de relacionamento dos *stakeholders* com a identidade organizacional (o que ela é, como age, como se comporta e se relaciona), que resulta na formação da imagem organizacional, não é possível construir um relacionamento simétrico e de via de mão dupla com um público por meio exclusivamente de um canal ou de uma publicação.

As publicações apoiam o alcance dos objetivos à medida que constituem importante e oficial canal de comunicação que respalda o posicionamento, torna clara a disposição da organização em se comunicar com o público, abre diálogo e, por seu caráter duradouro, complementa as demais ações de relacionamento com os públicos.

Dessa forma, os objetivos das publicações precisam estar vinculados ao estímulo buscado da comunicação com os públicos, ao nível de compreensão e retenção de mensagens, ao nível de resposta, ao processo de participação de cada público e à contribuição desse canal para o objetivo global.

Escolha do canal – tipo de publicação

Cada tipo de publicação oferece às organizações oportunidade de perfil de conteúdo, ambiente de acesso, periodicidade, agilidade e investimentos diferentes que precisam ser combinados perante a alguns fatores determinantes.

Algumas questões respondem diretamente a essa definição.

◆ Qual o público-alvo?
◆ Qual o perfil do público, a demanda de informação, a periodicidade de contato e o *status* de relacionamento?
◆ Qual o objetivo com esse público?

- Qual o perfil da organização?
- De quais investimentos e estrutura a organização dispõe para essa publicação?

Tais perguntas podem ser respondidas tendo em vista o perfil macro de cada publicação, conforme exposto na Tabela 1 do tópico *Tipos de publicações*.

Esse pensamento culmina na definição clara e segura das publicações. Observe, por exemplo, uma organização que tem várias filiais, com funcionários operacionais e necessidade de comunicação diária, que transmita as demandas diárias de objetivos, engaje colaboradores, informe as atividades da empresa e reconheça as demandas por informação desse público. Nesse caso, uma TV corporativa diária com gêneros informativo, opinativo e integrativo (conforme será visto adiante) transmitida a todos os colaboradores no início do dia é claramente uma opção eficaz aos objetivos de comunicação, em detrimento a um jornal semanal, por exemplo, que seria composto mais por notícias frias, teria custo elevado e dificuldade logística de impressão e distribuição, com perfil de engajamento menor que a TV.

Periodicidade

A definição da periodicidade de uma publicação é inicialmente influenciada pelo próprio tipo de publicação. Existem padrões de classificação descritos no item anterior, geralmente seguidos pelas organizações em função da complexidade e do perfil de cada canal. Em um exemplo bastante simplista, da mesma forma que se torna extremamente desafiador realizar uma revista semanal dedicada a clientes, por exemplo, a criação de um *blog* com atualização quinzenal não atende aos objetivos do canal.

A definição da periodicidade deve levar em conta o fôlego de trabalho da equipe responsável, bem como a necessidade de informações por parte do público, além, é claro, dos recursos disponíveis. Muitos desses fatores já foram avaliados anteriormente, na escolha da publicação, mas são também decisivos para a definição da periodicidade.

Essa frequência, mais que definida, precisa ser amplamente divulgada aos públicos de interesse para que existam a espera e a expectativa pela publicação. No caso de um canal contínuo (como *blogs* e *Twitter*), sua existência deve ser sempre informada. A mudança da periodicidade de um veículo ou seu atraso comprometem o crédito não apenas da publicação, mas da organização que a lançou. É necessário entender que estabelecer um canal de comunicação e não segui-lo demonstra falta de atenção ou real interesse dessa organização em se relacionar. Por esse motivo, autores como Jaurês Palma defendem que não importam os obstáculos e dificuldades que porventura se apresentem, a periodicidade de uma publicação deverá ser rigorosa.

Tiragem

Definição importante para veículos impressos de distribuição, a tiragem está inicialmente ligada ao universo do público-alvo de sua publicação. Deve ser estrategicamente definida para não ocorrer falta de cobertura de público ou desperdício de investimento e publicações paradas.

Quando se trata de funcionários, por exemplo, a tiragem mínima é o total de colaboradores da organização, mais os exemplares destinados a arquivos, reserva para entrada de novos colaboradores e margem de erro no processo de distribuição. No caso de uma revista corporativa de bordo de uma companhia aérea, por exemplo, o público-alvo de leitores é muito maior que a tiragem, tendo em vista que um único exemplar pode ser lido por muitos passageiros.

É importante, dessa forma, avaliar o perfil de leitura para calcular a tiragem e o público impactado direta ou indiretamente por uma publicação.

Escolha do conteúdo e dos temas

A escolha do conteúdo e dos temas é certamente um dos aspectos mais estratégicos de um projeto editorial. Trata-se do momento em que são definidos os grupos de notícias, artigos ou temas que farão parte da publicação, a proporção em que serão abordados, seções fixas ou sazonais, e os enfoques.

O interesse da leitura parte dos temas abordados. As etapas anteriores, principalmente o perfil do público e o objetivo da publicação, são a base para essa definição.

Entende-se que o interesse do leitor em uma publicação precisa ser respeitado e atendido para que ela alcance o resultado esperado. Como afirma Palma (*op. cit.*), uma publicação que aborde apenas o autorretrato da organização é uma publicação voltada para si mesma, e não para os públicos, e não alcançará a comunicação e o nível de atenção desejados.

Nas primeiras bibliografias sobre o assunto, os temas apresentados referiam-se em sua maioria às publicações internas e elencavam grupos de temas como "matérias-retrato", que tratam de membros da comunidade da organização; "matérias departamentais", que abordam a estrutura, os processos de áreas específicas das empresas; "matérias grupais", que abordam grupos de uma comunidade; "matérias de ilustração", relacionadas a assuntos de interesse geral fora da organização, como política, lazer e medicina; "matérias orientadoras", destinadas a orientar o funcionário sobre higiene, saúde, qualidade de vida, desenvolvimento profissional etc.; "matérias associativas", ligadas às ações sociocomunitárias, para integração social na organização; e, por fim, "matérias de interesse feminino", como culinária, beleza, moda, papel da mulher etc.

Os agrupamentos citados anteriormente ainda são observados em grande parte das publicações corporativas, mas vê-se, atualmente, um número maior de temas que podem ser agrupados e envolver publicações destinadas a todos os públicos, não apenas o interno.

Em linhas gerais, para o cumprimento dos objetivos de diálogo em uma publicação, os conteúdos precisam estar divididos em pautas informativas da organização para o público, pautas de interesse e discussão do público, e canais de resposta e *feedback* transparentes entre a organização e os públicos. Essas três vertentes devem estar alinhadas com linhas editoriais, participação, forma de captação de informações e estratégias de distribuição extremamente eficazes para que se alcancem os objetivos esperados.

Com base em levantamento realizado com doze publicações atuais (dos anos de 2008 e 2009) para a construção deste capítulo, podem ser listados alguns dos principais conteúdos presentes. Nesse levantamento é importante destacar que não se buscou avaliar a eficácia dos temas, mas apresentar um cenário atual de temas abordados. A validação e a eficácia de um projeto editorial não podem ser avaliadas de forma genérica por temas, e sim pelo cumprimento aos objetivos de comunicação e relacionamento que se deseja estabelecer com os públicos.

Matérias sobre produtos, serviços e atividades da organização. Presentes nas publicações destinadas ao público interno, muito utilizadas por organizações em que haja níveis técnico e científico elevados, que demandem disseminação de informações aos colaboradores. Quando ligados ao público externo, esses conteúdos têm peso maior em empresas de varejo e menor peso em empresas de serviços.

Matérias sobre mercado e tendências. Presentes com baixa representatividade nas publicações destinadas ao público interno e baixíssima representatividade para o público externo, verificadas em empresas *Business to Business* e praticamente inexistentes em empresas de varejo.

Desempenho. As matérias relacionadas ao desempenho organizacional, como conquista de prêmios, certificações, pioneirismo no lançamento de algum produto ou serviço, reconhecimento público ou desempenho interno, como melhoria em processos de gestão e qualidade de vida de funcionários, estão muito presentes em publicações dirigidas aos colaboradores. A representatividade desses conteúdos é grande nas publicações impressas e de maior periodicidade, como revistas mensais ou superiores, por serem consideradas de conteúdos mais "frios" e de intenção de destaque pelas organizações.

Departamentos. As matérias "departamentais" mencionadas pelos autores no final da década de 1970 ainda são encontradas na maioria das publicações destinadas aos colaboradores. Essas pautas têm o objetivo de apresentar ou destacar as atividades dos departamentos e áreas da organização, com a proposta informativa ou de reconhecimento de seu papel.

Entrevistas. As entrevistas fazem parte do projeto editorial da maioria das publicações avaliadas. Todas as publicações impressas e a grande parte das publicações *on-line*, como *newsletters* e *blogs*, utilizam essa forma de conteúdo com diferentes objetivos. Nas publicações destinadas a colaboradores, as entrevistas são geralmente realizadas por funcionários da organização, que expõem pontos de vista, tendência percebida ou relatos sobre conquistas. Em algumas delas, foram encontradas entrevistas com nomes-referência no setor, não colaboradores, para discutir algum assunto de interesse geral na organização. Nas publicações dirigidas a clientes no mercado B2B foram observadas tanto matérias com clientes, em forma de "testemunho" sobre percepção de mercado e experiências, quanto matérias com nomes referenciais do mercado para discussão de tendências e análises setoriais. Por último, nas publicações voltadas a consumidores finais, destacam-se matérias com personalidades de interesse do público, como, em revistas de organizações relacionadas à saúde, entrevistas com médicos; em revistas de organizações da área de aviação, entrevistas com celebridades.

Reconhecimento (funcionários ou clientes). Matérias destinadas a destacar colaboradores ou clientes, de acordo com o perfil da publicação. Nas dirigidas aos colaboradores, geralmente há o relato do desempenho significativo de um colaborador ou grupo em critérios da organização, como metas, gestão e prêmios obtidos. Essas matérias têm como principal objetivo valorizar a atividade realizada. No caso de publicações destinadas ao público consumidor e geral, o reconhecimento visa salientar clientes que obtiveram excelente desempenho em suas atividades em função da utilização do serviço/produto da organização, ou oferecer destaque e *status* aos clientes.

Qualidade de vida, lazer e cultura. De forma geral, tais conteúdos são avaliados como de interesse da maioria dos públicos e, assim, estão presentes na maioria das publicações, com enfoques e pesos diferenciados. Nas publicações destinadas a colaboradores, por exemplo, percebe-se enfoque maior nas matérias sobre qualidade de vida e segurança; nas voltadas ao público consumidor, as matérias estão muito relacionadas ao segmento da organização. Em organizações de cultura, por exemplo, as dicas são muitas vezes sobre a importância das atividades de lazer cultural; nas organizações de turismo, as sugestões estão ligadas a viagens e à gastronomia; nas organizações de saúde, à qualidade de vida.

Artigos. Utilizados nas publicações destinadas a consumidores finais e B2B, com temas de interesse do público, objetivam trazer conteúdos de relevância com a credibilidade de serem escritos por referências do setor. Conteúdo observado com menor frequência nas publicações dirigidas a colaboradores.

Responsabilidade social corporativa. Conteúdos com pouca frequência nas publicações avaliadas e, ainda assim, nas publicações destinadas aos colaboradores. O assunto é tratado na maioria das vezes como informativo e valorizador das atividades realizadas pela organização. Há, ainda, baixo aprofundamento das ações, como transparência de investimentos, compromisso, resultados e incentivo às formas de participação. Nesse cenário, excluem-se os balanços sociais publicados nas normas específicas, como Ibase, GRI e outros.

Matérias sobre assuntos discutidos internamente ou pautas específicas. Seções destinadas à discussão de pautas de interesse dos públicos, e não necessariamente de interesse direto da organização, como, por exemplo, insegurança em períodos de mudança nas organizações, reivindicações organizadas por sindicatos, boatos e clima interno desfavorável. Dificilmente se verificam conteúdos relacionados a esses assuntos, exceto em momento em que o fato discutido está previsto por meio de ação empresarial, como é o caso de fusões e aquisições. É justamente esse perfil de conteúdo que os autores da área de jornalismo e publicações empresariais acreditam possibilitar o real diálogo simétrico da organização com os públicos, de forma aberta, transparente e produtiva, e não apenas o retrato da imagem desejada da organização. É claro que há ressalvas nesse aspecto. Não significa que todos os assuntos precisam ser abordados em todas as publicações. O importante é que a organização saiba tratar os assuntos com respeito aos públicos utilizando os canais mais adequados em função da agilidade e eficácia em cada momento e que, sendo necessário, a publicação não esconda o fato para que não perca sua efetividade e credibilidade como meio de relacionamento.

Canais de relacionamento com os públicos – resposta e feedback. Meios para que a organização possa responder às solicitações e aos contatos dos públicos de interesse, de forma organizada, com base na integração com outros canais. Nas publicações dirigidas aos colaboradores, podem estar presentes de forma instantânea, como é o caso de *blogs* e intranet, ou pode ter periodicidade maior, como é o caso de boletins, jornais e revistas. Para consumidores e demais públicos, os canais podem estar em seções de perguntas e respostas, podem ser resposta sobre enquete realizada etc.

Matérias não jornalísticas ou entretenimento. Seções destinadas a dicas de lazer, cultura, saúde, com conteúdos recreativos, passatempos etc.

Divisão do gênero

Estabelecidos os temas relevantes para a organização, é importante que se faça a correta definição do gênero jornalístico a ser empregado.

Tradicionalmente, existem três gêneros jornalísticos nas publicações organizacionais:

◆ Informativo. Enfoque na divulgação pontual e objetiva da informação, respondendo às perguntas "O quê, como, quando, onde e por quê?". A simples narração dos fatos. São exemplos a informação de prêmios conquistados, o calendário ou a cobertura de eventos etc.

◆ Opinativo. Quando há interesse de expressar claramente a opinião da direção do veículo ou da organização, como editorial, artigos, colunas assinadas etc.

◆ Interpretativo. Quando, além de informar um acontecimento com o critério narrativo e objetivo, há preocupação com a explicação do fato (fatores que podem ter levado ao acontecimento), e com as possíveis decorrências, apresentando as perspectivas de desencadeamento. A principal característica é que esse gênero fornece as bases e fundamentos necessários para que o receptor forme sua própria opinião, sem a tentativa de influenciar o receptor, como em uma matéria opinativa, por meio de omissão ou distorção dos fatos.

O que caracteriza este último gênero como o ideal na busca do relacionamento simétrico e transparente da organização com seus públicos é a necessária análise do ambiente e universo do público, tangível por meio da inserção de diferentes perspectivas do fato, de forma imparcial, essenciais para a identificação e participação do público com o veículo.

A publicação com este gênero jornalístico, no entanto, deve traduzir a real política de relacionamento da organização para que tenha credibilidade, possa gerar *feedback* de valor e consolidar o periódico como canal de relacionamento organizacional.

A respeito da distribuição dos gêneros nas publicações empresariais, os autores Torquato (*op. cit.*) e Palma (*op. cit.*) apontam que uma participação maior do gênero interpretativo traz melhores resultados à comunicação eficaz das organizações, e ambos propõem o percentual ideal para a distribuição de gêneros, sendo:

◆ 40% jornalismo interpretativo;
◆ 30% jornalismo opinativo;
◆ 20% jornalismo informativo;
◆ 10% assuntos de entretenimento.

Contudo, entende-se que essa divisão possa ser ainda utilizada em publicações impressas ou com perfis específicos, tendo em vista que alguns veículos, principalmente os de rápida leitura e dinâmicos do ponto de vista de atualidade dos assuntos, não permitem essa divisão, como os *newsletters* e *blogs*.

Em estudo desenvolvido por Jaurês Palma na década de 1980, no qual foram avaliadas cinquenta publicações, verificou-se que apenas 20% das matérias eram do gênero interpretativo no caso das revistas, e apenas 10% no caso dos jornais, destacando que os maiores percentuais estavam no gênero informativo ou no opinativo. Atualmente, ainda se percebe que o menor percentual das publicações destina-se a esse gênero.

Estilo e linguagem

Nessa etapa são definidos o estilo e a linguagem do veículo, ou seja, a característica principal do texto, o ponto mediano na heterogeneidade de perfis de públicos da publicação. Com base na pesquisa de perfil de públicos, é possível identificar as informações que compõem o universo nos aspectos sociais, culturais, políticos, técnicos, educacionais, entre outros.

Após essa análise, busca-se o equilíbrio de forma que, mesmo que se objetive profundidade em cada tema, seja possível utilizar-se de explicações de conceitos e de linguagem fácil que despertem o interesse do leitor sem demasiado esforço para entendimento da publicação. Na definição de linguagem também são observados o repertório dos públicos, para que a publicação consiga atender ao ambiente do leitor, e o enfoque característico do setor.

Identidade visual e projeto gráfico

Compõem a linguagem de uma publicação, além dos elementos textuais, todos os elementos visuais. Desde cor de fundo, tipologia de fontes, cores, características dos títulos e chamadas, formato, até a utilização de ilustrações, fotos e sua proporção em equilíbrio com o textual.

Todos esses fatores precisam estar alinhados com a estratégia global da organização, representando sua identidade para a percepção de imagem adequada aos públicos. Além do padrão de identidade visual, a ordenação dos assuntos também tem relação com o interesse e a qualidade de leitura, tendo em vista que o destaque oferecido a um assunto representa o interesse que desperta à organização.

Formas de participação dos públicos

Para alcançar o diálogo efetivo nas publicações empresariais, é preciso o desenho de oportunidades de participação de cada público de interesse, de forma clara e incentivada pela organização.

As participações podem estar divididas em:

◆ Sugestão de pautas. Quando há um canal aberto para que o público possa contribuir com sugestões de temas para ser trabalhados nas próximas publicações, e geralmente orientados à participação por meio de correio eletrônico à redação, caixa de sugestões, reuniões específicas ou comunicações informais às lideranças. Essa colaboração também pode ser ativa, motivada pela própria organização, em reuniões de pauta com representantes de diversas áreas e públicos.

◆ Participação como personagem de matéria. Convite motivado por mérito, assunto em pauta ou indicação, para que o público participe ativamente como personagem de uma matéria, seja de assuntos corporativos ou pessoais.

◆ Comitês de discussão de qualidade de publicações. Oportunidade de participação ativa na discussão de efetividade, qualidade e melhorias necessárias ao veículo. A criação de comitês, não necessariamente específicos da área de publicações, mas também gerais de comunicação organizacional, possibilita o engajamento e assegura o caráter democrático e representativo da publicação.

◆ Envio de dúvidas ou reclamações/sugestões/elogios. Criação de canal direcionado para contato direto do público com a organização, geralmente consolidado em seções de perguntas e respostas, cartas, enquetes e sugestões.

Fontes de informação e formas de captação

Para garantir a atualidade, assertividade e continuidade de assuntos definidos como relevantes ao objetivo da publicação e ao interesse dos públicos, é indispensável estabelecer fluxo organizado de informações para os canais de comunicação e a forma como serão captadas.

As fontes de informação precisam ser nomeadas formalmente e representar todas as áreas e públicos de um veículo. Essas fontes, além de garantir a comunicação de todos os fatos relevantes, atuam como canal de comunicação direto entre os públicos específicos representados e a organização. Por esse motivo, as fontes de informação geralmente compõem (ou delas fazem parte em sua grande maioria) as comissões de comunicação constituídas nas organizações.

A dinâmica de captação pode ser estabelecida de acordo com as características dos veículos e da organização, podendo constituir reuniões presenciais, conferência a distância por tecnologia disponível, *e-mails*, grupo de discussão *on-line*, entre outros.

Cronograma de execução

Nessa etapa, é importante que, com base no calendário da publicação, seja ela anual, no caso dos balanços sociais, ou diária, no caso de murais ou boletins/*newsletters*, seja definido o cronograma contínuo retroativo da data de veiculação, com todas as etapas e tempo necessário para sua concretização, prevendo-se habituais contratempos, como disponibilidade de gráfica, indisponibilidade de fonte, atraso em aprovação, entre outros.

Tendo como referência as principais etapas que precisam estar contempladas, é essencial a atribuição de responsabilidades nesse cronograma, duração da atividade, início e término, acompanhados diariamente pela coordenação do veículo.

Principais etapas de cronograma de execução:

- captação de notícias;
- elaboração das pautas (incluindo reuniões de pautas);
- redação;
- aprovação das matérias;
- diagramação;
- aprovação da edição;
- impressão;
- manuseios;
- distribuição;
- arquivo e documentação dos materiais empregados nas edições;
- avaliação.

Distribuição

A distribuição de uma publicação, mais que a escolha da organização responsável, ou solicitação e aprovação de orçamentos, é fator estratégico para o alcance dos públicos de interesse, de acordo com o seu perfil.

Dessa forma, é importante avaliar os hábitos de leitura e objetivos de cada publicação para que sejam definidas as estratégias. Por exemplo, uma publicação destinada a colaboradores terá maior impacto no contexto familiar e integrativo se enviada à própria residência do colaborador, pois será, muitas vezes, lida pelos demais membros da família e pelo colaborador em momentos de maior concentração e audiência que o próprio ambiente do trabalho.

Além do formato escolhido, a data de distribuição precisa ser respeitada à risca e planejada para que cada destinatário ou unidades de empresas em localidades diferentes recebam a publicação no mesmo dia, ou em períodos muito próximos, para assegurar a valorização de cada leitor.

Investimento

Os investimentos destinados às publicações empresariais precisam estar contemplados em uma análise de resultados esperados, integrados ao plano global de comunicação, para que se tenha a correta percepção de retorno sobre o investimento e contribuição do canal aos relacionamentos organizacionais.

Os investimentos envolvem desde recursos humanos (internos ou terceiros), até recursos técnicos necessários, impressão, distribuição e, no caso de publicações digitais, recursos tecnológicos de atualização e custos de publicação digital.

Critérios e modelos de balanço social

Documentos periódicos produzidos pelas organizações com o objetivo de declarar à sociedade e aos públicos de interesse o desempenho corporativo no campo social, que surgiram na França em 1968 com o trabalho de balanço socioeconômico *Societés cooperatives ouvrières*.

O balanço social constitui ferramenta estratégica para relações públicas por trabalhar critérios como ética, transparência e responsabilidade social corporativa, por servir como meio de prestação de contas global da organização e favorecer o relacionamento com *stakeholders*.

Atualmente, existem diversos modelos criados por instituições independentes, ou leis formuladas por países que orientam o preenchimento e a declaração de dados pelas organizações.

Essa busca pela padronização é importante pelo estabelecimento de critérios justos que possam ser comparativos na avaliação dos públicos de interesse. Ainda que comum no Brasil e no mundo por parte de algumas empresas, os relatórios sem critérios, chamados relatórios anuais das organizações, que visam apenas listar sem critérios as ações positivas realizadas por uma organização ao longo do ano (com investimento em aspectos visuais, imagens e qualidade de impressão), perdem cada vez mais a credibilidade.

À medida que aumenta a conscientização dos públicos sobre o que pode ser considerado apenas discurso e o que realmente é uma prática sustentável, as organizações buscam se preparar. Naquelas com capital aberto, com mercados em outros países, essa prática já é reconhecida e torna-se uma espécie de *ranking* entre as organizações, as quais buscam as melhores certificações que lhes trarão credibilidade perante a investidores e podem melhorar sua reputação.

Alguns modelos de balanço social possuem até mesmo critérios estreitos de validação da real postura sustentável da organização. Entende-se que as empresas, como agentes do mundo tripolar, formado pelo Estado, pela sociedade civil e pelas organizações, têm ampla responsabilidade pelo uso consciente de recursos naturais, humanos e econômicos, bem como por minimizar seus impactos e contribuir de forma efetiva para o desenvolvimento de toda a sociedade.

Reforçando esse conceito, de acordo com o Instituto Ethos, uma empresa socialmente responsável "possui capacidade de ouvir os interesses das diferentes partes (acionistas, funcionários, prestadores de serviço, fornecedores, consumidores, comunidade, governo e meio ambiente) e conseguir incorporá-los ao planejamento de suas atividades, buscando atender às demandas de todos, não apenas dos acionistas ou proprietários"[2].

Em função dessa responsabilidade, o balanço social precisa necessariamente responder às demandas dos públicos de interesse e também ser validado por eles, como é o caso do GRI, modelo no qual é obrigatória a validação do relatório por todos os *stakeholders*, além de ser publicado no ano seguinte.

Os dois modelos mais utilizados para declarar as atividades sociais são fornecidos pelo Instituto Brasileiro de Análises Sociais e Econômicas (Ibase) e pelo Global Reporting Initiative (GRI), sobre os quais será feita breve apresentação de critérios:

Instituto Brasileiro de Análises Sociais e Econômicas (Ibase)

Ferramenta de transparência e prestação de contas, criada em 1981, que contém critérios da contribuição das organizações relevantes ao contexto brasileiro, como educação, saúde, promoção da diversidade, preservação do meio ambiente, contribuições para a melhoria da qualidade de vida e trabalho dos funcionários, desenvolvimento de projetos comunitários, erradicação da pobreza e criação de postos de trabalho.

O preenchimento é dividido em indicadores, sendo quarenta e três quantitativos e oito qualitativos, divididos em sete categorias.

Todos os indicadores quantitativos são balizados pela receita líquida, resultado operacional e folha de pagamento bruta.

Entre os indicadores qualitativos estão:

- Indicadores sociais internos. Investimentos aos funcionários (obrigatórios e voluntários). Alimentação, encargos, previdência privada, saúde, educação, cultura, capacitação e desenvolvimento profissional, creches e auxílio-creches, participação nos lucros ou resultados.
- Indicadores sociais externos. Investimentos à sociedade: educação, saúde, cultura, saneamento, esporte, combate à fome, segurança alimentar, creche, outros.
- Indicadores ambientais. Investimentos para compensar os impactos ambientais, ou obter a melhoria da qualidade ambiental.
- Indicadores do corpo funcional. Relacionamento da empresa com seu público interno: criação de postos de trabalho, utilização de serviços terceirizados e valorização da diversidade (negros, mulheres e portadores de deficiência em cargos de chefia).

---

2 Instituto Ethos, Contribuição para a ISSO 26000: GT Ethos, ISSO 26000. Disponível em: <http://www.ethos.org.br>. Acesso em: 17 ago. 2008.

◆ Informações relevantes quanto ao exercício da cidadania empresarial. Ações de responsabilidade social corporativa. Comparativo de remunerações, acidentes de trabalho, Cipa, reclamações em órgãos de defesa dos consumidores, reclamações atendidas, participação igual de todos os níveis hierárquicos etc.

O balanço social no modelo do Ibase precisa ter três formas de publicação: impressa para todos os funcionários, sindicatos e públicos diretos; publicação em jornal ou revista de grande circulação; e disponibilidade na internet.

Global Reporting Initiative (GRI)

Criado em 1997 pela ONU (Programa das Nações Unidas para o Meio Ambiente – Pnuma) e pelo Coalition for Environmentally Responsible Economies (Ceres), com o objetivo de melhorar a qualidade, o rigor e a utilidade de relatórios de sustentabilidade, é o modelo mais rigoroso existente.

É formado por um conjunto de indicadores e recomendações para criação de um padrão global de divulgação de informações acerca do desempenho econômico, ambiental e social, em formato-padrão. A empresa se autoclassifica e pode usar um dos seis tipos de selos – C, C+, B, B+, A, A+. (O sinal de + indica que o relatório passou por verificação externa.)

O modelo é composto por diretrizes, protocolos, suplementos setoriais e anexos nacionais. O conteúdo do relatório é analisado sob os seguintes critérios:

◆ Materialidade. Ações de investimento. Decisões econômicas de investidores quanto a impactos econômicos, sociais e ambientais.
◆ Inclusão dos *stakeholders*. Indicação e ações relacionadas às suas expectativas. Prestação de contas e relacionamento.
◆ Contexto da sustentabilidade. Objetivos estratégicos alinhados com as questões sociais, econômicas e ambientais.
◆ Abrangência. Escopo, limite e tempo.

E sua avaliação é feita sob os princípios de:

◆ equilíbrio;
◆ comparabilidade;
◆ exatidão;
◆ periodicidade;
◆ clareza;
◆ confiabilidade.

Há um modelo em construção – o *ISSO 26000*, Norma Internacional de Responsabilidade Social – que tem trabalhado amplos agentes sociais, econômicos e culturais, inclusive trabalhadores, consumidores e ONGs, para que seja aceito mundialmente. O modelo está sendo coordenado com liderança compartilhada de um país desenvolvido (Suécia) e outro em desenvolvimento (Brasil). O *site* do Instituto Ethos traz a informação de que "a norma vem sendo desenvolvida por meio de um processo *multistakeholder*, com a participação dos vários grupos afetados pela questão – consumidores, empresas, governos, organizações não governamentais, trabalhadores, além de organismos de normalização e entidades de pesquisa. Por esta razão, deverá ter legitimidade, profundidade e abrangência que a tornem capaz de consolidar as diversas iniciativas já existentes no campo da responsabilidade social" (Instituto Ethos, 2008).

Sobre a busca de um modelo ideal de mensuração da responsabilidade social das organizações, Mitsuru Yanaze e Eduardo Augusto (2008) realizaram ampla análise dos modelos existentes e, em função das "limitações metodológicas, disponibilidade e perecibilidade dos dados e comparabilidade dos mesmos, recursos humanos e financeiros, fatores estruturais e nível de conhecimento dos envolvidos", concluíram que uma proposta universal seria, se não impossível, pelo menos utópica ou mesmo ideológica. No entanto, destacam que os indicadores, apesar da imprecisão, expressam um compromisso organizacional e fazem parte do processo de compreensão das relações entre homem e meio ambiente no campo do desenvolvimento.

Dessa forma, é importante que a organização se prepare conforme o planejamento de sua responsabilidade sustentável e escolha o modelo a que está apta a se adequar, com o qual atingirá seus principais objetivos de relacionamento e de certificação, desenvolvendo-se a cada ano em sua responsabilidade no mundo tripolar.

Considerações finais

Em face do papel estratégico desempenhado pelas publicações no apoio ao estabelecimento de relações simétricas entre as organizações e seus públicos de interesse descritos neste capítulo, esse recurso da área de comunicação, iniciado nos primórdios da área de relações públicas tanto no Brasil como em outros países, passa a receber cada vez mais atenção por parte dos profissionais.

Avalia-se a clara necessidade de evolução do caráter transparente e de diálogo efetivo que as publicações podem empregar, mas que, impulsionadas pelo dinamismo da comunicação digital e pela evolução da internet, conhecida como *web* 2.0, têm sido e serão foco de atenção dos profissionais de comunicação corporativa e relações públicas perante o novo perfil dos *stakeholders*.

A transparência, o entendimento dos públicos, a comunicação como meio e não como mecanismo de disseminação ou influência ganharão espaço e transformarão o panorama das publicações, visto que a comunicação unilateral ou assimétrica perderá cada vez mais a credibilidade e a utilidade no mundo organizacional.

Referências bibliográfias

ANDRADE, Cândido Teobaldo de Souza. *Para entender relações públicas*. 4. ed. São Paulo: Loyola, 1993.

BUENO, Wilson da Costa. *Comunicação empresarial*. Barueri: Manole, 2003.

CORRADO, Frank M. *A força da comunicação: quem não comunica...* São Paulo: Makron Books, 1994.

CORRÊA, Elisabeth Saad. "Comunicação digital e seus usos institucionais". In: KUNSCH, Margarida M. Krohling (Org.). *Gestão estratégica em comunicação organizacional e relações públicas*. São Caetano do Sul: Difusão, 2008.

HERMOSA, Jaime Del C.; ESTEBAN, Maria Mercedes B.; ARRÚE, Rosa A. *La empresa ante los medios de comunicación*. Bilbao: Ediciones Deusto, 1999. In: HINGST, Bruno. "A TV corporativa e o audiovisual na gestão do público interno". Revista *Communicare*, Faculdade Cásper Líbero, v. 5, n. 2, p. 147-57, 2. bim. 2005.

HINGST, Breno. "A TV corporativa e o audiovisual na gestão do público interno". *Comunicare*, Faculdade Cásper Líbero, v. 5, n. 2, p. 147-57, 2. bim. 2005.

INSTITUTO ETHOS. *Contribuição para a ISSO 26000: GT Ethos, ISSO 26000*. Disponível em: <http://www.ethos.org.br>. Acesso em: 17 ago. 2008.

KUNSCH, Margarida M. Krohling. "Planejamento estratégico da comunicação". In: KUNSCH, Margarida M. Krohling (Org). *Gestão estratégica em comunicação organizacional e relações públicas*. São Caetano do Sul: Difusão, 2008.

PALMA, Jaurês. *Jornalismo empresarial*. 2. ed. Porto Alegre: Sagra DC Luzzatto, 1994.

PIMENTEL, Regina de Abreu. *Conceitos para a excelência de periódicos empresariais*. 2003. Dissertação (Mestrado em Ciências da Comunicação) – Escola de Comunicações e Artes, Universidade de São Paulo, São Paulo.

REGO, Francisco Gaudêncio Torquato. *Jornalismo empresarial*. 4. ed. São Paulo: Summus, 1987.

YANAZE, Mitsuru Higuchi; AUGUSTO, Eduardo. "Por um novo balanço social: muito além dos cânones da comunicação corporativa". *Revista Communicare*, Faculdade Cásper Líbero, São Paulo, v. 8, n. 2, 2. sem. 2008.

8
Política cultural e patrocínio

SÉRGIO ANDREUCCI JR.

Introdução

A sociedade brasileira ainda não tem uma percepção clara de que a difusão cultural, em todos os seus segmentos, é de extrema importância para o desenvolvimento das pessoas do ponto de vista social, político e econômico. As ações culturais, geradoras de renda e emprego, ajudam a promover o crescimento do Produto Interno Bruto (PIB), além de agregar valor institucional e de dedução fiscal aos seus patrocinadores.

No Brasil, a política de patrocínio da cultura passa por grandes indefinições, piorando ainda mais o pobre cenário de investimentos na área. As diretrizes norteadoras dessa política por parte de empresas estatais estão na contramão em relação ao desenvolvimento da produção artística, cerceando a liberdade e promovendo certo dirigismo cultural por meio das contrapartidas sociais. A condução da política e do processo decisório está nas mãos da Secretaria de Comunicação de Governo e Gestão Estratégica (Secom). Essa disfunção de competências, além de manchar a imagem do governo, tem prejudicado todos os setores que sobrevivem da cultura, empresas patrocinadoras e, consequentemente, toda a sociedade.

Ressalta-se, ainda, outro problema que cinge à falta de conhecimento reinante quanto à aplicação das leis de incentivo à cultura por parte das empresas e companhias artísticas. Aparentemente, o desconhecimento – reforçado pelas indefinições políticas – e as falhas dos processos de comunicação em projetos de incentivo à cultura são os grandes entraves para o desenvolvimento efetivo da cultura incentivada do país. Importa destacar, ainda, que parte importante das dificuldades e da ineficiência das práticas de apoio está relacionada ao acesso público aos incentivos e programas de fomento à cultura.

O conceito e a importância da cultura são necessários para compreender a dimensão exata de um termo. Desse modo, o que é cultura? "A cultura está tão ligada à vida do homem que sem ela o desenvolvimento do ser humano jamais seria possível" (Malagoni, 1999, p. 17).

Fica claro que a cultura é uma manifestação do comportamento social do grupo e inerente à essência do próprio homem. Por outro lado, caracteriza-se como uma oportunidade de o homem deixar suas marcas não apenas no momento presente, mas também ecoando para o futuro, registrando na memória. Querendo ou não, o homem torna-se imortal pela sua obra. É aí que está a magia que circunda o meio cultural e artístico e merece ser efetivamente explorada.

Nas palavras do sempre expressivo Leonardo Brant, esse vínculo é realmente explorado aquém do necessário. Para o autor,

> apesar dos avanços empreendidos por alguns casos bem-sucedidos, o vínculo das empresas com a atividade cultural ainda é frágil, embrionário e impulsionado muitas vezes apenas pelos benefícios das leis de incentivo à cultura. Cabem aos profissionais do setor a criação e o desenvolvimento de formas diferenciadas de promover e divulgar o produto ou a marca, fazendo o patrocinador perceber o potencial de marketing do investimento em cultura. (Brant, 2001, p. 21)

Seguindo essa linha de raciocínio, acredita-se que o fortalecimento dessas parcerias é necessário para o desenvolvimento de uma política cultural que supra as necessidades da empresa e da sociedade.

Finalmente, Brant destaca:

> É claro que não se pode perder a essência do produto cultural: o vínculo com seu público e os compromissos estético, ético e social, que devem mover todo o fazer artístico-cultural. Mas é preciso entender as necessidades do patrocinador e estar apto a oferecer as ferramentas de marketing e promoção que atendam a elas. Conhecer seu histórico, seu envolvimento com o público-alvo, seu conceito de comunicação, suas estratégias, seus concorrentes. (Brant, *op. cit.*, p. 21)

A análise pormenorizada das estratégias de comunicação aplicadas no marketing cultural se faz imprescindível para melhor entendimento do mercado e sua relação com o governo e a sociedade.

Destaca-se, nesse sentido, a Lei Federal de Incentivo à Cultura, diploma legal de natureza federal, com aplicabilidade em todo o Brasil. A lei visa permitir a redução do valor do imposto de renda retido na fonte pela empresa ou pessoa física que patrocina um projeto de natureza cultural. É possível antecipar que em seu artigo inaugural a referida lei acentua a necessidade de estratégias para difundir a propagação do incentivo à cultura, cabendo citar:

> Art. 1º [...]
> I – contribuir para facilitar, a todos, os meios para livre acesso às fontes da cultura e o pleno exercício dos direitos culturais;
> II – promover e estimular a regionalização da produção cultural e artística brasileira, com valorização de recursos humanos e conteúdos locais;
> III – apoiar, valorizar e difundir o conjunto das manifestações culturais e seus respectivos criadores;
> [...]
> VIII – estimular a produção e difusão de bens culturais de valor universal, formadores e informadores de conhecimento, cultura e memória.

Portanto, parte-se da premissa de que leis como essa merecem maior divulgação. Sabe-se que a comunicação é uma das principais ferramentas para a popularização das leis e da própria cultura. Da maneira como atualmente se encontra, a cultura incentivada é de privilégio e conhecimento de uma minoria. Entretanto, acredita-se que a difusão é necessária para o desenvolvimento do país. Nesse cenário, comunicação e cultura andam juntas.

As empresas que investem em cultura buscam, mediante estratégias de comunicação, divulgar a sua marca institucional associada ao produto cultural. Pretendem, por meio dessa relação, alcançar uma imagem e um conceito favoráveis dos seus produtos e serviços, agregando valor cultural à sua marca e, consequentemente, projetando esse *status* ao seu público-alvo.

Mercado e cultura

O mercado cultural constitui uma das maiores economias do planeta. Estende-se e ramifica-se, além da arte, pela informação, comunicação, entretenimento, lazer, moda, gastronomia e por boa parte do turismo. A falta de pesquisas regulares sobre a economia da cultura no Brasil impede a avaliação da sua real dimensão. Segundo dados do Ministério da Cultura do Brasil, o mercado cultural é responsável por quase 10% do PIB nacional.

É muito o que os mercados oferecem, e o fazem de forma excelente. Eles proporcionam amplas escolhas aos consumidores; promovem e recompensam as inovações. Colocam investidores em contato com empreendedores. Os mercados forçam os produtos a buscar maior eficiência e depuram impiedosamente a economia dos fracassados. Sistemas de mercado funcionam muito melhor do que sistemas de comando na determinação aproximada de valor econômico. Como observaram economistas desde Adam Smith, o grande paradoxo do mercado é que a perseguição do interesse próprio agrega-se num eficiente bem coletivo. (Kuttner, 1998, p. 35)

Desde a década de 1980, fatores de mercado induzem as empresas a associar suas marcas a ações de interesse público como estratégia eficaz para atingir objetivos institucionais, promocionais e de relacionamento. Isso resulta na aplicação de verbas de marketing e comunicação empresarial em projetos comunitários, ambientais, esportivos e culturais. Segundo a média anual recente, patrocínios nessas áreas movimentaram, no mundo, US$ 23,6 bilhões, sendo US$ 9,3 bi na América do Norte, US$ 6,9 bi na Europa, US$ 4,1 bi no Pacífico, US$ 2,0 bi na América do Sul e Central e US$ 1,3 bi nas demais regiões[1].

O investimento médio anual direto dos países por meio de recursos públicos representa um volume financeiro ainda maior em relação à iniciativa privada. A maior investidora em cultura no mundo é a Suécia, com US$ 35 bilhões, seguida pela França, US$ 30 bi; Alemanha, US$ 27 bi; Holanda, US$ 27 bi; Inglaterra, US$ 9 bi, e pelos Estados Unidos, com US$ 2 bilhões[2]. A média anual de investimento público do Brasil, por renúncia fiscal, está próxima dos US$ 200 milhões, ou seja, dez vezes menor que os Estados Unidos e mais de 150 vezes menor que a Suécia[3].

Considerar uma manifestação cultural como produto, apesar de ser polêmico, faz sentido, pois, quando do ponto de vista econômico, e não somente artístico, faz refletir aspectos mais amplos, como os efeitos do capitalismo na sociedade e as transformações do mundo globalizado. Analisar o contexto do mercado e a sua relação com a cultura é de extrema importância para melhor posicionamento dos artistas, profissionais, empresas e governo.

Entende-se por marketing cultural o desenvolvimento de um conjunto diversificado de ações, estratégias e produtos com o objetivo de estimular a produção e a difusão da cultura, concebida no seu sentido mais amplo. Incluem-se nesse conceito, sobretudo, o apoio e o patrocínio a atividades e manifestações artístico-culturais

---

1 Disponível em: <www.articultura.com.br>. Acesso em: 29 nov. 2010
2 Disponível em: <www.articultura.com.br>. Acesso em: 29 nov. 2010
3 *O Estado de S. Paulo*, 25 fev. 2005, p. D9.

(literatura, dança, música, cinema, teatro, folclore etc.) por parte de empresas públicas e privadas. O marketing cultural vai muito além de um simples patrocínio, pois representa todos os negócios e oportunidades resultantes do produto e apelo cultural, como o Festival de Inverno de Campos do Jordão, que recebe anualmente 1,5 milhão de pessoas nas férias de inverno, proporcionando 70% de toda arrecadação anual do município.

Dessa forma, partindo dos conceitos de marketing, pode-se definir marketing cultural como o atendimento das necessidades culturais de determinado público, objetivando retornos específicos em comunicação. É também uma forma de comunicação diferenciada na qual o consumidor pode assimilar a sua mensagem de maneira mais natural e agradável. Oferecer ao público aquilo de que ele mais gosta associando marcas, serviços e produtos é de fato uma ferramenta de aproximação bastante eficiente, pois consumir cultura abastece a alma e ressalta os valores do ser humano.

O marketing cultural é capaz de gerar um grande diferencial à marca, provocando emoção, empatia e identificação. Os projetos culturais ajudam a romper barreiras a partir de apresentações folclóricas, participando de exposições culturais, entre outros, uma vez que lidam não com a dimensão racional, mas com a experimentação única do consumidor, resultando em sintonia emocional. Esse processo acaba por criar fidelização e torna-se um diferencial na hora em que o consumidor for escolher a marca a ser adquirida.

O marketing e a cultura têm uma relação que vai além da compra. A cultura se dá, na maioria das vezes, no momento de lazer do público, no qual, ao assistir a qualquer tipo de espetáculo, participa de uma relação que envolve sentimentos e emoções. Dessa forma, a percepção de uma marca pelo público é simpática, e ele entende que a satisfação desse consumo cultural só foi possível graças ao patrocínio.

O marketing cultural no Brasil

A expressão *marketing cultural* só existe no Brasil. No idioma inglês, a segmentação da palavra marketing não faz sentido, bem como em outros países de língua portuguesa. Em outros países, principalmente na Europa, a expressão mais usada é simplesmente *investimento cultural*. A criatividade brasileira e os meios de comunicação têm responsabilidade nessa história, que ganhou maior repercussão em 1986, com a criação da lei federal chamada de Lei Sarney. Naquela ocasião, com a concessão de incentivos fiscais a quem apoiasse iniciativas artístico-culturais, iniciaram-se centenas de patrocínios, com a consequente consagração dessa política também difundida em estados e municípios brasileiros por meio de descontos de impostos.

A responsabilidade formal do Estado brasileiro pela cultura estabeleceu-se na década de 1930, sob o governo Vargas, e se reforçou na Constituição de 1988, que contém um capítulo específico sobre suas obrigações, como defesa do patrimônio, difusão e acesso público, fomento da produção, preservação dos traços de identidade cultural dos povos formadores da nacionalidade.

No Brasil, o marketing cultural ficou fortalecido em pouco tempo e tem sido alvo de interesse de diversos públicos. O Estado fomenta seu papel no direcionamento da política cultural em sua implementação, avaliação e impacto dessas diretrizes na sociedade em geral. Artistas e outros criadores sentem-se valorizados a ponto de instituições culturais ganharem evidência e se consolidarem em variados públicos. Os intermediários culturais profissionalizam-se, formando associações e constituindo-se como nova classe. As empresas e demais organizações atentam para os benefícios que a cultura proporciona para a valorização de suas marcas e dos seus públicos.

Nesse cenário, o Estado ocupou uma posição-chave, atuando com a responsabilidade de planejador, produtor e avaliador. Por intermédio dessas ações, ele integra a cultura às outras esferas da sociedade, como a social e a econômica, e pode agir de forma indireta quanto às políticas adotadas com a cultura. Como exemplo pode-se dar a atuação como um agente cultural, criando e mantendo instituições públicas de caráter cultural, ou a administração de instituições com esse fim. De forma indireta, o Estado pode fomentar a cultura por incentivos de atuação da iniciativa privada e leis de incentivo cultural. Na outra ponta do cenário, têm-se os criadores culturais, categoria constituída anonimamente por pessoas que se expressam de maneiras diversas, ou ainda os artistas profissionais que têm na raiz de suas atividades a arte como ocupação principal.

Apesar das obrigatoriedades constitucionais e da existência de um Ministério Federal e inúmeras Secretarias Estaduais e Municipais, no Brasil, o desempenho do Estado no campo cultural ainda é medíocre, com algumas exceções que confirmam a regra. Além de reduzidos, os orçamentos das instituições públicas são dragados pela sua própria estrutura, anacrônica e ineficiente, que faz que pouco ou nada reste para o investimento direto.

No Brasil, a expressão *patrocínio cultural* não era muito utilizada até meados da década de 1990, quando as leis culturais deram um novo impulso. A temática do patrocínio faz parte do processo de marketing cultural de uma empresa, contudo ele pode ser aplicado de forma mais pontual como maneira de anunciar algo na mídia ou novos consumidores sem o caráter de comprometimento com a cultura.

Existem diversas diferenças entre patrocínio e mecenato explicitadas inclusive nos textos das leis brasileiras. Seguindo o exemplo da Lei Federal de Incentivo à

Cultura, o mecenato difere do patrocínio por não explorar seu incentivo por meio da publicidade paga. Já o patrocínio contempla transferência gratuita em caráter definitivo à pessoa física ou jurídica de natureza cultural com ou sem fins lucrativos. Enquanto o patrocínio está ligado à estratégia de comunicação da empresa, o mecenato, por não ser explorado publicamente, não comunica essa associação e, dessa forma, não faz parte das estratégias de comunicação da empresa.

O investimento cultural no Brasil sempre representou um esforço altamente concentrado de recursos e de oportunidades. Até o final dos anos 1990, praticamente todos os recursos destinados à cultura, seja por patrocínio ou dinheiro público, foram aplicados na região Sudeste do país e, em especial, nas cidades de São Paulo e do Rio de Janeiro. Nos últimos anos foram investidos em média R$ 450 milhões de recursos de renúncia fiscal, sendo aplicado, desse total, 77% na região Sudeste, 11% na região Sul, 6% na região Nordeste, 4% na região Centro-Oeste e apenas 2% na região Norte[4].

A política cultural no Brasil não responde às necessidades da sociedade pelo volume concentrado de investimentos em uma só região. E se for levado em consideração o acesso à cultura das camadas menos favorecidas da sociedade, mesmo na região Sudeste do país, ele praticamente não existe. Atualmente, os grandes investimentos estão fechados e para poucos nos institutos, fundações, centros culturais das grandes empresas e bancos em algumas avenidas importantes de São Paulo e do Rio de Janeiro.

O patrocínio cultural: estratégias para captação

Embora o mercado cultural seja bastante promissor, muitas organizações temem as ações de patrocínio, pois acreditam que elas não são uma atividade estratégica, e sim uma preocupação extra que não pretendem assumir.

Segundo dados do Ministério da Cultura, de cada cinco projetos aprovados pela Lei Federal de Incentivo à Cultura, apenas um consegue captar recursos para a sua execução.

A busca pelo patrocinador, que se utiliza das vantagens da renúncia fiscal, começa após a aprovação do projeto publicado no Diário Oficial da União. Parte-se, então, para a etapa de captação de recursos, com a vantagem de um atrativo a mais na disputa por uma parceria institucional e financeira.

Para negociar um patrocínio, o agente cultural deve, em um primeiro momento, limitar-se a um material de no máximo cinco páginas que apresente o histórico, jus-

4 *O Estado de S. Paulo*, 25 fev. 2005, p. D9.

tificativas, importância cultural, proposta, orçamento, plano de mídia e os retornos que o patrocinador receberá no que diz respeito à exposição de marca. O principal erro nessa etapa é a distribuição aleatória de projetos. É preciso identificar semelhanças entre o público-alvo do projeto e os públicos dos potenciais investidores, havendo a necessidade de adaptar todo o material de venda à realidade organizacional de cada investidor, investigada no início do planejamento.

Ao propor um projeto que vá ao encontro do plano estratégico de comunicação da empresa, o agente ou a instituição deve considerar suas características institucionais (missão, visão, valores, políticas e filosofias). Tem de considerar, também, os ambientes externos, setoriais e internos em que está inserida, o diagnóstico de sua atual posição no mercado, seus objetivos e metas, suas estratégias gerais, os demais programas e projetos comunicativos, o orçamento geral e os planos já realizados.

Não se deve ter a ilusão de que, logo na primeira conversa, a organização se identificará com o projeto e o patrocínio será fechado. O processo é bastante longo: passa pela sensibilização do patrocinador à importância de realizar o projeto e a capacidade do agente em se colocar como o provedor de soluções. Infelizmente, não há regras para estabelecer um contato. Geralmente, o agente cultural conta com uma carteira de clientes ampla, atualizada e construída por meio de indicações, pesquisa em publicações de negócios, revistas, *websites*, jornais, guias empresariais, listas telefônicas, entre outras fontes.

Busca-se, em primeira instância, os diretores dos setores de marketing ou de comunicação corporativa, mas nem sempre há algum retorno. É aconselhável que o agente procure as empresas nos períodos de definição de orçamento anual, ou seja, de agosto a outubro do ano anterior, em que são verificados os lucros possíveis de ser aplicados em ações culturais e sociais, especialmente aquelas qualificadas nas leis de incentivo.

O agente captador deve prospectar ao menos vinte empresas para a apresentação do projeto cultural, buscando oportunidades, mas sem perder o foco. Muitas vezes, as organizações solicitam ao proponente um *e-mail* que resuma o projeto e orientam para que aguarde um retorno. Como nesses casos o proponente depara com outros diversos concorrentes, é importante, uma vez enviado o material, não perder o contato. É preciso ir articulando a relação, tornando-se cada vez mais próximo, para, enfim, conseguir marcar uma reunião.

Nem sempre os métodos mais comuns são os mais eficientes para estabelecer um contato para patrocínio. O investimento cultural pode partir de uma relação pessoal. A primeira reunião é a grande oportunidade de o agente cultural posicionar-se como um negociador de uma proposta financeira. Ele não apresenta apenas seu projeto e os valores do investimento, mas envolve a empresa potencialmente investidora, mostrando as formas de associar sua marca ao produto cultural, tornando-a sólida, e esclarece as contrapartidas e benefícios fiscais garantidos pelas leis de incentivo. O agente deve atuar com profissionalismo, utilizando conhecimentos em gestão e administração, marketing e comunicação.

Uma das grandes estratégias para obter sucesso em uma reunião de patrocínio é o cuidado com a apresentação da proposta de atividade cultural. A escolha do *design* pode deixar o projeto mais atraente, persuasivo, criativo, inovador, verdadeiro e, simultaneamente, objetivo e claro. É importante enfatizar a utilização de bons elementos visuais, como imagens e expressão corporal, já que interferem muito no poder de negociação.

Uma boa imagem deve ser zelada pelos proponentes não só no ato da negociação, mas durante todo o contato com as organizações. A fim de transmitir maior credibilidade e profissionalismo, é importante que o agente cultural tenha ideia do tempo reservado para a reunião e, antes do encontro, envie, por *e-mail,* um roteiro citando os assuntos a serem abordados. É preciso planejar a negociação, deixando um tempo para que o cliente apresente sua empresa e o produtor apresente seu trabalho. A conversa deve manter o foco nos benefícios institucionais e financeiros que serão propiciados à organização pela prática do marketing cultural. Contudo, não se deve deixar de mencionar a promoção da cultura e suas repercussões no contexto político-social, proporcionando o desenvolvimento humano dos envolvidos.

Após muitas reuniões, o momento de fechar o patrocínio por meio de um contrato chega. Nesse documento, geralmente disponibilizado pela organização investidora e revisado pela assessoria jurídica do proponente, são selados os compromissos de cada parte ao longo das etapas do projeto, as formas de pagamento e demais burocracias. Alguns agentes utilizam uma carta-compromisso antes do acordo dos termos contratuais, apenas confirmando a parceria, enquanto se fazem propostas, contrapropostas, acertos e afinidades.

Independentemente do momento em que se relaciona com a organização, seja no primeiro contato de proposta de patrocínio, ao longo das negociações, na efetivação da parceria, durante a execução do projeto ou mesmo na fase de controle e prestação de contas, o agente deve se mostrar extremamente profissional. É preciso cumprir com o compromisso de buscar resultados, desenvolver estratégias adequadas para as necessidades de comunicação e marketing do patrocinador e acompanhar os serviços prestados. Atendimento especializado e aplicação de bons argumentos, baseados no levantamento de pontos positivos e negativos do projeto, são medidas simples que fundamentam um trabalho diferencial no mercado cultural.

Investimento cultural: um bom negócio para todos

Investir em cultura, dentre as diversas medidas aplicadas para consolidar a imagem institucional e garantir posicionamento satisfatório da marca, é uma das opções mais criativas e inovadoras.

Os eventos culturais proporcionam entretenimento e elevam a qualidade de vida dos cidadãos, além de interagir com o turismo, a economia e o meio ambiente, gerando progresso e crescimento econômico ao país. Esses valores éticos e responsáveis são associados às imagens de organizações patrocinadoras que estabelecem bons relacionamentos com seus públicos. Além disso, transformam a comunicação integrada (especialmente no setor institucional), geram campanhas de oportunidade, potencializam parcerias com o poder público, facilitam visibilidade na mídia e conquistam novos clientes.

As empresas, diante de tantos benefícios, adotam práticas culturais a fim de introduzir a política de patrocínio em seu planejamento estratégico. Para promover ações contínuas, estabelecem critérios básicos como o perfil de seus potenciais parceiros, as formas de divulgação de suas marcas e os atributos aos quais desejam estar associadas. Além de garantir diferenciais competitivos, contribuem para o fortalecimento das oportunidades de criação, produção, difusão e fruição da cultura brasileira, ampliando o acesso dos cidadãos aos bens culturais, de modo a contribuir para a formação de novas plateias. Assim, acabam por assumir um papel que seria do Estado, monitorando e organizando o setor cultural.

Infelizmente, a política cultural brasileira não atende à sociedade e acaba sendo reduzida à aprovação de projetos nas leis de renúncia fiscal, o que nem sempre é feito sob critérios plausíveis. Essa falta de compromisso com a difusão e a preservação da cultura brasileira proporciona um quadro de desigualdades em que apenas alguns artistas e organizações especializados se beneficiam.

Poucas empresas e profissionais que atuam no setor cultural têm consciência de seu papel no desenvolvimento social. Ignoram a necessidade de contrapartidas em projetos culturais e delimitam a atividade aos interesses organizacionais. Em muitos casos, vinculam projetos somente sob perspectivas mercadológicas e deixam de atender a interesses e necessidades de formação artística e de recursos humanos do público-alvo.

A carência de profissionais especializados em difusão cultural é um dos motivos da falta de oportunidades do setor. É cada vez maior o número de indivíduos que se arriscam com o intuito de se beneficiar financeiramente, ignorando responsabilidades e compromissos com organizações patrocinadoras e com a sociedade, limitando suas formações a cursos de algumas horas.

A cultura brasileira é muito rica, tendo no território nacional milhares de artistas espalhados por todos os lados. Acreditamos numa melhor distribuição geográfica de patrocínios e maiores possibilidades na área cultural. O acesso às leis de incentivo à cultura é fundamental para a maioria dos artistas brasileiros que não têm condições financeiras de realizar e expor a sua arte, porém é apenas uma parte da responsabilidade. O Estado precisa assumir o seu papel e buscar periodicamente ações que possibilitem e garantam o acesso à cultura de toda a sociedade brasileira.

Por fim, não bastam apenas a vontade e a política escrita, é preciso ter, de fato, uma atitude transformadora que possibilite um futuro melhor para o acesso e desenvolvimento do mercado cultural brasileiro.

Referências bibliográficas

ADORNO, Theodor W. "A indústria cultural". In: COHN, Gabriel (Org.). *Comunicação e indústria cultural*. São Paulo: Edusp, 1971.

BAUDRILLARD, Jean. *A sociedade de consumo*. Lisboa: Edições 70, 1991.

BOURDIEU, Pierre. *O mercado dos bens simbólicos*. São Paulo: Perspectiva, 1974.

_____. *La distinction: critique sociale du jugement*. Paris: Les Éditions de Minuit, 1979.

BRANT, Leonardo. *Mercado cultural*. São Paulo: Escrituras, 2001.

CANCLINI, Néstor García. *Cultura y comunicación: entre lo global y lo local*. La Plata: Ediciones de Periodismo y Comunicación, 1997.

_____. *Consumidores e cidadãos*. Rio de Janeiro: UFRJ, 1999.

COBRA, Marcos. *Administração de marketing*. São Paulo: Atlas, 1990.

COUTINHO, Carlos Nelson. *Cultura e sociedade no Brasil*. Rio de Janeiro: DP&A, 2000.

DEBORD, Guy. *Panegírico*. Lisboa: Antígona, 1995.

_____. *A sociedade do espetáculo*. Trad. Estela dos Santos Abreu. Rio de Janeiro: Contraponto, 1997.

FEATHERSTONE, Mike. *Cultura de consumo e pós-modernismo*. São Paulo: Studio Nobel, 1995.

FISHER, Fernando. *Marketing cultural: uso e prática em empresas brasileiras*. 1998. Dissertação (Mestrado em Administração) – Instituto de Pós-Graduação e Pesquisa em Administração – Universidade Federal do Rio de Janeiro, Rio de Janeiro.

HOHLFELDT, Antônio; MARTINO, Luiz C.; França, Vera Veiga (Orgs.). *Teorias da comunicação*. Petrópolis: Vozes, 2001.

KOTLER, Philip. *Marketing*. São Paulo: Compacta, 1996.

KUTTNER, Robert. *Tudo à venda – as virtudes e os limites do mercado*. São Paulo: Companhia das Letras, 1998.

LIMA, Luiz Costa. *Teoria da cultura de massa*. Rio de Janeiro: Paz e Terra, 1990.

LIMA, Venício A. de. *Mídia, teoria e política*. São Paulo: Fundação Perseu Abramo, 2001.

MALAGONI, Maria Eugênia. *Projetos culturais*. São Paulo: Escrituras, 1999.

MARCUSE, Herbert. *Cultura e sociedade*. Rio de Janeiro: Paz e Terra, 1997.

MATTAR, Fauze Nagib. *Pesquisa de marketing*. São Paulo: Atlas, 1994 (vol. I e II).

MUYLAERT, Roberto. *Marketing cultural e comunicação dirigida*. São Paulo: Globo, 1993.

NEVES, Roberto de Castro. *Imagem empresarial*. Rio de Janeiro: Mauad, 1998.

PERUZZO, Cecília Maria Krohling. *Comunicação e culturas populares*. São Paulo: Coleção Intercom n. 5, 1995.

REIS, Ana Carla Fonseca. *Marketing cultural*. São Paulo: Thomson, 2003.

RODRIGUES, Adriano Duarte. *Estratégias da comunicação*. Lisboa: Presença, 1997.

RUBIM, A.; BENTZ, I.; PINTO, M. J. *Comunicação e sociabilidade nas culturas contemporâneas*. Petrópolis: Vozes, 1999.

SANTOS, José Luís dos. *O que é cultura*. São Paulo: Brasiliense, 1989.

VAZ, Gil Nuno. *Marketing institucional*. São Paulo: Pioneira, 1993.

9
Comunicação organizacional: a ótica das relações públicas governamentais

PAULO RÉGIS SALGADO

Introdução

Se não pela finalidade do Estado, como organização política, originária no consenso social, na preservação da ordem e no reconhecimento dos direitos fundamentais do homem, neles incluído o direito à informação, valeria lembrar, de início, que essa obrigação de governantes informarem governados também é sustentada pela Declaração Universal dos Direitos do Homem, da Organização das Nações Unidas (ONU).

Com certeza, esse foi o espírito que norteou a utilização do termo *relações públicas* pela primeira vez em outubro de 1807 pelo presidente norte-americano Thomas Jefferson. Na ocasião, ele remeteu uma mensagem que pedia, ao Congresso de seu país, a realização de prestação de contas do governo ao povo.

Em síntese, esse é o caminho e a postura institucional. Numa visão democrática e cidadã, qualquer iniciativa governamental, em nível de projetos político-administrativos, deve prever, fundamentalmente, o apoio de um programa técnico, consubstanciado na própria obra e orientado pelos princípios da administração pública (direito administrativo), além de basear-se num sólido programa de comunicação e relações públicas, com o objetivo de comunicar, esclarecer, educar e conscientizar os cidadãos/contribuintes, tornando-os, também, partícipes da obra governamental.

Todavia, os meios de comunicação apontam, frequentemente, graves falhas na prestação de informações ao público por parte das autoridades governamentais de todos os escalões, níveis e poderes. Reiteradas críticas apontam "que o governo não informa o que deveria; que não informa com oportunidade ou tão completamente como deveria".

A cada dia que passa, tornam-se necessários uma sociedade informada e um governo transparente, conforme expressa editorial do jornal *Folha de S.Paulo*, de 12 de agosto de 1986, p. 2, sob o título "Sociedade sem segredos", que retratou fatos constatados por seus jornalistas acerca de experiências nucleares realizadas na base militar da Serra do Cachimbo, no Pará. Em determinado trecho dessa matéria, observa-se:

> [...] Se se admite que o Estado, em decorrência de suas atribuições, deve preservar o sigilo em alguns pontos (e que à imprensa cabe desvendá-los), importa ter em mente, todavia, que a sociedade como um todo não deve ser posta à margem das decisões. Não pode ficar na ignorância diante de atividades que dizem respeito, diretamente, à sua segurança e ao seu futuro. O segredo estratégico pode encobrir mais do que os detalhes ou coordenadas de algum plano de emergência: na falta de controle e acompanhamento constante da sociedade, o véu da segurança nacional é extenso o suficiente para esconder o desenvolvimento de pesquisas e testes os mais indesejáveis ao país [...]

O terceiro presidente norte-americano, Thomas Jefferson, disse que "o modo de evitar rebeliões consiste em dar ao povo plena informação de seus negócios, mediante canais da imprensa, e imaginar meios que permitam a esse escrito penetrar toda a massa do povo". Com isso, pode-se concluir que a chave de qualquer regime está na informação dada ao cidadão, não como um ato de liberdade, mas como cumprimento de uma incumbência sagrada de prestar contas a quem deve participar da gestão da coisa pública.

O caminho da informação na visão de relações públicas governamentais

Ao identificar a comunicação como ferramenta básica para chegar ao relacionamento por meio da interação e da integração social, propiciada pela troca de informação e experiências, vale lembrar os conceitos científicos da comunicação apontados por Marques de Melo (1070), que traduz, em especial, os enfoques:

- ◆ etimológico – do latim *communis*, traz a ideia de tornar comum, chamando à participação quem está fora da comunidade para que dela participe;
- ◆ psicológico – no sentido da intencionalidade da ação comunicativa, na tentativa de provocar reações, influenciando e mudando comportamentos;

- pedagógico – reflete a continuidade da organização social, entrelaçada com o dinamismo da autorrenovação e o sentido da educação;
- histórico – como fator de cooperação e coexistência, fundamental à sobrevivência humana;
- sociológico – retrata o sentido gregário do ser humano e constitui-se no instrumento que permite aos seres vivos se encontrar em união com o mundo.

De outra forma, também vale destacar um conceito estrutural da comunicação (Figura 1), retratado neste artigo, com base em seus três elementos essenciais (fonte, mensagem e receptor), mais ilustrativos e significativos para a presente abordagem.

Na associação da estrutura da comunicação às premissas de relações públicas que traduzem, em sua essência, "formar públicos ao redor da organização" ou, de outra forma, "construir relacionamentos entre uma organização e seus públicos", deve-se despertar para algumas características que, segundo Andrade (1975, p. 39), concorrem para a constituição do agrupamento coletivo.

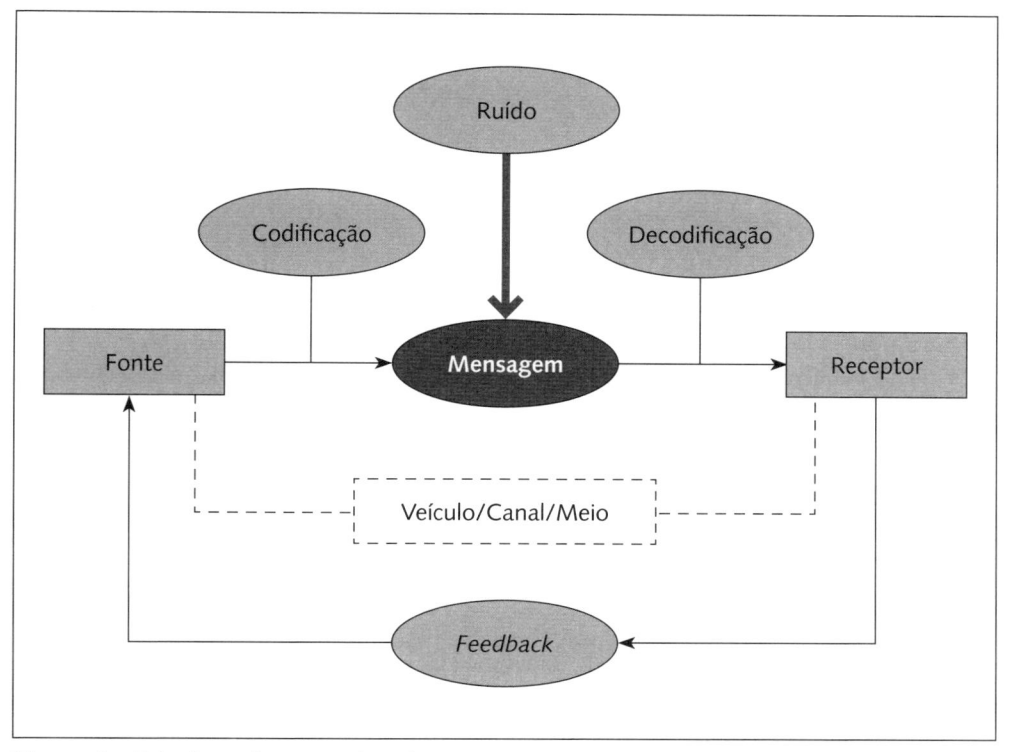

Figura 1   Estrutura da comunicação

Com ou sem contiguidade espacial, pode-se notar que a formação do público depende:

+ da presença de pessoas ou grupos organizados de pessoas;
+ da existência de controvérsia;
+ da abundância de informações;
+ da oportunidade de discussão;
+ do predomínio da crítica e da reflexão;
+ da procura de atitude comum;
+ da decisão ou opinião coletiva.

Ainda segundo Andrade (*ibidem*, p. 40), essas características de público favorecem a tentativa de estabelecer o conceito psicossociológico de público como:

> o agrupamento espontâneo de pessoas adultas e/ou de grupos sociais organizados, com ou sem contiguidade física, com abundância de informações, analisando uma controvérsia, com atitudes e opiniões múltiplas quanto à solução ou medidas a ser tomadas perante ela, com ampla oportunidade de discussão, e acompanhando ou participando do debate geral por meio da integração pessoal ou dos veículos de comunicação, à procura de uma atitude comum, expressa em uma decisão ou opinião coletivas, que permitirá a ação conjugada.

Nesse contexto, França (2004, p. 47) lembra o mesmo autor ao coletar e focar outras definições de autores nacionais e estrangeiros:

1) O público tem o direito a ser informado (Nelson do Amaral).
2) O público tem o direito de ser informado sobre questões controversas (Bertrand Canfield).
3) O público constitui fator primordial e essencial da atividade de relações públicas (Hugo Barbieri).
4) Em relações públicas, o termo *público* não significa todo um público de uma comunidade, mas apenas aquele setor de interesse imediato da empresa (Hugo Barbieri).
5) Público significa aquele grupo particular de cujo consenso depende a vida de um negócio (Carlo Majello).
6) A atuação do público pode afetar a ação de uma organização (Instituto de Relações Públicas da Grã-Bretanha).
7) Público é um grupo de indivíduos relacionados entre si por interesses comuns que compartilham de um sentimento de solidariedade (Scott M. Cutlip e Allen H. Center).
8) O público se compõe de grupos de pessoas unidas numa causa comum de interesses correlatos, de cuja reciprocidade têm plena consciência (Bertrand Canfield).

É assim que, ao se trabalhar simultaneamente a estrutura da comunicação, as premissas de relações públicas e os conceitos de público apresentados num diagrama é projetado. Ocorre por meio de uma simbologia linear, que aponta o caminho da informação na visão de relações públicas governamentais (Figura 2).

Características e perfil do governo

De início, é importante citar alguns conceitos preliminares que permeiam a área político-governamental, com origem e pertinência no direito constitucional. De

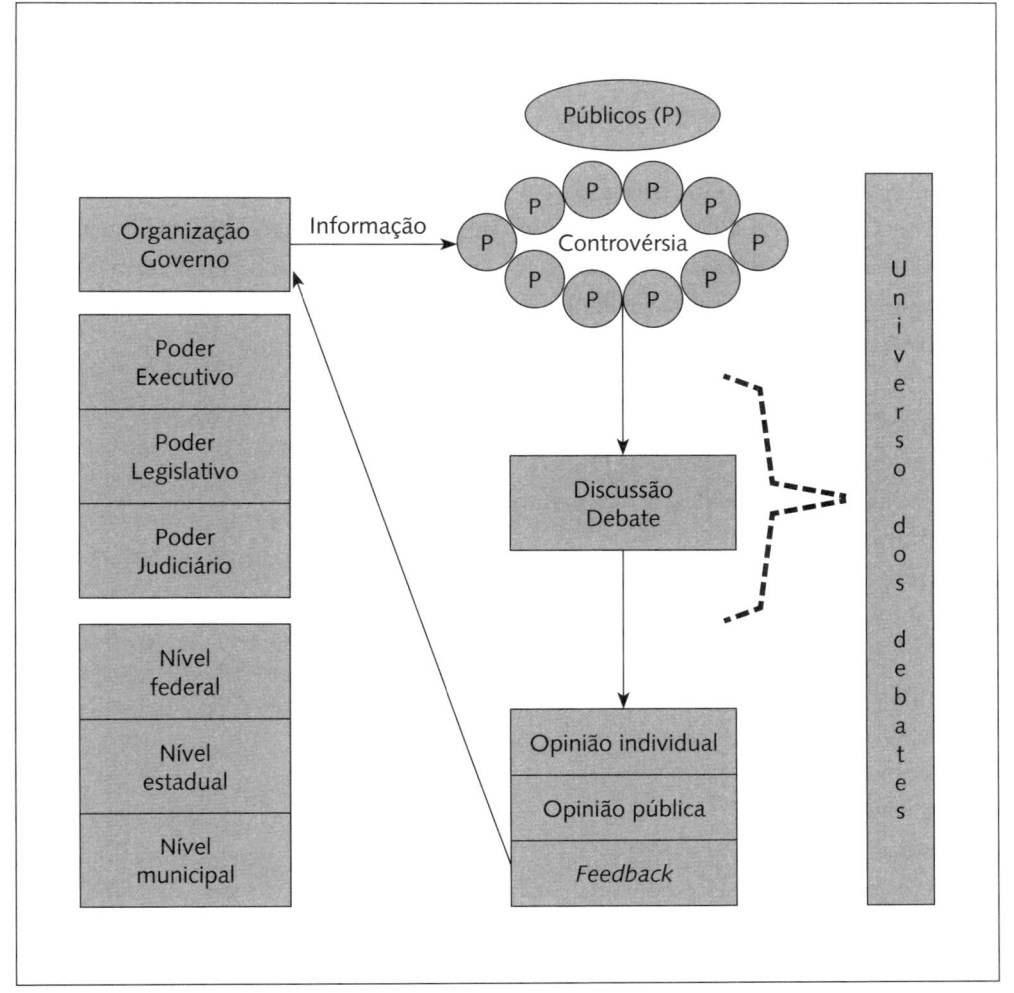

Figura 2 Caminho da informação nas relações públicas governamentais

maneira geral, eles são utilizados como sinônimos, embora sejam, teoricamente, tão somente complementares e pertinentes entre si. Alguns exemplos:

◆ Estado: é a nação (povo) politicamente organizada em um território (país), por meio de um governo soberano;
◆ governo: é o núcleo dirigente de um Estado, investido dos poderes públicos para desempenhar sua função administrativa;
◆ administração pública: é a gestão de bens e interesses qualificados da comunidade, nos âmbitos federal, estadual e municipal, segundo os preceitos morais e do direito, com finalidade de realizar o bem comum.

Nesse sentido, a complexidade do governo como organização e seu respectivo perfil devem ser identificados nas três esferas político-administrativas (Federal, Estadual e Municipal) e nos três poderes públicos (o Executivo, o Judiciário e o Legislativo), com a multiplicidade de órgãos que compõem e integram a administração pública, a chamada "máquina governamental".

Mais que isso, a organização governo tem na sua prestação de serviços um composto de áreas e de atividades, verdadeiros "nichos" de mercado, que devem ser consideradas "produtos ou gêneros de primeira necessidade" (segundo a hierarquia de Maslow), pois se responsabiliza, diretamente, por questões como:

◆ agricultura e abastecimento;
◆ assistência e desenvolvimento social;
◆ ciência, tecnologia e desenvolvimento;
◆ cultura;
◆ defesa civil;
◆ economia e planejamento;
◆ educação;
◆ emprego e relações do trabalho;
◆ energia;
◆ esportes e lazer;
◆ habitação;
◆ justiça;
◆ meio ambiente;
◆ recursos hídricos, saneamento básico e obras;
◆ saúde;
◆ segurança nacional e segurança pública;

◆ transporte;
◆ turismo.

Dessa forma o governo, mesmo sendo uma organização que não visa ao lucro, em decorrência de sua prestação de serviço, numa visão moderna e atual, mais que o gestor da coisa pública, deve sair do estágio burocrático para alcançar níveis de uma organização plenamente perceptiva. Consubstanciando, assim como aponta Philip Kotler (1984), um Estado empreendedor, uma organização ágil, dinâmica e atuante, como exige a sociedade atual.

Nessa mesma concepção de um novo Estado, David Osborne e Ted Gaebler mostram como o espírito empreendedor transformou e pode transformar o setor público. Os autores deixam de lado crenças subjacentes de que o governo não é um mal necessário, por ser indispensável às sociedades civilizadas que não funcionam de modo efetivo sem um governo efetivo.

Refletindo sobre as ideias de Osborne e Gaebler, Machado (2001, p. 10-1) aponta dez princípios básicos delineados para um governo empreendedor:

◆ ser um governo catalisador. Ele distingue o timoneiro, o que dirige, daquele que rema, ou seja, daquele que faz. Assim, a função do governo deve ser a de cata-lisador, promotor e coordenador, não mais de provedor direto. Deve articular parcerias, promover soluções com empresas, organizações não governamentais, a sociedade civil organizada, outros níveis e esferas do governo, e garantir que os serviços públicos sejam realmente prestados, sobretudo bem prestados;
◆ ser um governo competitivo. Para isso é necessária a quebra dos monopólios, de forma a liberar as forças do mercado;
◆ ser um governo inspirado em missões. A missão é a justificação social ou a razão de ser de qualquer organização – sem ela não se podem vislumbrar estratégias;
◆ ser um governo orientado para resultados, ligado à noção de desempenho, à qua-lidade dos serviços, à busca de soluções;
◆ ser um governo voltado para os clientes, para servir aos cidadãos, que são os "compradores" dos serviços públicos;
◆ ser um governo empreendedor, que ganha dinheiro com a venda de serviços públicos eficientes, em vez de só gastá-lo;
◆ ser um governo descentralizador, que delega autoridade para a tomada de deci-sões mais próximas do cliente, propiciando rapidez e agilidade;
◆ ser um governo da comunidade, proporcionando maior participação da sociedade nas decisões governamentais. A comunidade é quem mais conhece seus próprios

problemas e sabe resolvê-los melhor do que os burocratas (isso significa um corte cultural e político imenso);

◆ ser um governo que antevê, que se antecipa, que previne, que trabalha antes que os problemas aconteçam, e não um governo "quebra-galho", que busca soluções de qualquer forma, quando os problemas acontecem;

◆ ser um governo orientado para o mercado, que usa mecanismos do mercado para oferecer serviços públicos.

"Reinventar o Estado", "Reinventar o governo", "Reformar o serviço público", "Reestruturar a administração pública", "Criar uma nova gestão pública", em síntese, trata-se de questões de qualidade (excelência dos serviços), como traço ou perfil requerido para quaisquer organizações privadas ou públicas, que na era da informação devem se apresentar enxutas, flexíveis, na busca de parcerias, abertas à inovação, em constante evolução e voltadas às necessidades dos clientes.

Resumindo, é essa qualidade o ponto central, como fator de competitividade do Estado, com traços de gestão administrativa, muito mais que traços ideológicos. As pressões ocorrem de maneira globalizada e as demandas crescem dia a dia, exigindo agilidade, eficiência, eficácia e efetividade, ou seja, a excelência, também nos processos de comunicação e relacionamento do governo.

O cenário da comunicação governamental

Se a falta de informações separa governantes e governados, um "amplo programa de informações" previsto como uma das fases do processo de relações públicas poderá constituir-se em fator de encorajamento, confiança e apoio da população aos planos, às ações e aos programas de governo. Os órgãos governamentais precisam reconhecer a obrigação que têm de sempre informar o povo quanto ao seu funcionamento e às suas realizações, reduzindo assim as possíveis "áreas de ignorância" e o chamado "conhecimento superficial" da realidade.

Alie-se a esse fator outro detalhe importante que é o fato de estar ávido por participação por meio da expressão de sua opinião, seja de maneira favorável ou contrária ao governo, afinal isso é pilar dos direitos que garante a democracia. Com base nessas ideias, deve-se destacar que alguns critérios e diretrizes devem nortear e caracterizar a comunicação governamental, pois nesse contexto a organização/governo como fonte do processo comunicativo é, em última análise, responsável pela mensagem em todos os seus aspectos, não podendo, em nenhuma hipótese, perder a credibilidade na emissão da informação.

Assim é que se propõe uma "cota × 2" de princípios, para a comunicação governamental:

- Correta: a informação governamental tem de ser verdadeira e honesta, sempre para educar e esclarecer;
- Concisa: a informação tem de ser precisa e clara, sem quaisquer subterfúgios que prejudiquem o entendimento;
- Objetiva: a informação deve apresentar uma linguagem comum, evitando rodeios e expressões ou linguajar desnecessários, verdadeiros obstáculos à compreensão;
- Oportuna: a informação tem de ser a expressão do momento, representando o tempo real, sem cair na vala das explicações posteriores e extemporâneas;
- Transparente: a informação deve contemplar a ideia e a postura do objetivo inatacável, a começar pela proatividade;
- Total: a informação deve ser completa, não se admitindo transmissões parciais ou retalhadas, que podem conotar omissão;
- Abrangente: a informação deve ser onipresente, de modo a atingir todas as camadas ou segmentos da sociedade, não se admitindo prioridades ou privilégios;
- Atual: a informação deve ser pontual e presente, em conformidade com os próprios princípios da administração pública (legalidade, impessoalidade, moralidade, publicidade, razoabilidade, finalidade, motivação e interesse público).

Vale dizer que os princípios enumerados têm aplicação em qualquer das formas de comunicação que podem integrar o cenário da comunicação governamental, quais sejam:

- a comunicação estatal ou governamental (propriamente dita), que se refere à comunicação formal, originária nas redes e no sistema oficial, inserido nas organizações públicas, e tem como tarefa difundir, com a opinião pública, questões ou temas significativos da área governamental, visando ao conhecimento e à participação do cidadão;
- a comunicação política, que se refere a todas as relações comunicativas entre o Estado/Governo, por meio de todos os seus agentes, em quaisquer níveis de autoridade e responsabilidade, e a sociedade, sejam essas relações midiatizadas ou não;
- a comunicação pública, que se refere à troca de informações de utilidade pública, sempre por iniciativa dos órgãos e do poder público, de modo a manter o liame social, que é responsabilidade e interesse do Estado/governo;

◆ a comunicação comunitária, que se refere à comunicação entre o público e o privado, admite a participação de uma ampla gama de setores sociais organizados, independentemente do caráter estatal de qualquer instituição, e envolve, naturalmente, também as esferas do segundo e do terceiro setores. Pressupõe, assim, o quadro sociopolítico de uma democracia consolidada e plena, de modo a propiciar abundância de informações, acesso às fontes de informação e fortalecer a cidadania.

Relações públicas
Relações públicas governamentais

Considera-se de início o posicionamento de França e Ferrari, traduzindo a ideia e uma visão fundamental:

> Relações públicas são uma atividade profissional especializada, que tem por função gerenciar, de modo estratégico, as políticas de relacionamento das organizações públicas e privadas com seus diversos públicos, para que sejam bem-sucedidas em seus empreendimentos, tenham apoio da opinião pública e desfrutem de conceito positivo nas comunidades onde operam; identificamos e reforçamos a convicção de que, na área governamental, essa atividade especializada deve estar cercada de cuidados redobrados, pelas características da organização e pelo perfil dos públicos, constituindo-se uma especialidade dentro de uma atividade especializada. (França e Ferrari, 2002, p. 4)

Enfoca-se, de modo direto, para também encontrar respaldo na conceituação específica de Andrade:

> Relações públicas governamentais são o esforço deliberado, planificado, coeso e contínuo, da alta administração pública, para estabelecer e manter uma mútua compreensão entre governantes e governados (Adaptação da definição oficial da Associação Brasileira de Relações Públicas). Ou ainda, *relações públicas governamentais é o método de ação que, através do diálogo planificado e permanente entre os governantes e os governados, procura determinar o interesse social.* (Andrade, 1982, p. 88; grifo nosso)

Como lembra Poyares (1980), entenda-se por diálogo (*diá*, do grego, que significa "através", e *logos*, "palavra") mais que a troca de discursos, a reciprocidade persuasiva entre fonte e receptores, traduzindo ao mesmo tempo palavra e ação.

Pela reciprocidade persuasiva, simultaneamente norteada pelo interesse social, com base na análise da opinião pública (ora guiando, ora deixando-se por ela guiar), como efetivo *feedback* para a organização/governo, a aproximação entre governantes e governados será plena e satisfatória, gerando credibilidade e confiança da parte dos governados.

Fica evidente que não se pode conceber a atividade de relações públicas sem a tríplice visão "organização, opinião pública e comunicação recíproca". Com base nela, o exercício das relações públicas governamentais estará resguardado em sua função intrínseca, quando o regime político, adotado pelo Estado, respeitar o livre jogo da opinião pública, propiciando e realizando a comunicação mútua, e, em consequência, quando seus atos e informações forem resultantes da opinião de seus públicos, traduzindo o consenso social.

A aceitação das relações públicas por parte dos governantes, como ponto fundamental para uma sólida política de relacionamento, deve traduzir a informação total e irrestrita, buscando a participação, a cooperação e o apoio de cidadãos e contribuintes aos programas de governo. Deve-se também mostrar ao povo o direito à participação no progresso social. Na essência é, da mesma forma, o objetivo e a finalidade maior das relações públicas: mais que informar, obter a compreensão, a aquiescência e o apoio dos públicos.

Opinião pública

Dizia Napoleão Bonaparte que "opinião pública é uma potência invisível a que ninguém resiste". Complementava, ainda, que nada é mais móvel, mais vago e forte e, apesar de caprichosa, ela é verdadeira, razoável, muito mais do que se pensa.

Como força dinâmica e atuante que é, em qualquer organização, grupo social ou comunidade, a opinião pública, mesmo invisível e abstrata aos olhos do povo, aprova ou desaprova socialmente a conduta dos indivíduos, acarretando reflexos nas organizações a que estes pertencem.

Deve-se destacar, também, que sua formação é diferente de uma sociedade onde predominam os grupos primários e da sociedade industrial, ou nos grandes centros urbanos. No primeiro tipo, os contatos face a face prevalecem, ao passo que, no segundo tipo de sociedade, acrescentam-se os meios de comunicação de massa.

Concordando com Sarah da Viá (1983), porém, quando ressalta que se tem supervalorizado a influência dos meios de comunicação de massa na formação da opinião pública, ressalta-se, aqui, que os estudos mais recentes mostraram a permanência e a importância da influência direta também no processo de formação da opinião. Tal fato fortalece a necessidade da comunicação pessoal de base com os pequenos grupos, o que também faz lembrar a importância das relações públicas e a respectiva ênfase à comunicação dirigida, visto que esse complexo fenômeno social – a opinião pública – tem seu nascedouro na opinião individual.

De modo mais específico, na ótica de relações públicas, considerada um processo bilateral (a via de duas mãos, o "ir" e o "vir" da informação ou o modelo simétrico de duas mãos de Grunig), o fechamento do ciclo comunicativo ocorre com a opinião pública, funcionando como um termômetro orientador da política e das ações de relacionamento do governo. Ao mesmo tempo, funciona como instrumento de controle de qualidade e julgamento dos governos e respectivos governantes por meio de pressão abstrata e invisível, mas efetivamente atuante.

Em especial, na visão de relações públicas governamentais, também é fundamental lembrar e entender, com naturalidade, a pertinência das leis que regem a opinião pública apresentadas por Hadley Cantril (1947):

1. A opinião é muito sensível aos acontecimentos importantes.
2. Acontecimentos fora do comum podem lançar a opinião pública, temporariamente, de um extremo ao outro.
3. A opinião, em geral, é determinada mais pelos fatos do que pelas palavras.
4. As afirmações e os esboços dos programas de ação são da máxima importância quando a opinião ainda não está formada.
5. Em geral, a opinião pública não precede as emergências, apenas reage a elas.
6. Do ponto de vista psicológico, a opinião é, basicamente, determinada pelo interesse próprio.
7. A opinião não permanece desperta durante muito tempo, a não ser que seja mantida pelos fatos.
8. Uma vez que o interesse próprio está em jogo, as opiniões dificilmente se modificam.
9. Quando o interesse próprio está em jogo, a opinião pública, em uma democracia, geralmente segue adiante da política oficial.
10. Quando alguma opinião conta com pequena maioria, ou não tem bases sólidas, um fato consumado tende a levar a opinião rumo à aceitação.
11. Em períodos críticos, as pessoas são mais sensíveis no que se refere aos seus dirigentes.
12. O povo é menos relutante em aceitar as decisões importantes tomadas por seus dirigentes se ele sente que, de algum modo, está tomando parte nelas.
13. As pessoas têm mais opiniões e maior capacidade de formar ideias com respeito aos fins do que aos métodos para atingi-los.

14. A opinião pública, como a individual, recebe o colorido do desejo. Quando se baseia mais nos desejos do que nos fatos, a opinião tem maior probabilidade de se desviar bruscamente de acordo com os acontecimentos.

15. Se um povo em uma democracia goza de facilidades educacionais e de livre acesso às fontes de informação, a opinião pública revela um senso comum obstinado.

Universo dos debates

Detalhe importante vinculado à discussão é o chamado universo dos debates, como elemento norteador e orientador do bom debate público, do debate de qualidade, que apresenta três finalidades, aparentemente teóricas, utópicas e distantes, mas de grande valia nessa dialética comunicativa, quais sejam:

- ◆ Habilitar e permitir a concordância no significado dos termos fundamentais. Em nível do conteúdo maior da mensagem, é extremamente eficaz a definição, explicitação e fixação dos pontos essenciais que devem ser repetidos e propagados à totalidade dos públicos, em todas as oportunidades, com o objetivo de tornar maior e melhor o entendimento e a compreensão da temática em discussão, objeto da controvérsia.
- ◆ Prever e estimular o estabelecimento e a manutenção de uma linguagem comum. Para cada público, em especial, há que se nivelar a linguagem, tornando a mensagem acessível a cada participante *de per si*, fato que só será conseguido com uma efetiva identificação, estudo e apreciação do comportamento dos públicos, como recomendam os princípios diretores de relações públicas enumerados por Childs (1953).
- ◆ Afastar e evitar a adoção de posições dogmáticas, radicais ou extremadas. Se o indivíduo integrante do público está disposto a debater em pleno exercício de sua capacidade de crítica e reflexão, não se admitirão posicionamentos indiscutíveis, via de regra relacionados às "áreas de ignorância" dos públicos, como consequência da desinformação, da insuficiência da informação, ou de sua própria incompreensão, ambiguidade ou ruído semântico.

Administração da controvérsia pública

No desenvolvimento do processo de comunicação e de relacionamento entre governantes e governados, a administração da controvérsia pública, ou seja, a instituição do poder administrativo controverso, apresenta-se como dever do Estado, mais ainda em um Estado Democrático de Direito (caso do Brasil), com o intuito de propiciar a formação de públicos e estimular a livre manifestação das pessoas por meio de suas respectivas opiniões individuais.

Todavia, mais que isso, todo o esforço de comunicação e relacionamento do governo terá a difícil missão de obter e centrar a atenção do cidadão comum pela informação, despertando nele a condição de contribuinte com importante vinculação à obra governamental e fazendo-lhe aflorar o interesse em estar bem informado como condição para o desenvolvimento de sua capacidade crítica, necessária às consequentes e justas avaliações, em especial, aquelas pertinentes à prestação de serviços públicos.

Assim é que os públicos, alimentados pela abundância de informações, de modo a tirar o cidadão/contribuinte da alienação ou do chamado "conhecimento superficial", bem como pela diminuição de "áreas ou bolsões de ignorância" e a caminho de uma "sociedade sem segredos", com respeito a quaisquer iniciativas ou programas de governo, estariam agindo e interagindo, consubstanciando na prática a relação entre governantes e governados.

Exige-se nesse contexto o trabalho sincrônico entre a comunicação dirigida e a comunicação de massa, tendo o marketing e o jornalismo/imprensa como pêndulo entre as linhas citadas, efetivando a comunicação organizacional de modo integrado.

Com o amplo debate, caminha-se do CONHECIMENTO, pela troca e transmissão de informações (sentido da comunicação), para a CONSCIENTIZAÇÃO (motivação dirigida), chegando-se à PARTICIPAÇÃO e à AÇÃO CONJUGADA entre a organização/governo e seus públicos/governados, ou seja, a integração como fim, a partir da identificação e determinação do interesse público (Figura 3).

Considerações finais

As pesquisas demonstram que os cidadãos querem participar, motivados, dos programas de relações públicas, enfáticos na comunicação dirigida e na utilização das próprias técnicas de relações públicas. Dentro do planejamento da comunicação governamental integrada, estarão mais exigentes e deverão apreciar amplamente o debate, quer para acrescentar, concordar ou discordar das opiniões. Sem dúvida querem, de uma forma ou de outra, por meio dessa interação, contribuir para a formação de comunidades fortes e coesas, na busca de seus respectivos interesses.

Nesse contexto, a interpretação e a indagação sobre o andamento dos negócios do Estado, quaisquer que sejam eles, são inerentes ao direito de saber e ter livre acesso às fontes de informação, sendo a crítica, a dúvida, a discussão e o debate entendidos, naturalmente, como formas do exercício e da prática da liberdade de pensamento, de manifestação e de opinião. Refletem nesse processo a obediência ao livre jogo da opinião

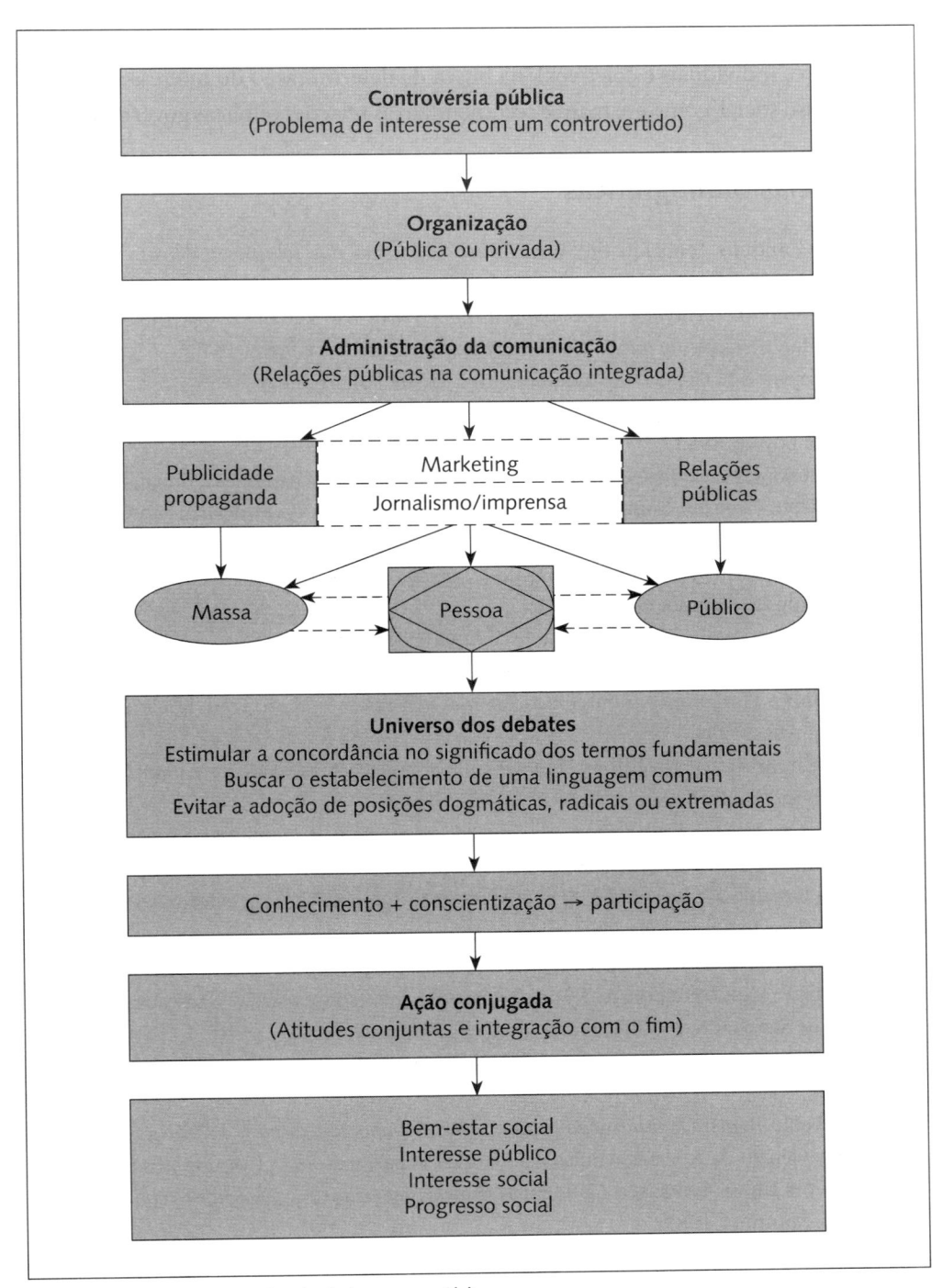

Figura 3 Determinação do interesse público
Adaptado pelo autor; original de Oliveira e Vasconcelos (1988).

pública e a plenitude do Estado Democrático de Direito, pela prática da cidadania (direitos e deveres individuais e coletivos), na busca da determinação do interesse público e do progresso social, como ensinam e recomendam as relações públicas governamentais.

Referências bibliográficas

ANDRADE, Candido Teobaldo de Souza. *Psico-sociologia das relações públicas*. São Paulo: Vozes, 1975.

_____. *Administração de relações públicas no governo*. São Paulo: Loyola, 1982.

CANTRIL, Hadley. *Gauging public opinion*. Princeton University Press, 1947.

CHILDS, Harwood L. *Curso de relações públicas*. Rio de Janeiro: Ebap, 1953.

CHUCID DA VIÁ, Sarah. *Opinião pública: técnicas de formação e problemas de controle*. São Paulo: Loyola, 1983.

COSTA OLIVEIRA, Maria José da (Org.). *Comunicação pública*. Campinas: Alínea, 2004.

FRANÇA, Fábio. *Públicos. Como identificá-los em uma nova visão estratégica*. São Caetano do Sul: Difusão, 2004.

FRANÇA, F.; FERRARI, M. A. F. *Apostila de teoria de relações públicas contemporâneas*. São Bernardo do Campo: Umesp, 2002.

JARAMILLO, Juan Camilo. *Experiencia de la comunicación pública*. Disponível em: <http://www.comminit.com/la/pensamientoestrategico/lasth/lasld-797.html>. Acesso em: 06 jan. 2009.

KOTLER, Philip. *Marketing para organizações que não visam o lucro*. Trad. H. de Barros. São Paulo: Atlas, 1984.

KUNSCH, Margarida M. Krohling. *Planejamento de relações públicas na comunicação integrada*. São Paulo: Summus, 2003.

_____. (Org.). *Gestão estratégica em comunicação organizacional e relações públicas*. São Caetano do Sul: Difusão, 2008.

MACHADO, Geraldo. *Gestão pública. Desafios e perspectivas*. Salvador: Cadernos da Fundação Luís Eduardo Magalhães, 2001.

MELO, José Marques de. *Comunicação social. Teoria e pesquisa*. Petrópolis: Vozes, 1970.

OLIVEIRA, C. F.; VASCONCELOS, A. T. *A determinação do interesse público*. São Paulo: Universidade de São Paulo, 1988 (Trabalho de pós-graduação).

POYARES, Walter Ramos. *Imagem pública. Glória para uns, ruína para outros*. São Paulo: Globo, 1998.

SALGADO, Paulo Regis. *Comunicação comunitária. A importância para a Polícia Militar*. São Paulo: Centro de Aperfeiçoamento e Estudos Superiores, 1988 (Monografia).

TORQUATO DO REGO, Francisco Gaudêncio. *Marketing político e governamental*. 5. ed. São Paulo: Summus, 1985.

_____. *Tratado de comunicação organizacional e política*. São Paulo: Thomson, 2003.

TZU, Sun. *A arte da guerra*. Adaptação James Clavell. Trad. José Sanz. 19. ed. Rio de Janeiro: Record, 1983.

10

Relações públicas na era dos megafones digitais

CAROLINA FRAZON TERRA

Introdução

Entende-se que as relações públicas são a administração dos relacionamentos entre uma organização e seus públicos com fins de equilíbrio de interesses. França afirma que:

> Chega-se ao momento do domínio da tecnologia, da informática, da rapidez da comunicação e da multiplicidade dos meios de transmissão que conduzem à desmassificação da mídia para torná-la segmentada de modo a atingir públicos específicos, dirigidos, objeto da ação estratégica de relações públicas. (França, 2004, p. 39)

Este capítulo visa apresentar o nascimento da comunicação organizacional digital e das relações públicas digitais, ambas decorrentes do fenômeno da digitalização e da evolução da sociedade. Nesta parte, também se procura comparar a chamada comunicação tradicional, composta pelos meios de comunicação impressos, eletrônicos e audiovisuais, com a comunicação digital. Além disso, serão apresentados os conceitos de mídias sociais, redes sociais, os resultados obtidos em função da comunicação digital e o papel das relações públicas e do comunicador ante esse cenário complexo e em rede.

Comunicação tradicional *versus* comunicação digital

Considera-se comunicação tradicional toda forma ou expressão comunicacional oriunda dos veículos de comunicação impressos, eletrônicos e audiovisuais. A comunicação digital, por sua vez, é a expressão comunicacional derivada da internet ou da comunicação móvel como plataformas de veiculação.

A comunicação digital trabalha de forma dialética, permitindo a interação e a troca de papéis entre emissores e receptores.

Corrêa (2005, p. 102) conceitua comunicação digital como o uso das tecnologias informativas da comunicação (TICs), e de todas as ferramentas delas decorrentes, para facilitar e dinamizar a construção de qualquer processo de comunicação integrada nas organizações.

A autora ainda salienta que nem todo o processo comunicacional de uma organização é digital ou digitalizável, e nem toda TIC é adequada à proposta de comunicação integrada de dada organização. O plano de comunicação digital deve estar baseado e sustentado no plano de comunicação estratégica integrada.

O surgimento de novos meios, como mensagens de celular, *blogs* e comunidades virtuais, entre outros, provoca nos profissionais de comunicação uma dupla inquietação: por um lado, abre oportunidades para exposição institucional para as organizações; por outro, deixa-as muito vulneráveis. Gerir essa dupla consequência é um dos grandes desafios dos profissionais de comunicação, demandando, também, uma especialização e entendimento no meio.

Estudos sobre os meios mais adequados para atingir determinados públicos constituem um dos muitos desafios do comunicador. A *web* pode ser ideal para mensagens mais curtas, ao passo que os meios impressos podem ser mais eficazes para conteúdos longos, complexos e para novas ideias. Por fim, a comunicação face a face pode superar resistências. No entanto, sem um plano diretor de comunicação, nenhuma ação comunicacional é efetiva.

A comunicação digital no contexto organizacional

> Cada vez mais, a revolução digital transforma os negócios e a nossa vida de uma forma irreversível. Qualquer um que trabalhe com comunicação vive um dos períodos mais férteis e desafiadores da história. Todas as mídias estão sendo transformadas pelos próprios usuários numa velocidade estonteante. Portanto, meus queridos, não fiquem presos a velhos paradigmas. Estejam atentos, por exemplo, ao fenômeno do podcast e dos blogs na internet. (Tas *apud* Batochio, 2005, p. 68)

Uma das características mais evidentes da comunicação digital é a possibilidade de interação e *feedback*. Esses dois atributos são chamados de comunicação simétrica ou assimétrica de mão dupla. Tais conceitos têm raízes nos mesmos objetivos das relações públicas.

Corrêa (*op. cit.*, p. 107) considera que o primeiro elemento para formatar a comunicação digital organizacional é a sua cultura e a relação desta com a inovação, tecnologia, uso de computadores, de internet, entre outros. Em segundo lugar, estão os públicos estratégicos da organização: quem são e quais são as afinidades com o ambiente digital. A autora explica que um "fale conosco", disponível na página *web* da empresa, só será eficaz se a comunidade usar intensamente a mídia digital, pois, caso contrário, uma linha telefônica ou um balcão de atendimento presencial serão mais eficazes. O terceiro passo é combinar a cultura com as características dos públicos para estruturar o conteúdo das mensagens comunicacionais, inclusive as de cunho institucional. Por fim, a última etapa corresponde à construção da estratégia de comunicação digital que inclui determinar quais ferramentas serão utilizadas: *e-mail marketing*, fóruns, *website*, intranets, portais corporativos, ferramentas de busca, transações multimídia, *blogs*, *podcasts*, mensagens instantâneas etc.

Como necessitam de agilidade nas comunicações com seus mais diversos públicos, as organizações estão enxergando na comunicação digital uma alternativa para se comunicar.

A comunicação empresarial contemporânea, resultado da transformação sofrida pelas tecnologias informativas da comunicação (TICs), ganha importância estratégica em uma quantidade cada vez mais significativa.

Corrêa (*op. cit.*, p. 99) ainda acredita que, "na prática, assistimos a um processo jamais visto de inovação/absorção de tecnologias para alavancar a comunicação humana que chega à beira do incontrolável".

Nassar observa, com relação ao uso de novas tecnologias:

> Detectar novos públicos, analisar, definir os seus perfis, as suas demandas e tendências e se comunicar com eles por meio das mídias disponíveis são as grandes tarefas de uma comunicação social preocupada com sua eficiência e com o bolso de quem paga os salários dos colaboradores, investe em pesquisa e produtos e bonifica acionistas. (Nassar, 2004, p. 128)

Nassar (*op. cit.*, p. 131) ainda vê na comunicação organizacional uma forma de posicionar a empresa perante a opinião pública e a sociedade em geral por meio da assessoria de imprensa digital, pois, assim, se conseguiriam resolver demandas com agilidade e rapidez.

A internet pode ajudar as empresas a atingir audiências específicas e suas relações com a comunidade, engajando-as em uma comunicação direta e simétrica. Os novos instrumentos de tecnologia da informação alteraram toda a comunicação organizacional que se desenvolveu como resposta às demandas globais e como um instrumental que incentiva e produz a globalização das ações organizacionais (Casali, 2002).

A comunicação integrada constrói uma mensagem organizacional única por meio de diversos instrumentos de comunicação, com suas respectivas características, porém com uma mensagem única. Cada veículo de comunicação pode oferecer um benefício singular e, embora no ambiente virtual os conteúdos e possibilidades de interação sejam mais amplos, isso não significa que deva desintegrar-se das demais mídias.

Não se pode posicionar a comunicação digital sem uma visão de seu planejamento integrado e alinhado à estratégia global da organização.

Relações públicas digitais e comunicação organizacional digital

A aplicação das tecnologias de comunicação em relações públicas vai ajudar que as atividades se realizem de maneira mais segmentada e as capacidades comunicativas melhorem em efetividade e eficácia devido a uma especialização das ferramentas dirigidas aos seus públicos. Um dos elementos que mais vão modificar essa relação são as tecnologias que trazem rapidez, formação de comunidade e interações, já que é possível elaborar mensagens específicas e analisá-las mediante atividades concretas.

Tudo isso supõe uma melhora considerável de um dos aspectos mais frágeis, como as avaliações e a confiabilidade das estratégias comunicativas. Esse avanço se concretiza em vantagens para as relações públicas como uma melhor segmentação dos diferentes públicos da organização, permitindo uma relação mais personalizada e maior controle de resultados. Essa relação implica interagir permanentemente com os públicos, tendo a possibilidade de resolver situações em tempo real.

Em sua essência, de acordo com Pinho (2003, p. 17), as atividades de relações públicas oferecem informações para ajudar os componentes de seus diversos públicos na tomada de decisão: "[...] a rede mundial está se tornando fundamental aos planos de relações públicas de grande parcela das companhias, cujos *sites* foram desenhados como centros de informação para consumidores atuais e potenciais". O autor ilustra a questão nas relações públicas na internet:

> Tecnologia emergente e promissora ferramenta de comunicação, a internet representa o mais novo instrumento que o profissional de relações públicas pode contar para o seu trabalho de influenciar positivamente os públicos de interesse de empresas e instituições. Os recursos tecnológicos e as principais aplicações de internet precisam ser bem mais conhecidos em suas características para oferecer o adequado suporte a estratégias de relações públicas, especialmente por permitir a prática e uma comunicação aberta e dialógica

e o estabelecimento de relacionamentos mais próximos, permanentes e duradouros entre a organização e os diversos públicos que a constituem e com ela interagem. (*Ibidem*, p. 7)

E complementa:

[...] Assim, a natureza interativa da rede mundial favorece uma comunicação dialógica e a formulação de estratégias para informar, influenciar e monitorar os diversos públicos de interesse das relações públicas – mídia, investidores, governo, comunidade, consumidores, clientes, fornecedores. (*Ibidem*, p. 288)

Seguindo a evolução da comunicação de massa, passando dos meios impressos aos eletrônicos e, mais recentemente, aos digitais, a comunicação corporativa incorpora uma vasta lista de ferramentas, que vão desde a intranet, à TV via satélite, agora à TV digital, aos *blogs*, *microblogs*, *chats*, fóruns, *podcasts*, entre outros. A soma desse ferramental digital que informa, treina, motiva públicos ligados à organização é o que se denomina comunicação organizacional digital.

É possível dizer que antes o foco da comunicação organizacional girava em torno da assessoria de imprensa, relações públicas e publicidade. Hoje, a comunicação integrada em diversas mídias (sobretudo digitais) complementa o tradicional tripé.

Mensuração, análise da percepção da imagem organizacional e um plano de relacionamento nas redes sociais integram o *mix* de comunicação das organizações, além da presença institucional na *internet*.

Pode-se definir mídia social como aquela utilizada pelas pessoas por meio de tecnologias e políticas na *web* visando ao compartilhamento de opiniões, ideias, experiências e perspectivas. São consideradas mídias sociais os textos, imagens, áudio e vídeo em *blogs*, *microblogs*, comunidades, quadro de mensagens, fóruns de discussão *on-line*, *podcasts*, *wikis*, *vlogs* e afins que permitem a interação entre os usuários.

A mídia social tem como características o formato de conversação e não de monólogo; deve facilitar a discussão bidirecional e evitar a moderação e a censura; tem como protagonistas as pessoas e não as empresas ou marcas, isto é, quem controla sua interação com as corporações são os próprios usuários; tem como principais valores a honestidade e a transparência; privilegia a distribuição em vez da centralização, uma vez que tem diversos interlocutores que tornam a informação heterogênea e rica.

Contemplar os canais de comunicação em que o usuário é o maior responsável pelo conteúdo pode ser uma fonte de baixo custo e de confiabilidade para as organizações. É também uma oportunidade para a organização se relacionar com públicos sem intermediários, de colocar em prática a comunicação bilateral em um processo de constante e permanente interação. A seguir, um exemplo hipotético do que acontece com as marcas que não têm boa experiência, reputação ou imagem perante seus públicos:

> Alguém está falando mal de sua empresa neste momento. Em segundos, essa pessoa vai mandar o comentário para outra, que vai inseri-lo num blog e, em pouco tempo, surgirá uma comunidade no Orkut a respeito desse mesmo tema. Em minutos, a reputação de sua marca, na lista dos dez mais clicados do Google, estará ameaçada para todo o sempre. (Maia, 2008a, p. 1)

Afora o determinismo citado anteriormente, as redes sociais *on-line* deixaram de servir apenas ao entretenimento de adolescentes para ser cada vez mais usadas pelas empresas como ferramenta de relacionamento.

O estudo State of Blogosphere 2008, conduzido pelo Instituto Technorati sobre o estado da blogosfera norte-americana, destacou que oito em cada dez blogueiros produzem com frequência conteúdos que citam marcas (para o bem ou para o mal). Felitti (2008) supõe que tal fato tem relação direta com o ganho de credibilidade da blogosfera: 71% dos entrevistados nesse estudo do Technorati afirmam que os *blogs* são levados mais a sério como fontes de informação, enquanto 51% creem que eles serão as fontes primárias de informação mais populares da mídia nos próximos cinco anos.

Para o CEO da Edelman, Richard Edelman (Edelman & Technorati, 2006, p. 4), a tradicional pirâmide de influência (de cima para baixo) está mudando para um paradigma mais fluido, colaborativo e horizontal em que as marcas e as reputações corporativas são construídas tentando engajar múltiplos *stakeholders* por meio de diálogo contínuo.

Pelo modelo tradicional de relações públicas, os profissionais influenciam grupos formadores de opinião e estes, por sua vez, alcançam as audiências via meios de comunicação de massa e imprensa. No novo modelo, o público interno é informado

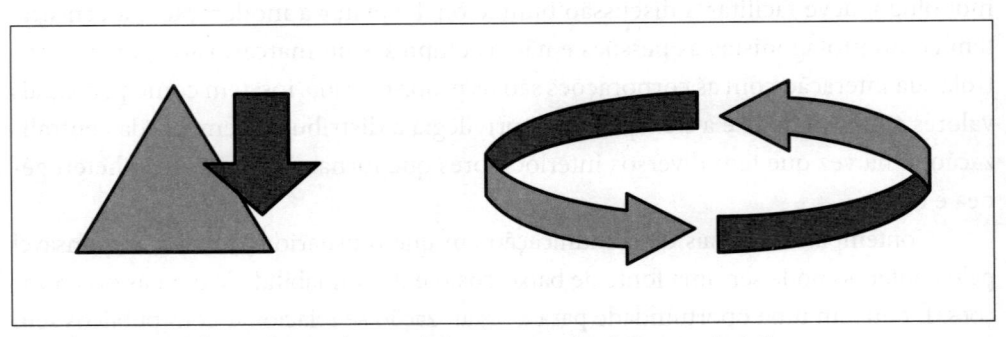

Figura 1 Modelo tradicional e modelo emergente de comunicação

pela companhia por meio de publicações, *e-mails* e reuniões. Esses funcionários vão *blogar* sobre suas corporações, enquanto consumidores vão falar diretamente com pessoas com interesses similares. E ambos os grupos – funcionários e consumidores – não tiveram treinamento para lidar com a mídia. Eles apenas compartilham ideias na internet e colaboram.

A confiança em pessoas comuns como fonte de informação dobrou neste estudo da Edelman & Technorati (2006, p. 6): amigos, família e funcionários são agora considerados os mais importantes e confiáveis porta-vozes, tendo duas vezes mais credibilidade que os presidentes.

Richard Edelman (*op. cit*) chama esse padrão de "*network of cross influence*", uma rede de influência cruzada. Trata-se de uma rede dinâmica, de troca de informações entre o mundo real e o virtual, em que todos os participantes demandam voz. Em outras palavras, aqueles que eram a base da pirâmide de influência agora possuem uma variedade de ferramentas que lhes permite compartilhar informações e opiniões *on-line*.

A respeito do futuro das relações públicas, o presidente da Edelman acredita que essa indústria tem uma oportunidade única de consolidar o seu potencial como disciplina líder. Além disso, é uma oportunidade de mudança no método de trabalho: um novo tom, longe das vendas, em direção a uma conversação contínua e aprendizado com os públicos de relacionamento.

Os profissionais de relações públicas devem se tornar advogados informados, dedicados a transmitir confiança e a ouvir os públicos estratégicos ligados às organizações. Peter Hirshberg (Edelman & Technorati, *op. cit.*, p. 4), vice-presidente executivo do Technorati, acredita que o crescimento da blogosfera é parte de uma tendência significativa que vê audiência e consumidores ganhando voz e influência sobre as instituições (mídia, entretenimento e marcas) formadas sob um rígido controle de figuras autoritárias.

A mídia tradicional (chamada de *mainstream*) vê nos blogueiros *expertise* e fonte de ideias como um mecanismo para incluir audiências e inspirar lealdade por parte de seus leitores.

Hirshberg (Edelman & Technorati, *op. cit.*, p. 6) afirma que muito frequentemente as relações públicas olham para a blogosfera como um monolito barulhento ou tentam encontrar os blogueiros mais influentes num esforço de manter o controle. Porém, a blogosfera é mais rica e complexa que um simples modelo. E Hirshberg completa que a melhor maneira de entendê-la é examinar a segmentação natural que ocorre no decorrer da distribuição dos blogueiros.

O vice-presidente da Technorati acredita que a blogosfera é uma boa oportunidade para as relações públicas e marcas, pois os mercados estão interconectados como nunca estiveram. O boca a boca corre o globo em questão de horas, e os consumidores apaixonados e conectados tornam-se uma poderosa força para o marketing.

O mundo das relações públicas pode mostrar liderança neste novo papel como receptores poderosos, uma força que pode ouvir e auxiliar marcas a interagir e se engajar com seus clientes como nunca aconteceu antes (Edelman & Technorati, *op. cit.*, p. 8). O estudo faz, ainda, um comparativo entre o modelo estabelecido e o emergente para as RPs.

Quadro 1 Comparativo entre modelos atuais e emergentes

Aproximação estabelecida	Modelo emergente
Modelo empurra: envio de *press release* para a imprensa para atingir o máximo possível da audiência. *Follow-up* para arranjar entrevistas e, na maioria dos casos, os *e-mails* são deletados pelos jornalistas.	*Caminhando para o modelo puxe*: uso de *feeds* RSS para que blogueiros, jornalistas e outros clientes recebam informações de interesse.
Mensagens controladas: preparar porta--vozes para todas as questões e ter posicionamentos rígidos.	*Conversação*: interação contínua e conversações de acordo com as necessidades dos *stakeholders*.
Voz autoritária e cínica em crises: centralização no contato com a mídia.	*Engajar em níveis múltiplos*: ser transparente para com todos os níveis organizacionais.
Elites são informadas primeiro: depois é que consumidores, funcionários e mídia local são avisados.	Empoderar funcionários e permitir cocriação dos consumidores.
Falar para – e não com – a audiência: comunicação de mão única.	*Paradoxo da transparência*: informar com transparência mesmo em momentos de crise.
Cauda de cachorro: relações públicas como um suporte ao marketing, administrando as relações com a mídia para que a propaganda realize o seu trabalho.	*Sentar-se sobre a mesa*: relações públicas como disciplina de gerenciamento de construção de relacionamentos entre companhias e seus *stakeholders*.
Companhia sabe melhor: é a melhor fonte de informações.	*Sabedoria das multidões*: stakeholders colaboram com ou sem os *inputs* dados pelas organizações. A oportunidade para companhias é para ouvir, aprender e participar.

Fonte: Edelman & Technorati, 2006, p. 9.

Por que as companhias deveriam se importar com a blogosfera?

Simples: as conversações estão ocorrendo com ou sem a participação das organizações, de modo que, quando são ignoradas, podem representar danos de reputação difíceis de ser recuperados.

O papel da comunicação corporativa deve ser alterado: deve trabalhar para identificar e cultivar aqueles que fazem o papel de evangelistas da organização, que têm credibilidade, confiança e são apaixonados por ela. O assunto-chave é confiança. As formas de aproximação e contato da área de comunicação corporativa devem mudar do *pitching*[1] para a participação: troca de ideias em tempo real.

Se as companhias de relações públicas continuarem no modelo de mensagens controladas em vez de investir em relacionamentos honestos e engajados de longo prazo, tenderão à desconfiança de seus públicos.

Há muita discussão sobre como as comunidades ou ferramentas derivadas da *web* 2.0 devem ser monitoradas em favor das organizações. Muitas companhias já fazem uso de serviços de acompanhamento disponíveis no mercado, outras preferem realizar o trabalho de forma caseira. Há, ainda, um terceiro grupo que monitora, mensura e age sobre os resultados.

É preciso preocupar-se com a imagem organizacional *on-line*, uma vez que a *web* não só ampliou a repercussão dos problemas com a reputação de uma empresa como também diversificou os riscos e danos de uma incipiente presença nas redes.

Estratégia digital

Alexandre Kavinski (*apud* Tadeu, 2008) explica que a sustentação da reputação *on-line* envolve dois aspectos: a proteção da imagem em si e a monitoração constante dos consumidores na internet. E completa que um trabalho de posicionamento da marca na rede necessita de objetivos claros que sinalizem como quer que o consumidor a veja ou a associe. Deve-se lembrar sempre que a organização deixa de ter total controle sobre si, dividindo isso com os seus públicos.

Um artigo no *site* Meio Digital aborda a mudança de paradigma com a internet:

> Marcas eram, até então, entidades "envelopadas" em uma enorme estrutura de proteção, sempre atentas a danos e arranhões. Essas corporações mantêm departamentos inteiros de RP e de assessoria jurídica para "apagar incêndios" na imagem de seus produtos. (User-Generated Content, Meio Digital, 2007)

---

1 *Pitching* é uma palavra inglesa que significa, no jargão da assessoria de imprensa, convencer o repórter/jornalista de que determinado assunto pode ser interessante para ser publicado (Terra, 2006, p. 136).

No entanto, não basta que a empresa disponha de meios legais e assessorias de comunicação a seu favor. As organizações não podem evitar que o contingente de usuários na *web* ressignifique, reestilize, satirize ou ovacione sua marca, seus produtos ou serviços na rede:

> Hoje, o número de internautas é muito maior e as empresas temem que os clientes assumam o controle sobre a marca, como em um tipo de "aquisição hostil" em termos de mercado. (User-Generated Content, Meio Digital, 2007)

Ricardo Ciancaruso (*apud* User-Generated Content, *op. cit.*) nomeia essas possibilidades de ação do internauta como *megafones da era digital* pelo poder que é conferido ao consumidor e não pode ser negligenciado pelas organizações. A dinâmica de funcionamento das lojas *on-line*, por exemplo, contempla a opinião do consumidor acerca do produto adquirido. Se o comentário for bom, ajuda a endossar o produto; se for ruim, deve ser encarado como oportunidade de melhoria pela organização. Esse papel de coleta, análise e filtragem das opiniões dos usuários passa a ser tarefa do profissional de comunicação para orientar futuras ações voltadas aos públicos ligados à empresa.

Coutinho (2008, p. 3) ressalta que um grande risco para as empresas ao se aproximarem de uma comunidade vem de uma mentalidade de "controle", ou seja, da percepção desse novo espaço das redes sociais como um ambiente a ser conquistado e pautado pela comunicação tradicional. Coutinho faz um paralelo dessa tentativa de controle com a invenção da prensa tipográfica. Durante quinhentos anos, a Igreja deteve o poder de produção e circulação de ideias por meio de seus monges copistas e padres nas paróquias. Com a chegada da prensa, a reprodução de livros ficou facilitada e a Igreja tentou controlá-la, criando listas de livros proibidos. Como não conseguiu, mais tarde, viu que teria de adotar um novo meio para tentar manter a hegemonia. O mesmo deve acontecer com empresas, comunicação e redes sociais. Não há como controlar o discurso, mas como estabelecer um diálogo, usando as redes.

O salgadinho Doritos, da Elma Chips, motivou uma campanha durante o campeonato de futebol americano SuperBowl que atraiu mais de mil participantes. A mecânica consistia em enviar vídeos para a marca e exibir o melhor durante os intervalos dos jogos, no horário de maior audiência da TV nos Estados Unidos. Outro caso de tomada de rédeas do consumidor é brasileiro e responde pelo nome de Reclame Aqui, um *site* que registra reclamações sobre marcas, produtos e serviços. O *site* mantém um *ranking* das organizações mais reclamadas, das que mais respondem e das que menos dão resposta aos usuários reclamantes. Como bem classificou o artigo da publicação Meio Digital, o *site* é uma espécie de "bolsa de imagem" das empresas e marcas.

Em entrevista a Viviana Alonso (2008), Henry Jenkins considera que, mais do que tentar controlar as comunidades *on-line*, a chave para o sucesso está em inspirá-las. Jenkins acredita que as fronteiras entre os diferentes canais se enfraqueceram: pela *web* circulam vídeos, áudios, imagens, entre vários conteúdos, e cada um deles se alimenta dos demais. Por isso, o fluxo de ideias na sociedade se tornou mais complexo: informações circulam pela máxima quantidade de canais possível e isso inclui empresas e seus produtos. A comunicação organizacional, ao decidir por uma estratégia ativa de participação nas redes sociais, deve definir objetivos que passam pela ampliação do contato com o público, expansão das fronteiras empresariais e a mensuração se este canal de relacionamento gera venda ou consolida a marca.

Em um país com dimensões continentais como o Brasil, o uso de ferramentas de comunicação baseadas na internet é um fator de integração para companhias de atuação nacional, por exemplo. Assim, além dos recursos tradicionais, novos meios de comunicação passaram a figurar entre as ferramentas utilizadas pelos gestores de comunicação.

O surgimento das ferramentas de comunicação bidirecional apresenta um novo panorama de mídia – interativa, hipertextual, instantânea – "sem dono" (sem o crivo dos grandes produtores de mídia), de livre expressão, impacto e com força sobre a opinião pública e a imprensa em geral. Esses pseudojornalistas (anônimos) permitem uma pluralidade de vozes e mais representação para as pessoas.

Uma estratégia de comunicação corporativa digital, portanto, deve estar em sintonia com a estratégia global de comunicação. Devem-se, também, contemplar os canais em que o usuário gera conteúdo, entendendo quais são as percepções em torno da marca, da empresa, dos produtos e serviços, qual sejam: atendimento, mapeamento, classificação e monitoramento de tais expressões; e desenvolvimento de um plano de ações tanto para construir uma presença sólida nesse ambiente quanto para sanar possíveis danos à imagem e reputação da organização.

Resultados obtidos em função do relacionamento via *web*

O relacionamento organizacional via *web* permite que a empresa tenha um meio a mais para a divulgação institucional e para a construção de reputação, além de ser uma ferramenta que complementa os demais veículos de comunicação.

Pode-se, também, incrementar a comunicação de outros meios com a *web*, promovendo uma espécie de *cross media*[2] entre os veículos. Ou seja, requerer veículos da mídia tradicional nos *on-line* e vice-versa.

As possibilidades de pesquisa aumentam à medida que, por meio da internet, se caracterizam pela agilidade e pelo menor custo de implementação. Os resultados são facilmente avaliados quando a comunicação é digital, uma vez que é possível mensurar quais os locais mais acessados, que conteúdos interessam mais, quais os percursos mais realizados dentro de um *site*, além de recursos como enquetes ou pesquisas *on-line*. No caso de *blogs*, é possível mensurar a efetividade pela quantidade de comentários deixados e pela quantidade de visitantes que entraram no veículo.

Pela *web* a formação de públicos é mais rápida: nichos e comunidades eletrônicas se formam em torno de interesses, afinidades, perfis e similaridades. O monitoramento também se mostra mais imediato, pois existe a oportunidade de acompanhar esses comportamentos grupais a qualquer hora.

Relacionamentos não presenciais podem ser costurados por meio da *web*, permitindo que a empresa alcance novos públicos.

A internet pode eliminar os intermediários do processo de comunicação, pois permite que os indivíduos organizem, eles mesmos, as informações em um *site* sem o filtro de edição exercido normalmente por veículos tradicionais. A internet representa uma tendência oposta à da centralização dos meios de produção de informação que estão sob o controle de grandes grupos de comunicação.

Há que se atentar para o aumento da popularidade dos produtos *on-line* que, inevitavelmente, vão interferir nas características dos produtos *off-line*, especialmente em mídia impressa. Já se percebe isso na diagramação de revistas, jornais e em alguns programas televisivos, sobretudo na TV a cabo.

O papel das relações públicas diante da rede

O verdadeiro trabalho de relações públicas é aquele que, além de informar, propicia o diálogo. E isso só é possível na "comunicação bidirecional" [...] (Kunsch, 2003, p. 106)

As relações públicas, por seu caráter estratégico, ajudam a organização a construir relacionamentos de confiança e compreensão em longo prazo com seus públicos. No caso de uma ação direcionada ao contexto virtual, a interatividade é imediata,

---

2 *Cross media* é a ação de distribuir serviços, produtos e experiências por diversas mídias e plataformas de comunicação existentes no mundo digital e *off-line*.

acarretando transformações consideráveis nas relações da organização com os públicos. A comunidade-alvo é que balizará todo o planejamento de comunicação do profissional de relações públicas para esse meio específico.

Os instrumentos de comunicação são a forma de estabelecer contato entre emissor e receptor, sendo o meio de comunicação o que carrega a mensagem. Os instrumentos utilizados pela organização são considerados unilaterais em sua maioria, isto é, privilegiam apenas os interesses da alta administração. Porém, os instrumentos como a internet e seus aplicativos têm mais possibilidade de interação, o que proporciona uma relação direta dos públicos com a organização.

A rede supera o fluxo unidirecional da comunicação e se mostra interativa. Nesse sentido, o receptor tem papel relevante: suas próprias ações definem o processo comunicacional.

As relações públicas proporcionam às organizações entendimento e relacionamento com todos os públicos da organização. Sendo assim, a tarefa de entender as necessidades desses públicos e escolher os instrumentos certos para cada tipo específico nas mais distintas conexões de uma organização são atribuições da atividade.

Freitas (2004, p. 44-5) afirma que a empresa com a qual se convive atualmente permite maior absorção da visão da comunicação via relações públicas e que os profissionais de relações públicas são responsáveis por minimizar a dor e a ansiedade decorrentes da incerteza das crises e do panorama que se tem à frente.

Nassar acredita que:

> Usar as novas tecnologias, no entanto, não significa transformar cada relações-públicas, cada comunicador social, em um expert em softwares e hardwares. O posicionamento do comunicador é outro: o de usuário dessas tecnologias, sobretudo enquanto mídia. [...] de forma instantânea e interativa. (Nassar, *op. cit.*, p. 126)

O relações-públicas deve avaliar a necessidade e a real eficácia dos instrumentos de comunicação virtuais na relação com os públicos-alvo da organização que representa. Optando pela rede, deve se atentar para a linguagem, como afirma Moura (2002, p. 70): "[...] a escrita para a *web* é, e sempre será, indispensável para o contato com o leitor/internauta".

No entanto, não basta proporcionar uma relação com os públicos se não houver uma estratégia que permita a utilização da linguagem correta, do canal mais adequado e do momento ideal, culminando em uma comunicação dirigida eficiente. Ademais a isso, as possibilidades que a rede abre passam da passividade para a gestão ativa do processo comunicacional.

Nos Estados Unidos, segundo Marthe (2005), há serviços de rastreamento de páginas que permitem identificar o que as pessoas pensam, estudam, pesquisam na *web*. Profissionais especializados em desenhar estratégias de venda e propaganda de produtos, serviços e ideias em *blogs*, *sites*, *chats* e fóruns de discussão para a *web* são requisitados. O relações-públicas pode se valer dessa função desde que se especialize no meio e tenha ferramentas de monitoramento. A *web*, para esse profissional, é uma poderosa ferramenta de comunicação institucional e de relacionamento com os públicos ligados à organização.

Como ferramenta de relações públicas, a *web* maximiza os relacionamentos construídos por meio de comunicação aproximativa e pode alcançar novos públicos com relacionamentos não presenciais. Outra vantagem da *web* como ferramenta comunicacional é que se pode utilizá-la como mídia de apoio, suporte e divulgação para outros canais de comunicação da organização.

Para as relações públicas, a *web* ainda apresenta algumas fraquezas contornáveis. A internet: (Pinho, 2003)

- não substitui outras mídias nem a comunicação presencial;
- não é adequada à comunicação com todos os públicos;
- pode ser complicada para muitas pessoas;
- pode ser dispendiosa na implantação;
- requer esforços contínuos nos retornos, respostas e constante atualização de informações;
- permite que todas as vozes tenham a mesma força; pequenos e grandes se igualam nessa mídia;
- ainda é um recurso limitado, à medida que nem todos os usuários possuem serviço de banda larga, o que dificulta a navegação em alguns *sites*, especialmente aqueles que suportam animação.

Por possuir mensuração no que diz respeito a tempo despendido em uma página, locais e conteúdos mais acessados, a *web* facilita a avaliação dos resultados da comunicação.

A segmentação e a identificação dos públicos se mostram facilitadas na *web*, pois os grupos afins tendem a se formar em comunidades eletrônicas por interesse, semelhança, perfil, assunto etc.

É diante dessa realidade que o profissional de relações públicas deve pensar as estratégias de relacionamento com seus públicos sem ser invasivo ou agressivo.

Como a comunicação organizacional lida com o usuário-mídia

As pessoas não acreditam mais em propagandas. Elas acreditam em outras pessoas. (Coutinho, *apud* Rodrigues e Arrais, 2008)

A tecnologia da informação invadiu o espaço da atividade de relações públicas e modificou a relação entre comunicadores e público. O poder de comunicar, antes restrito aos grandes grupos de mídia e aos conglomerados corporativos, passa a estar também nas mãos do público.

Pesquisa recente conduzida pela consultoria eMarketer e publicada, parcialmente, pelo *site* Uol Tecnologia (16/10/2008), registrou que as fronteiras que separavam os *blogs* dos veículos de mídia desapareceram, já que ambos exercem a mesma influência na sociedade da informação. Além desse importante dado, outra pesquisa, dessa vez conduzida pela comScore Media Metrix, apontou que, em todo o mundo, 34% dos blogueiros compartilham experiências com marcas e produtos e cerca de 37% fazem resenhas de produtos.

Os dados anteriormente descritos permitem inferir, portanto, que as discussões envolvendo marcas, produtos e serviços estão em pauta e atingem audiências da *web*, corroborando para influenciá-los nos juízos de valor e nas decisões de compra. Tem-se aí um terreno de trabalho para a comunicação organizacional no que concerne aos usuários-mídia.

Coutinho (2007, p. 12) destaca que as empresas descobriram a eficácia dessa mídia social e estão utilizando-a para estreitar o relacionamento com o consumidor final. Porém, ainda não há fórmula pronta ou modelos que auxiliem na tarefa. Muitos erros são cometidos por agências e organizações ao se relacionarem com os formadores de opinião na *web*. Sobre isso, Coutinho (*ibidem*) opina: "o foco real das corporações deve ser o público-final. O blogueiro é apenas o intermediário e a mensagem não pode parar nele". A assertiva de Coutinho representa um alerta às organizações e agências que, muitas vezes, limitam-se às comunicações com os intermediários, acreditando que a mensagem atingirá posteriormente os destinatários finais caso "comprem a ideia".

Outro ponto levantado é a desaceleração da economia e, portanto, o enxugamento dos orçamentos (sobretudo os de marketing), fato que obrigaria as empresas a recorrer a meios menos onerosos, como as redes sociais *on-line*, por exemplo.

Lindenberg (2008) afirma que, para atuar no ambiente das redes sociais, é preciso pensar na personalidade da marca, em como ela deveria agir caso fosse um participante desse diálogo: que tipos de aplicativos fariam sucesso, quais músicas ouviria ou reco-mendaria, que *bookmarks* teria, a que vídeos assistiria ou indicaria e assim por diante.

O engajamento entre as pessoas deve ser natural. Se o anunciante quer repercus-são, em vez de pagar, o melhor é fazer algo relevante para aquele *blog* e seu público, criando situações que gerem repercussões espontâneas (convite para eventos, envio de produtos para testes, conversas etc.).

Quadro 2   Riscos de trabalhar com conteúdo gerado por usuário

Pontos de atenção	Risco	Solução
Direitos autorais – conteúdo inserido por terceiros podem violar direitos de imagem. Ex.: Daniela Cicarelli e seu vídeo no Youtube.	Violação dos direitos autorais; pagamento de indenização.	Termo de autorização e originalidade de conteúdo.
Conteúdo ofensivo – xingamento, racismo, pedofilia, tráfico de drogas. Ex.: MercadoLivre e grupos de pedófilos no Orkut.	Processo criminal, fechamento das operações.	Criar um mecanismo de denúncia de conteúdo impróprio.
Como controlar conteúdo publicado no *site*?	Perda de controle no conteúdo do *site* ao crescer muito.	Instituir mediadores para monitorar o conteúdo e contar com mecanismos de denúncias da própria comunidade.
Como atestar a qualidade e a autenticidade do conteúdo?	Conteúdo de baixa qualidade.	Criar sistema de reputação dos usuários.
Mudança de foco: de editores para mediadores.	Muita informação irrelevante.	Criar sistema de pontuação de conteúdo, rankings, classificações, votações.

Fonte: Baseado em Muniz (2008).

Há quem acredite, como Edney Souza (*apud* Maia, 2008a, p. 1-2), dono de um dos *sites* mais acessados da internet brasileira, o Interney.net, que para tirar o melhor proveito das redes sociais *on-line* a empresa pode escolher funcionários que gostem de interagir em *blogs*, *sites* de relacionamento, comunidades e afins para ser os interlocutores com os demais participantes. No entanto, esses funcionários devem ter bom conhecimento do produto/serviço para encaminhar a melhor solução para o caso.

Boyd (*apud* Maia, *ibidem*, p. 3) resumiu em cinco pontos como conquistar consumidores da era digital:

1. O contato pessoa a pessoa é mais eficiente que pessoa-empresa, o que deve levar as organizações a investir em porta-vozes da marca.
2. Crie um ambiente em que os consumidores possam palpitar à vontade.
3. Conheça os perfis e as preferências dos consumidores de sua marca, pois, quanto mais informações, melhor a interação.
4. Aposte em um nicho de mercado; não envie notícias de um produto para quem não teria interesse em comprá-lo.
5. O boca a boca é um instrumento poderoso nas redes. Se alguém começa a falar de você, é bem provável que o comentário se alastre rapidamente.

Boyd (*apud* Maia, *ibidem*, p. 3) também indica o que não fazer: solicitar ao provedor de hospedagem que remova um *blog*, vídeo ou outra iniciativa, pois esse tipo de ação pode parecer censura; não usar *softwares* automatizados para se "relacionar" com as pessoas, pois isso pode depor contra a organização; deixar de responder às questões dos internautas, pois em pouco tempo a empresa pode parar no topo dos resultados de busca.

A sacerdotisa das redes sociais, Danah Boyd, que foi chamada pelo jornal *The New York Times*, afirma que estamos vivendo a economia da atenção digital, que exige das organizações diálogo, interação e criatividade e da comunicação, ação mais relevante.

Baumel acredita que:

A empresa precisa dialogar com seus clientes e estar aberta para essas vozes que vêm de fora. O cliente hoje tem de ser visto como uma espécie de coprodutor. A velha conhecida opinião pública cede a vez para o saber público. E o ambiente virtual propicia o relacionamento mais estreito e direcionado. (Baumel *apud* Ramos, 2008, p. 27)

Já Ciaco afirma:

É preciso mapear os pontos de encontro com o consumidor, seja na internet, no SAC, nos contatos nos quais a marca não se faz presente, nos blogs, nas comunidades. O CRM [customer relationship management] precisa se expandir muito mais. (Ciaco *apud* Ramos, 2008, p. 28)

D'Egmont (2009) elenca as áreas de maior uso no Orkut: álbum de fotos, recados, página do perfil do usuário, lista de álbuns, lista de amigos, mensagens, comunidades e buscas. Tais seções demonstram que os membros passam mais tempo vendo fotos e deixando mensagens que editando o seu próprio perfil, o que mostra que os usuários dessa rede de relacionamentos buscam por interação em maior grau e não apenas exposição.

Quando se questiona, então, se as organizações devem criar perfis para se relacionar, D'Egmont (*op. cit.*) responde que somente se houver fotos novas, atualizadas e interessantes para gerar *buzz* (boca a boca) a ponto de ter bons recados para ser lidos. Outra razão para ter um perfil são promoções e concursos como forma de interação e vantagem para os usuários.

Caso seja de interesse da marca estabelecer uma interação mais completa, D'Egmont (*op. cit.*) recomenda a criação de aplicativos – os *social apps*. Estes devem, porém, ser relevantes e não só almejar a exposição da marca. Os aplicativos têm como função expor a marca, oferecer funcionalidades sociais, customização e interação, o que pode levar à viralização.

Os dez passos de uma estratégia de comunicação digital

Resume-se em dez etapas a montagem de um programa de comunicação digital:

1. Mapear quem são os atores *on-line* que falam sobre o seu setor, marca, negócio ou produtos.
2. Monitorar conversações, classificando-as pelo seu teor e grau de influência de seus interlocutores.
3. Elaborar planos de ação e interferência (quando necessário) para gerenciar a imagem da organização.
4. Dispor de recursos humanos especializados em redes sociais que entendam o comportamento dos agentes e recomendem ações.
5. Saber interferir em ambientes exclusivos de usuários ou apenas monitorá-los.
6. Saber ouvir e propor mudanças nos negócios.
7. Tratar os usuários-mídia como públicos de relacionamento que demandam canais específicos de comunicação.
8. Planejar com transparência ações induzidas que visem ao convencimento dos usuários. Enganá-los é perder a credibilidade nesses meios.
9. Estudar se a mídia social suporta formas de patrocínio, apoio ou pagamento para angariar exposição.

10. Mensurar e acompanhar as ações de comunicação:
- ◆ conversações sobre temas relevantes para a organização;
- ◆ alterações nos diálogos que envolvem a empresa;
- ◆ *links* e tráfego que levam para o *site*;
- ◆ fortalecimento das relações;
- ◆ visitantes únicos, tempo gasto por eles e locais de maior aceitação e rejeição;
- ◆ cliques que foram convertidos em valor monetário;
- ◆ participação em outros programas de comunicação da organização.

Considerações finais

O consumidor está crescentemente participando da produção de conteúdos dos meios de comunicação e das corporações das quais consome informação, entretenimento, produtos e serviços. Antes das redes sociais, os formadores de opinião funcionavam basicamente de forma linear. Com as redes sociais *on-line*, os formadores/líderes de opinião são autorreferenciáveis. Como resultado dessa (r)evolução da mídia digital, o consumidor passa a constituir-se em comunidades, em um processo de "inteligência coletiva", como diria Henry Jenkins, o que vai além do pensar individual. O consumo de mídia então passa a ser um processo fundamentalmente social.

O dilema está instaurado: muitas vezes esforços públicos e corporativos reforçam-se; em outras situações, essas forças colocam-se em lados conflitantes, travando uma guerra de interesses, atenção e conteúdos.

A imagem das organizações é crucial para o processo de faturamento, venda de produtos e serviços, bem como para o crescimento dos negócios. Atentar, portanto, para expressões da marca/produtos/serviços na rede não é mais uma questão de escolha, mas de necessidade. Trata-se de mais um papel a ser assumido pelo comunicador: gestor da imagem nas redes sociais, sendo capaz de avaliar a presença da marca e propor estratégias que deponham a favor das organizações.

Para gerir esse processo de monitoramento, análise e proposição de ações, o comunicador tem de lançar mão de diversas estratégias: diagnosticar o estado da marca e de seus principais produtos e serviços nas redes sociais *on-line*; planejar e propor ações que inspirem os consumidores acerca do universo que envolve a empresa; engajar-se em fóruns que permitam a participação de usuários corporativos; estabelecer canais de comunicação sinceros, transparentes e ágeis com os públicos; alterar o paradigma do controle da informação e da marca; criar uma cultura interna de participação, colaboração e coletividade a fim de refletir tais princípios externamente; entender a dinâmica de funcionamento desse universo e abrir-se para uma via de entendimento com consumidores.

Não há como barrar a proliferação de formas de conteúdo nessa era da informação democratizada, em que o público faz a sua escolha e lida com a informação diferentemente dos modos tradicionais de comunicação. Em relação ao que se absorveu até agora, isso obriga a outro aprendizado, no qual a interatividade e o poder de escolha dão a palavra de ordem.

O comunicador que planeja a comunicação organizacional em meio à revolução digital, segundo Corrêa (*op. cit.*, p. 98), tem por missão a introjeção e a aplicação adequada das tecnologias de informação e comunicação para alcançar os resultados esperados. Um dos dilemas, no entanto, é compreender o processo de surgimento, adoção, uso e obsolescência dos instrumentos.

A função de um plano diretor de comunicação que contemple iniciativas digitais é estabelecer relacionamentos duradouros e de qualidade para a organização, mas especialmente promover uma unicidade nas mensagens transmitidas – uma comunicação "one voice". O plano permite, ainda, a integração da comunicação, de forma que os processos de emissão das mensagens sejam únicos. Os instrumentos de comunicação digital só funcionarão se existir planejamento.

Coutinho compara os papéis da comunicação antes e depois das redes sociais *on-line*:

> Tradicionalmente, uma das principais funções do departamento de marketing foi a de "guardião da marca", papel que ele exercia prioritariamente na arena da mídia de massa. Talvez já na próxima década seja possível que as comunidades virtuais, em suas diversas formas (sites de relacionamento, chats, blogs, videologs, jogos e redes sociais), se tornem um "campo de batalha" igualmente importante. Articular sua dinâmica, seu timing e seu funcionamento com a estratégia de comunicação em geral e com o ciclo de vida da marca será de vital importância para influenciar os consumidores da "geração digital". (Coutinho, 2007)

Os comunicadores devem participar das conversações na blogosfera e na seara das novas tecnologias para decidir se as organizações para as quais trabalham devem ou não fazer uso das ferramentas, definir como monitorá-las, avaliá-las e saber quem são as pessoas ou agrupamentos que estão falando bem ou mal de suas companhias.

Por último, os comunicadores precisam estar alertas às próximas tendências tecnológicas, antecipando desafios, criando comunicação e firmando-se como executivos estratégicos de comunicação.

O comunicador deve se preocupar com a construção de um planejamento de comunicação organizacional. Dessa forma, cada público da corporação terá ações previamente planejadas para relacionamentos, objetivos a serem atingidos e os melhores instrumentos segundo a necessidade e o perfil dos agrupamentos.

Referências bibliográficas

ALONSO, Viviana. "Coletivo de prosumidores". *HSM Management*, n. 66. jan.-fev. 2008, p. 1-4.

BATOCHIO, Renata. "A propaganda não deve se prender a velhos paradigmas". *Meio & Mensagem*, São Paulo, Ano XXVII, n. 1180, 17 out. 2005.

CASALI, Adriana Machado. "Comunicação Integrada e novas tecnologias de informação". In: *Congresso Latinoamericano de Investigadores de la Comunicación ALAIC 2002 GT Comunicação Organizacional y Relaciones Públicas*, 2002, Bolívia. cd-rom V Congreso Latinoamericano de Investigadores de la Comunicación ALAIC 2002 GT Comunicação Organizacional y Relaciones Públicas, 2002. v. 1. p. 51.

CORRÊA, Elisabeth Saad. "Comunicação digital: uma questão de estratégia e de relacionamento com públicos". ORGANICOM. *Revista Brasileira de Comunicação Organizacional e Relações Públicas*, São Paulo, ano 2 , n. 3, 2. sem. 2005.

COUTINHO, Marcelo. "O fim do controle". *HSM Management*, São Paulo, n. 66, jan.-fev. 2008, p. 3.

_____. "Marketing e comunidades digitais: do discurso ao diálogo". *Revista da ESPM*, edição de abril de 2007. Disponível em: <http://www.ideiacom.com.br/gerenciador/arquivos/documentos/artigo_marcelo_coutinho.pdf>. Acesso em: 12 fev. 2009.

D'EGMONT, Tahiana. *O sucesso das marcas nas redes sociais*. 07 jan. 2009. Disponível em: <http://webinsider.uol.com.br/print.php?id=4357>. Acesso em: 12 jan. 2009.

EDELMAN & TECHNORATI. *Public Relations: communications in the age of personal media*. Winter, 2006. Disponível em: <http://www.edelman.com/summit07/uploads/blogger-survey_final_public_relationships.pdf>. Acesso em: 6 set. 2007.

FELITTI, Guilherme. *State of blogsphere: a blogosfera como mídia madura e pessoal*. Disponível em: <http://idgnow.uol.com.br/internet/ideia20/archive/2008/09/26/state-of-blogosphe-re-a-blogosfera-como-mdia-madura-e-pessoal/>. Acesso em: 13 out. 2008.

FRANÇA, Fábio. *Públicos: como identificá-los em uma nova visão estratégica*. São Caetano do Sul: Difusão, 2004.

FREITAS, Sidinéia Gomes. "Assessoria de imprensa ou relações públicas. Melhor dito: os interesses em jogo". In: LOPES, Boanerges; VIEIRA, Roberto Fonseca. *Jornalismo e relações públicas*: ação e reação. Rio de Janeiro: Mauad, 2004. p. 33-46.

KUNSCH, Margarida M. Krohling. *Relações públicas e modernidade*. São Paulo: Summus, 1997.

_____. *Planejamento de relações públicas na comunicação integrada*. São Paulo: Summus, 2003.

LINDENBERG, Sylvio. *Planos de marketing e comunicação envolvendo redes sociais – como elaborar e quais elementos incorporar para obter resultados positivos*. Oficina de capacitação Estratégias de comunicação com redes sociais. Jump Education. 20 ago. 2008.

MAIA, Viviane. *Falem bem ou mal, mas...* Revista *Época Negócios*, n. 21, out. 2008(B). Disponível em: <http://epocanegocios.globo.com/Revista/Epocanegocios/0,,EDG84895-8377-21,00-FALEM+BEM+OU+MAL+MAS.html>. Acesso em: 30 out. 2008.

_____. Estão falando bem (e mal) de você. Junte-se a eles. *Pequenas Empresas, Grandes Negócios*, São Paulo n. 238, nov. 2008(A). Disponível em: <http://empresas.globo.com/E mpresasenegocios/0,19125,ERA1691395-2574,00.html>. Acesso em: 17 nov. 2008.

Marthe, Marcelo. "Blog é coisa séria". *Veja São Paulo*, n. 1907, 01 jun. 2005.

MOURA, Leonardo. *Como escrever na rede: manual de conteúdo e redação para a Internet*. Rio de Janeiro: Record, 2002.

MUNIZ, Eduardo. *Como utilizar as redes sociais como parte integrante das estratégias de marketing*. Oficina de capacitação Estratégias de comunicação com redes sociais. Jump Education, 20 ago. 2008.

NASSAR, Paulo. "O uso das novas tecnologias". In: KUNSCH, Margarida M. K. *Obtendo resultados com relações públicas*. São Paulo: Pioneira Thompson Learning, 2004.

PINHO, José Benedito. *Relações públicas na internet*. São Paulo: Summus, 2003.

_____. *Comunicação nas organizações*. Viçosa: Ed. UFV, 2006.

RAMOS, Érika. "A criação de marcas 2.0". *Consumidor Moderno*, 15 mar. 2008. Disponível em: <http://www.consumidormoderno.com.br/canais/relacoes-de-consumo/a-criacao-de-marcas-2.0>. Acesso em: 12 fev. 2009.

RECUERO, Raquel. *Redes sociais na internet: considerações iniciais*. Trabalho enviado ao Núcleo de Pesquisa de Tecnologias da Comunicação e Informação do IV Encontro dos Núcleos de Pesquisa da XXVII Intercom. Set. 2004. Disponível em: <http://bocc.unisinos.br/pag/recuero-raquel-redes-sociais-na-internet.pdf>. Acesso em: 14 fev. 2008.

RODRIGUES, Camila; ARRAIS, Daniela. "Você é a propaganda". *Folha de S.Paulo*. Caderno de Informática, 26 mar. 2008. Disponível em: <http://www1.folha.uol.com.br/fsp/informat/fr2603200801.htm>. Acesso em: 12 fev. 2009.

TADEU, Erivelto. "Reputação é tudo". *TI Inside*, n. 37, jul. 2008. Disponível em: <http://www.tiinside.com.br/revista.aspx?ID=92215>. Acesso em: 29 ago. 2008.

TERRA, Carolina Frazon. *Comunicação corporativa digital: o futuro das relações públicas na rede*. 2006. Dissertação (Mestrado em Ciências da Comunicação) – Escola de Comunicações e Artes da Universidade de São Paulo, São Paulo.

_____. *Blogs corporativos: modismo ou tendência?* São Caetano do Sul: Difusão, 2008.

User-Generated content é o consumidor no poder na internet. Disponível em: <http://www.meioemensagem.com.br/revista_meio_digital_v3_1/>. Acesso em: 12 dez. 2007.

11

Opinião e pesquisa: instrumentos de orientação e de avaliação

VALÉRIA DE SIQUEIRA CASTRO LOPES

VÂNIA PENAFIERI

Introdução

É fato que a pesquisa se configura como um instrumento imprescindível para o planejamento de ações no âmbito das relações públicas, isso no que se refere tanto a pesquisas de dados secundários quanto a pesquisas de dados primários.

A abordagem empregada pelas autoras privilegia as principais aplicações da pesquisa em dois âmbitos: o investigativo e o avaliativo. Para as duas abordagens serão consideradas as principais metodologias e técnicas de pesquisa com utilização prática nas atividades de relações públicas, levando-se em conta referências de pesquisa de opinião pública, de marketing e, de forma derivativa, da pesquisa aplicada às relações públicas.

É importante salientar que as metodologias e formas de aplicabilidade empregadas pelas autoras não esgotam, em absoluto, as inúmeras abordagens utilizadas tanto por profissionais do mercado quanto por pesquisadores que têm se dedicado ao estudo dessa ferramenta extremamente estratégica para as relações públicas. A presente abordagem propõe ser um facilitador para profissionais e estudantes de relações públicas e demais áreas da comunicação, no que se refere ao entendimento das metodologias, das diversas técnicas e de suas formas de aplicabilidade.

A pesquisa estratégica – usos em relações públicas

Ao se pensar as relações públicas como uma atividade que visa à otimização do relacionamento entre organização e seus diversos públicos de interesse, chega-se à matéria-prima desse trabalho, o público. Por meio de diversas estratégias e instrumentos, as relações públicas buscam atingir com excelência a harmonia no relacionamento da organização com seus funcionários, clientes, parceiros, comunidade, governo, imprensa, dentre outros públicos estratégicos.

Kunsch (2003) propõe quatro funções, com base em pressupostos contemporâneos, para as relações públicas, a saber: administrativa, estratégica, mediadora e política. Em seu conjunto, elas atuam visando aos públicos de relacionamento das organizações. Inúmeros estudos foram feitos para oferecer ao campo das relações públicas tipologias que, com base em diversos critérios, fossem capazes de entender a importância dos públicos e sua influência sobre as organizações, condição *sine qua non* para o entendimento do uso da pesquisa no âmbito das relações públicas.

A pesquisa constitui-se em ferramenta imprescindível na fase inicial do planejamento para que o profissional de relações públicas obtenha informações acerca da organização e do cenário em que esta se encontra. É por meio dos dados obtidos pela pesquisa que o profissional poderá formular com clareza a situação-problema, determinar os objetivos do plano e estabelecer a estratégia geral a ser adotada para sua condução. Os resultados obtidos nos levantamentos realizados na primeira etapa do planejamento podem, ainda, auxiliar na escolha da abordagem aos públicos estratégicos da organização, no desenvolvimento da mensagem e na seleção dos veículos mais adequados.

Durante o planejamento, a pesquisa pode ser um instrumental valioso para determinar a eficiência do plano, ou seja, pode auxiliar o profissional a identificar falhas cometidas durante o programa de ação, possibilitando um maior controle, auxiliando na recondução do processo de planejamento e permitindo um melhor desempenho futuro. Ao final do processo, a pesquisa é novamente utilizada como base para demonstrar a eficácia das ações conduzidas, ou seja, colabora na verificação do alcance dos objetivos estabelecidos para cada um dos programas que compõem o plano de relações públicas.

Antes de discutir os aspectos técnicos da pesquisa, é necessário lembrar que o processo de investigação pode ser conduzido com propósitos distintos, o que leva a identificar basicamente dois usos de pesquisa tanto no campo das relações públicas quanto no do marketing: a pesquisa pura e a pesquisa aplicada.

A primeira constitui-se na pesquisa científica e tem por finalidade aprimorar o conhecimento do campo, motivo pelo qual é conduzida para comprovar, clarificar e refinar objetivos e hipóteses teóricas. Já a pesquisa aplicada é conduzida com o propósito de examinar e resolver problemas práticos, constituindo-se como ferramenta de grande relevância para o processo de planejamento da área.

Vale ressaltar, ainda, que é a pesquisa científica que fornece à pesquisa aplicada sua base metodológica para a condução do processo investigativo. Não se pode perder de vista que a validade dos resultados obtidos em uma investigação empírica requer rigor metodológico; portanto, o profissional de relações públicas e o de marketing devem conhecer metodologia científica para que o projeto de pesquisa seja desenhado consistente e coerentemente.

Pesquisa de opinião pública e de marketing

Se o foco de atuação das relações públicas é a harmonização do relacionamento da organização com diferentes públicos, é importante que, de saída, se faça uma breve contextualização da opinião pública. Opinião pública resulta, segundo Lage (1998, p. 212), "de interação entre os indivíduos. Logo não pode ser explicada por suas ações ou opiniões prévias; na verdade, da troca de informações e de influências, que se acelera diante de fatos novos, resulta da realidade que não existia antes".

Desse modo, é possível compreender a volatilidade da opinião pública e como ela pode ser modificada com situações que se constroem no âmbito em que atua. Canfield (1970) destaca que a opinião pública sofre influência de fatores alheios ao controle da organização. Newsom, Turk e Kruckeberg (1996) chegaram a comparar a opinião pública com a temperatura corporal; ao associar a importância da pesquisa de opinião pública no cenário das relações públicas, constata-se que ela funciona como o termômetro corporativo, passível de avaliar as ações de comunicação e assim medir as relações da organização com os públicos pesquisados.

A maneira como a pesquisa deva ser classificada no cenário das relações públicas muitas vezes é alvo de dúvidas, pois há estudos, como os produzidos por Andrade (2003) e Fortes (2003), que apontam inúmeras nomenclaturas, como pesquisa de atitude, pesquisa de motivação, pesquisa de satisfação, pesquisa de clima organizacional, pesquisa de tendências sociais, pesquisas internas, pesquisas externas, entre outras. No entanto, é importante salientar que tais nomenclaturas não estão necessariamente associadas a diferentes abordagens de pesquisa, mas a diferentes objetivos, podendo ser entendidas como derivativas da pesquisa de opinião pública ou ainda da pesquisa de marketing, quando esta esteja associada a objetivos mercadológicos de apoio às atividades de relações públicas.

Apesar de a pesquisa de marketing mostrar-se extremamente útil para os estudos e práticas de pesquisa em comunicação, parece claro que a utilização do termo não é adequada no âmbito das relações públicas, principalmente devido às diferenças conceituais entre o campo das relações públicas e o campo do marketing. Tais diferenças ficam ainda mais perceptíveis quando deparadas com a definição de Mattar para a pesquisa de marketing, enfatizando que se trata de

> investigação sistemática, controlada, empírica e crítica de dados com o objetivo de descobrir e (ou) descrever fatos ou de verificar a existência de relações presumidas entre fatos referentes ao marketing de bens, serviços e ideias, e ao marketing como área de conhecimento de administração. (Mattar, 1999, p. 53-4)

Sabe-se que o termo *pesquisa de opinião*, recorrentemente empregado para pesquisas eleitorais, é mais adequado ao cenário das relações públicas, principalmente porque sugere o estudo com determinados públicos de relacionamento da organização, dentre os *stakeholders,* independentemente dos objetivos, que podem ser de cunho institucional ou de apoio mercadológico.

No entanto, as metodologias empregadas para a pesquisa tanto de opinião quanto de marketing são semelhantes em diversos aspectos, principalmente no que concerne às abordagens clássicas quanti/quali e às técnicas amostrais definidas para os diferentes tipos de pesquisa. Tal similitude também pode ser compreendida nas matrizes curriculares dos cursos de Relações Públicas de determinadas instituições de ensino superior, em que a temática pesquisa de opinião e pesquisa de mercado (que é abordada a partir da pesquisa de marketing) é trabalhada tanto em disciplinas distintas quanto de maneira conjunta.

A conjunção das pesquisas e a contribuição dos respectivos estudos para o campo das relações públicas são destacados por Kunsch, que afirma:

> uma pesquisa de marketing direcionada para o consumidor e o mercado poderá fornecer interessantes subsídios para projetos ou programas especiais de relações públicas em apoio à área mercadológica ou mesmo para fins puramente institucionais. (Kunsch, *op. cit.*, p. 282)

Pode-se, assim, entender que para a atuação do profissional de relações públicas é extremamente necessário o conhecimento dos métodos e técnicas tanto da pesquisa de opinião quanto da pesquisa de marketing.

Entendimento das nomenclaturas

Como ressaltado anteriormente, na revisão bibliográfica sobre pesquisa em relações públicas constata-se a diversidade de nomenclaturas para os tipos de pesquisa, tanto na produção nacional como naquela voltada aos estudiosos do campo no cenário internacional. Não é objetivo deste estudo o aprofundamento de tais classificações, mas é importante destacar que essas abordagens muitas vezes se diferenciam apenas por seus objetivos, utilizando metodologias e técnicas semelhantes, se não idênticas.

Com o propósito de facilitar o entendimento e a identificação de diferentes nomenclaturas utilizadas no campo das relações públicas e sua relação com as tipologias tradicionais utilizadas largamente nas atividades de pesquisa em comunicação, foram selecionadas no Quadro 1 as principais nomenclaturas, tendo como critério sua abordagem por importantes estudiosos, tanto nacionais como estrangeiros.

Pesquisa qualitativa e pesquisa quantitativa

A pesquisa qualitativa tem caráter exploratório, ou seja, é utilizada quando há necessidade de uma investigação aprofundada, quando o objeto a ser pesquisado é pouco conhecido. O seu objetivo central é identificar características de um fenômeno e não mensurá-las, motivo pelo qual não está associada a grandes amostras e seus resultados não são considerados válidos se considerado o universo da pesquisa.

Normalmente, a pesquisa qualitativa é utilizada pelo profissional de relações públicas em situações cuja pesquisa exploratória de dados secundários (*briefing*) não fornece informações suficientes para que o contexto organizacional seja compreendido ou a ponto de estruturar um projeto de pesquisa quantitativa para a verificação de uma situação ou mensuração de um fenômeno. Os dados obtidos na pesquisa qualitativa auxiliam o profissional a formular com clareza o enunciado do problema, hipóteses e objetivos de um projeto de pesquisa de natureza quantitativa que permitirá constatar associações ou relações entre variáveis que detalham e explicam o cenário encontrado.

A pesquisa quantitativa pode ser considerada conclusiva, uma vez que é concebida para testar hipóteses, ou seja, verificar como o fenômeno em estudo se dá ou mesmo identificar suas causas. Essa pesquisa é conduzida de maneira formal e estruturada e baseia-se em grandes amostras com o propósito de medir atributos já conhecidos. O tratamento e a análise dos dados são de natureza estatística e relacionados à mensuração do fenômeno.

Para diferenciar o uso das duas metodologias, como exemplo será utilizado um caso de pesquisa de opinião em âmbito eleitoral.

◆ *Abordagem qualitativa*: determinado candidato acaba de ingressar no cenário político e precisa descobrir, entre os eleitores, quais são os atributos associados à sua imagem.

Quadro 1 Usos e aplicações de pesquisa

Tipo de pesquisa	Natureza do dado	Natureza da pesquisa	Método de pesquisa em ciências sociais	Método de pesquisa em relações públicas	Métodos e técnicas de coleta de dados
Exploratória	Dados secundários	–	*Desk research* ou pesquisa de gabinete	*Briefing*	Pesquisa em fontes internas: • RH: perfil dos funcionários, investimentos em treinamento, benefícios, fatores que podem ocasionar problemas de relacionamento • Marketing e vendas: dados sobre consumidores, *prospects*, setor • Jurídico: relacionamento com governo, públicos afetados pela organização • Relatórios de atendimento (SAC/*ombudsman*) • Análise de conteúdo: relatórios anuais e demais publicações, discursos da alta gestão, campanhas institucionais
				Análise de macroambiente	Pesquisa em fontes externas: • Agências e institutos governamentais • Institutos de pesquisa • Imprensa especializada
				Análise do ambiente de negócio ou análise setorial	Pesquisa em fontes externas: • Imprensa: fornece dados sobre sindicatos, grupos ambientalistas, de defesa do consumidor • Associações profissionais e de mercado • Concorrência: *benchmark*
				Auditoria de comunicação: visa a um estudo focado nos processos de comunicação interna e administrativa da organização	Pesquisa em fontes internas: veículos internos, fluxograma

Continua

Quadro 1 Usos e aplicações de pesquisa (*Continuação*)

Tipo de pesquisa	Natureza do dado	Natureza da pesquisa	Método de pesquisa em ciências sociais	Método de pesquisa em relações públicas	Métodos e técnicas de coleta de dados
	Dados primários	Qualitativa	Pesquisa ação	Auditoria de opinião: verifica opinião e reações dos públicos formadores de opinião a respeito de uma empresa ou assunto público de interesse organizacional. Auxilia na identificação de subgrupos favoráveis ou hostis	Grupo de discussão (*Focus group*) Entrevista em profundidade
				Auditoria de imagem: estudo conduzido com mais de um público estratégico para verificar a imagem percebida por esses grupos de interesse e confrontá-la com a imagem pretendida pela organização	Grupo de discussão (*Focus group*) Entrevista em profundidade Técnicas projetivas
				Auditoria de comunicação	Grupo de discussão (*Focus group*) Entrevista em profundidade Observação participante Observação não participante
Conclusiva	Dados primários	Quantitativa	*Survey*	Pesquisa de opinião: busca identificar a opinião de um público a respeito de uma questão de interesse da organização	Questionário estruturado Questionário semiestruturado
				Pesquisa de imagem: pesquisa realizada com um público de interesse para verificar a percepção que possui da organização	Questionário semiestruturado
				Auditoria de comunicação	Questionário estruturado Questionário semiestruturado

◆ *Abordagem quantitativa*: determinado candidato já possui conhecimento dos atributos associados à sua imagem e precisa mensurar a incidência de tais atributos sobre o público eleitor.

Pesquisa qualitativa – métodos de coleta de dados
    DG – Discussão em Grupo (*Focus Group*)
    Características:

◆ de seis a doze participantes, geralmente;
◆ presença de um mediador;
◆ sugere-se o mínimo de dois grupos por pesquisa;
◆ grupo homogêneo com relação ao assunto pesquisado;
◆ formato: sala de espelhos ou sala comum, filmagem e gravação;
◆ a discussão dura em média duas horas, sendo os primeiros trinta minutos para criar clima de espontaneidade;
◆ normalmente os participantes são agraciados com prêmios por sua participação, cujo valor dependerá do perfil do público;
◆ a quantidade de DGs para a conclusão de uma pesquisa será determinada de acordo com as características do público-alvo. Quanto maior for a heterogeneidade no perfil do público-alvo, mais grupos serão necessários para concluir a pesquisa.

    Entrevista em profundidade:

◆ indicada quando não for viável a aplicação de grupos de discussão, muitas vezes em razão da dificuldade em reunir ao mesmo tempo determinado público;
◆ formato: entrevistador, respondente, gravadores, roteiro;
◆ um número pequeno de entrevistas em profundidade (às vezes inferior a dez) pode ser suficiente para concluir uma pesquisa. Daí a importância de definir quem deverá ser pesquisado, ou seja, quem agregará valor maior ao objetivo da pesquisa.

    Observação:

    É usada prioritariamente em abordagens qualitativas, sendo denominada observação não estruturada, tendo como objetivo familiarizar o pesquisador com o problema em estudo. A observação tida como estruturada, em que o problema e os objetivos já estejam claramente definidos, é utilizada em pesquisas quantitativas, também denominadas pesquisas conclusivas descritivas (Mattar, *op. cit.*).

O quadro a seguir condensa as principais dicotomias no que se refere aos métodos empregados em pesquisa de observação.

Quadro 2 Tipos de observação

Observação disfarçada	Observação não disfarçada
O observador fica oculto. Não há o conhecimento da pesquisa por parte do observado.	O observado tem conhecimento da pesquisa. Deve ser utilizada quando o comportamento observado não for influenciado pela presença do observador.
Observação humana	**Observação por instrumentos**
A observação é feita exclusivamente pelo observador, com recursos auxiliares básicos, como papel e caneta.	A observação humana é substituída por outros meios, como câmeras fotográficas, câmeras de TV, gravadores de som, entre outros.
Observação natural	**Observação de laboratório**
O comportamento ou fato é observado no ambiente natural em que ocorre.	O comportamento ou fato é observado em um cenário, um ambiente artificial criado especialmente para tal situação.
Observação direta	**Observação indireta**
Compreende observar o comportamento ou fato no momento de sua ocorrência.	Refere-se à observação de registros deixados por comportamentos ou fatos passados.

Fonte: Quadro formulado pelas autoras, com base no exposto por Mattar, 1999.

Pesquisa quantitativa: técnicas amostrais e métodos de coleta de dados
Principais abordagens

As pesquisas quantitativas podem ser probabilísticas (metodologia empregada quando a amostra, determinada por meio de um cálculo amostral, possui representatividade no universo, requer uso de estatística para regras de aleatoriedade e seu nível de confiança e margem de erro são conhecidos) ou não probabilísticas (a amostra é definida segundo critérios do pesquisador, não há possibilidade de extrapolação para o universo, tendo em vista que a margem de erro e o nível de confiança são desconhecidos).

Embora as técnicas amostrais probabilísticas sejam preferíveis em pesquisas quantitativas, sua aplicabilidade pode não ser viável por uma série de circunstâncias, como dificuldade em implementar o caráter de aleatoriedade ao público que compõe o universo da pesquisa[1]. Isso ocorre quando a população, em sua totalidade, mostra-se indisponível para ser sorteada. Fatores como tempo para realização da pesquisa e recursos financeiros são também condicionantes para a utilização de técnicas amostrais não probabilísticas em pesquisas quantitativas.

Apesar de não ser possível a generalização dos dados para o universo de pesquisa com base nos resultados obtidos pelas investigações não probabilísticas, as técnicas amostrais derivadas desse tipo de abordagem são recorrentemente oferecidas por empresas e institutos de pesquisa e citadas em obras que abordam técnicas quantitativas, como Mattar (*op. cit.*, p. 170), Zikmund (2006, p. 363), Novelli (2005, p. 168), Almeida (2002, p. 56), McDaniel (2003. p. 391), entre outros. Ressalta-se que, embora as técnicas não probabilísticas sejam consideradas por profissionais do mercado e da academia, a superioridade das técnicas probabilísticas é inquestionável.

O Quadro 3 apresenta as técnicas amostrais utilizadas tanto em pesquisas probabilísticas quanto não probabilísticas, abordadas por diversos autores de obras voltadas para a pesquisa de marketing, como Mattar (*op. cit.*) e Zikmund (*op. cit.*).

Métodos de coleta de dados

Definem-se como métodos de coleta de dados: a entrevista pessoal, a entrevista por telefone e a aplicação da pesquisa via autopreenchimento (também realizada via correio e por meio eletrônico).

A maneira como os dados serão coletados deverá ser planejada com base em três fatores prioritários: metodologia da pesquisa, orçamento disponível e tempo para a realização. Quando se opta pela metodologia qualitativa, recomenda-se que a pesquisa seja feita por entrevista pessoal (seja entrevista em profundidade ou DG), para que a característica principal da pesquisa, o aprofundamento, possa ser garantida. Para pesquisas quantitativas é preciso analisar, dentre as opções de métodos, aquele que melhor se encaixa nas características da pesquisa. Por exemplo, para pesquisas com funcionários de determinada organização, sugere-se que não seja feita a entrevista pessoal, pela alta probabilidade de obtenção de informações falsas.

Sabe-se que o orçamento e o tempo para a pesquisa são fatores condicionantes para a escolha do método, uma vez que o autopreenchimento a distância torna a pes-

---

1 Deve-se ter em vista que em uma pesquisa probabilística todos os membros que compõem o universo precisam ter chance diferente de zero de fazer parte da amostra.

Quadro 3 Técnicas de amostragem

Técnicas amostrais probabilísticas	Técnicas amostrais não probabilísticas
Aleatória simples: todos os elementos do universo têm chance de fazer parte da amostra, por meio de um sorteio aleatório.	*Conveniência*: associada a questões de facilidade para a seleção da amostra. Mais barata e rápida, no entanto é pouco confiável.
Estratificada: a amostra é composta por subgrupos que representam as características do universo.	*Julgamento (intencional)*: o pesquisador seleciona os elementos que comporão a amostra com base em critérios que ele julga pertinentes aos objetivos da pesquisa.
Sistemática: a amostra é extraída de um pulo sistemático, que pode ser feito com base em listagens ou domicílios.	*Quotas*: a amostra é selecionada com base nas características do universo. Há grande semelhança com a técnica probabilística estratificada, no entanto os elementos não são selecionados usando-se critérios de aleatoriedade.
Cluster *(conglomerado)*: a unidade de amostragem não é mais o indivíduo, mas um conglomerado – determinada região. Após a seleção dos conglomerados, segue-se com a técnica sistemática.	*Tráfego (pontos de fluxo)*: os elementos da amostra são selecionados em pontos de grande circulação de pessoas.
Área em multiestágios (etapas): geralmente abrange grandes áreas. A seleção da amostra é feita por etapas, selecionando-se primeiro as grandes áreas, até chegar aos conglomerados e por fim ao indivíduo, com o emprego da técnica sistemática.	*Bola de neve (autogerada)*: os elementos adicionais da pesquisa são selecionados entre os respondentes iniciais, tendo em vista a dificuldade de acesso a determinado público.

quisa mais econômica, porém com prazo maior de conclusão. Já a entrevista pessoal é mais onerosa devido aos gastos com a equipe de campo, porém o tempo para sua aplicação é mais curto. As pesquisas aplicadas por telefone são rápidas e possuem custo intermediário, mas é preciso saber se o público-alvo será devidamente atingido por esse método, pois o telefone fixo chega a cerca de 40% dos domicílios brasileiros[2].

---

2 Segundo dados da Pesquisa TIC Domicílios 2008, conduzida pelo Centro de Estudos sobre as Tecnologias da Informação e da Comunicação (www.cetic.br) do Núcleo de Informação e Coordenação (www.nic.br) do Ponto BR Comunicações.

Elaboração de questionários

Não há um modelo ideal de questionário no que se refere ao conteúdo ou número de perguntas. Cada formulação dependerá das características do público--alvo e do método de coleta de dados escolhido. Para evitar erros na formulação do questionário, é recomendável atentar para o que segue:

◆ A linguagem utilizada no questionário deve ser totalmente aderente ao perfil do público a ser pesquisado, ou seja, determinada palavra ou termo, tão comum para o pesquisador, pode não fazer parte do vocabulário do pesquisado.

◆ Todas as perguntas precisam ter um objetivo claro, cujas formulações devem ser direcionadas pelo projeto de pesquisa.

◆ Devem-se evitar, na medida do possível, questões que remetam a um passado distante ou obriguem o pesquisado a efetuar cálculos mentais.

◆ Pensar em todas as alternativas possíveis para determinada questão é essencial, pois é preciso evitar, ao máximo, situações em que o entrevistado não encontre a alternativa que represente fielmente sua opinião sobre determinado assunto.

◆ O enunciado das questões deve ser formulado de modo neutro, ou seja, se houver prejulgamentos ou certo direcionamento para alguma das alternativas, a questão estará carregada de potencial de indução.

◆ As questões formuladas devem levar em conta o método de coleta de dados escolhido, pois questionários aplicados por telefone ou pessoalmente necessitam de enunciados mais curtos e alternativas mais simples, do que aquele aplicado via autopreenchimento.

Por fim, mesmo que o questionário tenha sido formulado com base no que foi sugerido e ajustado às áreas de abordagem do projeto de pesquisa, é altamente recomendável o pré-teste, que consiste na aplicação do questionário para uma pequena parcela da amostra, a fim de avaliá-lo e ajustá-lo antes da aplicação final. Muitos detalhes referentes ao entendimento das perguntas e à diversidade das alternativas somente são percebidos por meio do pré-teste.

Projeto de pesquisa em relações públicas: uma proposta de aplicação

Quando se deseja realizar uma pesquisa de dados primários, ou seja, diretamente com o público em questão, não são raros os equívocos com relação a como começar. Antes de chegar ao produto final de abordagem ao público (questionário ou formulário para pesquisas quantitativas e roteiro para pesquisas qualitativas), é preciso realizar um minucioso planejamento da pesquisa, que deverá condensar o real problema, as hipóteses, as estratégias etc.

Atribuindo-se importância em estabelecer a estruturação para o projeto de pesquisa, o roteiro abaixo representa uma possibilidade de aplicação. Para propiciar maior entendimento sobre os pontos abordados a seguir, como exemplo será utilizada, para os itens de *a* a *e*, pesquisa de opinião direcionada aos funcionários de determinada empresa, que visa detectar e mensurar aspectos positivos e negativos da comunicação interna.

a) *Definição do problema*: pode ser formulado com base em uma pergunta-tema. Ex.: Qual a opinião dos funcionários sobre o fluxo de comunicação organizacional?

Embasado na pergunta-tema, o texto de definição do problema pode ser redigido obedecendo à seguinte estrutura:

1. Introdução do cenário a ser pesquisado (realidade organizacional).
2. Afunilamento para o objeto da pesquisa (estrutura da comunicação interna).
3. O problema em si, ou seja, as motivações para que a pesquisa fosse proposta.

b) *Hipóteses* (para pesquisas quantitativas): representam suposições que responderiam ao problema. Podem ser negativas ou positivas e devem ser formuladas levando-se em conta as variáveis que interferem no cenário em que o público esteja inserido.

Exemplos:

♦ A falta de comunicação dirigida aos funcionários gera ocorrências de erros no processo de produção.

♦ O relacionamento entre direção e funcionário é considerado satisfatório e suficiente para manter a equipe satisfeita com a empresa.

♦ Os colaboradores não conhecem plenamente os princípios da organização.

♦ Os canais de comunicação existentes não são suficientes para que os funcionários mantenham-se informados sobre o que acontece na empresa.

Em pesquisas qualitativas, devido ao caráter exploratório, a formulação de hipóteses tendo por base as relações com variáveis torna-se improvável. Diante disso, quando o pesquisador julgar necessário, podem-se formular pressupostos, em vez das hipóteses, que permitirão, para a pesquisa qualitativa, uma abordagem guiada e aprofundada do tema que se pretende pesquisar.

c) *Objetivo geral ou primário*: deve estar diretamente relacionado à pergunta-tema, por isso precisa contemplar a questão central que originou a pesquisa.

Ex.: Medir a opinião dos funcionários no que diz respeito ao fluxo de comunicação da organização.

d) *Objetivos específicos ou secundários (também denominados no mercado como áreas ou dimensões de abordagem)*: devem contemplar todos os tópicos que deverão ser abordados no questionário, inclusive aqueles que se relacionarem às hipóteses. Ressalta-se que o questionário será formulado partindo-se do que for relacionado nas áreas de abordagem.

Exemplos:

♦ Identificar o perfil dos colaboradores.

♦ Verificar como a ausência ou deficiência de uma comunicação dirigida aos funcionários pode afetar na produtividade e na motivação ao trabalho.

♦ Avaliar o grau de satisfação dos funcionários quanto ao relacionamento com os superiores.

♦ Avaliar o nível de conhecimento sobre os princípios organizacionais.

♦ Analisar a eficácia dos canais de comunicação existentes na empresa.

e) *Universo/público-alvo*: descrição das características do público foco da pesquisa e a quantidade total.

Ex.: funcionários da organização, contemplando matriz e filiais (dois mil funcionários).

f) *Metodologia da pesquisa*: quantitativa ou qualitativa.

g) *Técnica amostral*: escolha das técnicas disponíveis com base na metodologia da pesquisa escolhida.

h) *Amostra*: número de pessoas que responderão à pesquisa, determinado com base em critérios do pesquisador (no caso de pesquisas qualitativas e quantitativas não probabilísticas) ou no resultado do cálculo amostral (no caso de pesquisas quantitativas probabilísticas, em que são conhecidos o nível de confiança e a margem de erro).

i) *Método de coleta de dados*: abordagem quantitativa (inquérito pessoal, autopreenchimento, telefone). Abordagem qualitativa (observação, entrevista em profundidade, DG).

j) *Estratégias de aplicação*: estímulos que serão empregados para que a amostra possa aderir à pesquisa de maneira significativa. A importância desse item é maximizada quando se planejam a divulgação da pesquisa, a logística de aplicação e como os resultados serão reportados futuramente.

k) *Questionário/formulário ou roteiro*: sua formulação dependerá da metodologia empregada; deverá ser planejado tendo por base as áreas de abordagem, de modo que as hipóteses levantadas possam ser testadas.

Análise dos resultados

A forma como os resultados da pesquisa serão divulgados é quase tão importante quanto o próprio processo de planejamento e aplicação. A análise dos resultados permite utilizar a pesquisa como ferramenta estratégica para a tomada de decisões, seja para auxiliar a implementação de estratégias para o plano de comunicação seja para avaliá-lo quanto à eficácia, como ressaltado anteriormente, quando do uso da pesquisa em relações públicas.

As pesquisas com *metodologias qualitativas* devem gerar relatórios interpretativos, de certa forma subjetivos, mas aprofundados com base no objeto pesquisado, comparando-se minuciosamente os diversos pontos trazidos pelos entrevistados, seja por meio de gravações em áudio ou pela transcrição das entrevistas. Nos casos das entrevistas em profundidade, o relatório deve contemplar a análise de todas as entrevistas. Como o critério para a escolha da metodologia não é a mensuração, mas o aprofundamento, muitas vezes uma informação trazida por apenas um entrevistado pode ser essencial para responder aos objetivos da pesquisa. Sugere-se que o relatório seja separado por blocos temáticos respeitando a estrutura do roteiro utilizado para a entrevista. Dessa forma, para cada bloco temático haverá análise focada em todas as entrevistas concedidas. O texto do relatório pode ser complementado pelas palavras dos entrevistados em cada contexto, devidamente marcadas e sem a indicação de créditos. Para as DGs e pesquisas de observação, a análise recorre aos registros escritos[3] e audiovisuais, quando utilizados, também seguindo ordem estipulada pelo roteiro da pesquisa.

Para as pesquisas com *metodologia quantitativa*, o primeiro passo que envolve a análise dos resultados é a tabulação das informações coletadas, que pode ser feita de maneira manual (de preferência quando a amostra não é demasiadamente numerosa) ou de maneira eletrônica (requer codificação nos questionários para leitura em programa apropriado[4]). Como a característica principal da metodologia quantitativa é a mensuração, a inserção das informações em tabelas com colunas de frequência de resposta e porcentagens, além de gráficos que representem visualmente os dados coletados, é imprescindível. Muitos programas auxiliam na análise dos dados no

---

3   No caso das DGs, além do moderador, pode estar presente na sala também um responsável pelos registros escritos das informações, feitos simultaneamente ao andamento da discussão.

4   Para o caso da aplicação de questionários *on-line*, existem *sites* que permitem ao pesquisador enviar o instrumento de coleta aos componentes de sua amostra, via endereço eletrônico, com tabulação automática das respostas dos formulários preenchidos.

computador, como o *Statistical Package for the Social Sciences* (SPSS) ou até mesmo o Microsoft Excel, para a formatação de tabelas e gráficos.

O segundo passo diz respeito à formatação da apresentação gráfica dos resultados. É muito comum deparar com pesquisas cujos gráficos tenham sido formatados de uma única maneira, utilizando somente gráficos em pizza ou em barras, por exemplo. No entanto, é importante que a utilização de um único gráfico seja bem avaliada pelo pesquisador, considerando inclusive as características da pesquisa, como quantidade de questões abordadas que gerarão gráficos, tipos de perguntas, quantidade de alternativas por questão, entre outras. Isso porque a mensuração de diferentes questões do questionário pode demandar tipos diferentes de gráficos. Gráficos com formato de pizza são muito utilizados por possibilitar uma visualização de cada uma das fatias em relação ao todo; no entanto, não são indicados quando houver um número grande de alternativas, pela possibilidade de gerar muitas fatias e possível comprometimento da visualização; nesse caso, o gráfico em barras poderia ser mais adequado.

O terceiro e último passo refere-se ao relatório de apresentação dos resultados, que deve trazer informações condensadas do problema, dos objetivos, da metodologia e do período de aplicação da pesquisa. A inserção de gráficos, originária de tabulação simples ou cruzada, deve ser mesclada com análises que ressaltem pontos importantes do assunto em questão, sempre ressaltando os resultados em termos percentuais e com resgate das hipóteses. O relatório poderá vir acompanhado de recomendações para ser usadas como subsídio à tomada de decisões.

Em geral, para a maximização da eficácia dos relatórios de pesquisa, ou seja, para que realmente condensem e analisem as informações coletadas de maneira clara e precisa e estejam alinhados estrategicamente aos objetivos do planejamento em comunicação, faz-se necessário atentar para as especificidades de cada projeto de pesquisa, no que diz respeito às metodologias empregadas.

A pesquisa como instrumento de avaliação e mensuração

Esta seção tratará, especificamente, da pesquisa como instrumento de avaliação e mensuração de resultados. Para tanto, é necessário discutir, primeiramente, a conotação dos termos e seus usos para esclarecer alguns conceitos que, ainda, se encontram obscuros.

Uma revisão da literatura sobre o uso da pesquisa como ferramenta de avaliação aponta para a indistinção dos termos *avaliação* e *mensuração*, motivo pelo qual se opta por iniciar esta seção por esse debate. Lopes (2005) propõe, partindo das considerações de Watson (2001) sobre avaliação, uma delimitação conceitual desses termos, bem como o conceito de valoração. Para tanto, a autora partiu da definição de eficácia e eficiência, relacionando esses conceitos aos usos e finalidades da pesquisa nesta etapa do planejamento.

Assim, Lopes sugere, fundamentando-se na literatura existente sobre o tema no campo da administração, que a *avaliação* é fase inerente ao planejamento estratégico e é conduzida com o propósito de controlar a implantação das ações planejadas, corrigindo e evitando possíveis erros ao longo do processo. Com isso, poder-se-á verificar o desempenho de um plano previamente estabelecido, apontando o grau de eficiência das ações, ou seja, indicando se as ações foram conduzidas de maneira adequada e com uma relação satisfatória entre custos e benefícios.

Já a *mensuração* é, segundo a autora, concebida com vistas à demonstração dos resultados obtidos com um plano ou programa, isto é, está voltada à verificação do alcance dos objetivos inicialmente propostos. A condução de uma pesquisa dessa natureza dependerá do estabelecimento de um conjunto de objetivos e metas que permitam verificar que os resultados pretendidos foram de fato concretizados.

Por último, a *valoração*, para Lopes, estaria voltada à demonstração da contribuição econômica dada por determinado setor ou programa à organização, seu retorno financeiro por meio da relação custo-benefício.

Diante do exposto, vale ressaltar que esta seção estará dirigida à pesquisa como instrumental para avaliação de planos e programas de relações públicas e para mensuração de resultados obtidos por estes, buscando identificar os métodos e as técnicas de coleta mais adequados a tais propósitos.

O planejamento como pré-requisito para o estabelecimento de objetivos mensuráveis e indicadores de resultado

A avaliação e a mensuração em relações públicas prescindem de um planejamento de caráter estratégico, cujos objetivos tenham sido declarados claramente e sejam passíveis de verificação. O planejamento estratégico pressupõe que o profissional conheça a organização para a qual trabalha, bem como os objetivos de negócio e os seus públicos de interesse, o que lhe possibilitará vincular os objetivos de relações públicas aos organizacionais declarados no planejamento estratégico organizacional, os quais podem relacionar-se ao aumento de vendas, de *market share*, da produtividade, ao alcance da liderança do setor, entre outros.

Segundo Anderson e Hadley (1999), para o estabelecimento de objetivos mensuráveis é preciso que o relações-públicas desenvolva cenários, para então questionar-se a respeito das ações que a área pode conduzir, visando colaborar com a consecução dos objetivos organizacionais, e em que prazo tais resultados poderão ser alcançados. Para tanto, faz-se necessário identificar as possíveis respostas dos públicos às ações da organização, as respostas que esta gostaria de receber de seus *stakeholders* e o que elas significam no que diz respeito à mudança de opinião, comportamento ou atitude, e se os objetivos da organização são valorizados pelos públicos, ou seja, se os objetivos do grupo são convergentes com os da empresa.

Os autores estabelecem algumas características do texto de um objetivo para que seja considerado mensurável. Segundo eles, um objetivo deve especificar um resultado, ou seja, um fim a ser alcançado; deve indicar a que públicos esse resultado se refere e declarar um prazo para sua consecução. Para ilustrar o que julgam ser um objetivo mensurável, apresentam situações como a descrita a seguir, em que os objetivos não podem ser considerados mensuráveis:

> Uma nova linha de roupas femininas foi desenvolvida por uma organização atuante no varejo de moda. O departamento de propaganda desenvolveu uma campanha com o objetivo de auxiliar as vendas dos produtos da nova linha. Como relações públicas não pode garantir vendas, o departamento ficou responsável pela elaboração de um programa de assessoria de imprensa para divulgar o lançamento e servir de base para a motivação necessária à decisão de compra. (Anderson e Hadley, *op. cit.*, p. 7)[5]

O objetivo declarado de "divulgar o lançamento da nova linha" deveria ser detalhado de maneira a deixar evidentes o resultado a ser alcançado, o público relacionado com o resultado pretendido e o prazo para seu alcance. Para isso, o objetivo poderia, tal como sugerem os autores, ser definido da seguinte forma:

> Aumentar a lembrança da nova linha de roupas femininas nos próximos 6 meses entre mulheres de 40 a 60 anos, com renda familiar acima de R$ 10.000,00 mensais e que residam nas 10 regiões de maior influência da televisão. (Anderson e Hadley, *op. cit.*)

No texto acima, verifica-se que o resultado pretendido explicita o consumidor dos produtos e o público das ações de relações públicas a ser desenvolvidas, bem como o prazo para que o resultado seja concretizado.

É importante frisar que o conceito de objetivo mensurável, considerado por Anderson e Hadley (*op. cit.*), Lindenmann (2002), Grunig (2005) e demais autores e profissionais do campo, assume conotação distinta entre outros pesquisadores.

---

5 Traduzido pelas autoras.

Broom e Dozier (1990) discutem a diferença entre objetivos e metas. Para eles, os objetivos indicam o resultado mais amplo que um programa deve alcançar, dão o direcionamento para os programas. Já as metas descrevem resultados específicos que devem ser alcançados em prazo predeterminado e para cada um dos públicos pretendidos, especificam o que deve ser executado se o objetivo relacionado com cada público for realizado, além de indicar os critérios para que se conheça o impacto obtido pelo programa. Nessa abordagem, são as metas que oferecerão os indicadores de resultado a ser utilizados como parâmetro no processo de avaliação e mensuração.

Segundo Wilson (2000), o objetivo de um programa é o fim a ser alcançado para resolver o principal problema ou dificuldade encontrada. Já as metas são resultados específicos, mensuráveis, factíveis e com prazo definido com os quais será facilitado o alcance dos objetivos de um programa.

Nessa abordagem, ao estabelecer objetivos mensuráveis ou metas, o profissional de relações públicas terá condições de verificar se as ações desenvolvidas em um programa foram de fato eficazes, ou seja, se atingiram o resultado para o qual foram concebidas.

Likely (2003) propõe que outras medidas para avaliação e mensuração, além do objetivo[6] do plano, sejam incorporadas ao que ele denomina modelo de gestão da mensuração de desempenho. Segundo o autor, o comportamento e a opinião dos públicos, as respostas esperadas pela gerência, as ideias não expressas pelos clientes, dados do concorrente e padrões do setor são algumas das medidas a ser consideradas na mensuração de produtos e programas de comunicação e seus resultados e efeitos.

As denominadas medidas de desempenho são categorizadas pelo autor como medidas de eficácia, de eficiência e de custo-benefício e alocadas em três níveis organizacionais: gestão, execução (gerência) e técnico. A distribuição das medidas de desempenho proposta por Likely remete aos níveis de planejamento, estratégico, tático e operacional, o que corrobora a discussão proposta nesta seção acerca da mensuração como elemento constitutivo do processo de planejamento. O Quadro 4 a seguir ilustra a proposta do autor.

Para evidenciar o que foi exposto até então, toma-se como exemplo um programa de voluntariado realizado por uma organização atuante no setor de serviços com relação a seus funcionários com uma meta de adesão de oitocentos colaboradores ao final de três meses. O objetivo do programa era o de promover a integração

---

6 Deve-se ressaltar que, de acordo com a perspectiva do profissional, o conceito de objetivo mensurável será substituído pelo conceito de meta. Nesse caso, o profissional constrói seu plano considerando tanto objetivos quanto metas, as quais servirão de indicadores para a mensuração de resultados.

Quadro 4   Medidas de desempenho da comunicação

Papéis (exercidos pela comunicação)	Medidas de *performance*		
	Eficiência	Eficácia	Custo-benefício
Gestor *outgrowths* (resultado cumulativo)	Gestão estratégica • Organização da área • Utilização de recursos • Elaboração do planejamento/estratégia • Melhoria contínua/ aprendizado • Relacionamento com clientes	Posicionamento • Reputação • *Brand equity* • Relacionamentos • Liderança	Medidas de eficácia e eficiência combinadas.
Executivo *Outcomes* (resultado)	Gestão de projetos • Alocação de recursos • Administração de suprimentos • Serviço ao cliente	Efeitos da comunicação • Consciência • Conhecimento • Compreensão • Percepção • Atitude • Opinião • Comportamento	Medidas de eficácia e eficiência combinadas.
Técnico *Output* (produção/saída)	Insumos (entrada)/ processo • Qualidade do processo • Tempo das tarefas • Custo • Produtividade	Produtos (saída)/ *outputs* • Produzido • Distribuído • Alcance, cobertura e uso Efeito/ impacto – *outtakes* • Atratividade • Atenção • Lembrança/retenção e resposta	Medidas de eficácia e eficiência combinadas.

Fonte: Likely, 2003, p. 3.

entre os membros do público interno e reforçar o papel social da organização e de seus colaboradores na sociedade. Para tanto, foram propostas algumas ações, dentre elas uma campanha de divulgação.

A campanha foi planejada com o intuito de informar aos colaboradores detalhes sobre o programa de voluntariado e incentivá-los a se inscrever. Para tanto, a estratégia adotada foi apresentar os colaboradores que tivessem aderido ao programa logo no início. Todos que se inscreviam posavam para fotos tiradas em um estúdio fotográfico – montado juntamente com a central de inscrições – e recebiam em agradecimento um móbile que os identificava como voluntários e suas fotos usadas na campanha.

Ao dar rosto e identidade aos voluntários, a organização pretendia sensibilizar os demais colaboradores, por meio do bom exemplo, e incentivá-los a aderir ao programa. A divulgação utilizou os veículos internos já existentes como a *newsletter* eletrônica e a intranet, além de material especialmente desenvolvido para a ação, tais como folhetos, *banner*, adesivos, móbiles, *hotsite*, *e-mail marketing* e descanso de tela.

Ao final da campanha, a organização verificou que o número inicialmente estipulado de inscritos foi superado: mil e cem colaboradores haviam aderido ao programa de voluntariado. Nesse caso, a simples contagem de inscritos realizada pela verificação das fichas de cadastro pôde ser utilizada como medida de resultado.

Como o programa consistia na doação de um dia de trabalho a uma entidade escolhida entre os voluntários, o objetivo de integração dos colaboradores participantes do programa bem como de reforço do papel social da organização só pôde ser avaliados após alguns meses de realização do programa. Para tanto, foi aplicada pesquisa com os funcionários participantes e membros das comunidades beneficiadas por meio da parceria com as entidades escolhidas.

No exemplo apresentado, foi verificada a possibilidade de mensurar resultados com a adoção de levantamento de dados secundários, como a contagem de indivíduos atingidos pela ação por meio dos cadastros realizados ou mesmo com o uso de pesquisa formal, caracterizada como pesquisa de dados primários. No entanto, para a avaliação de ações nem sempre é viável a aplicação de pesquisa e, portanto, lançar mão de outros mecanismos de verificação torna-se imprescindível.

Considere-se outro caso: um programa de comunicação interna que objetive alinhar o discurso organizacional exigirá o nivelamento das mensagens e dos veículos de comunicação interna. A primeira fase do programa volta-se para a reformulação da plataforma de comunicação digital que, entre outras ações, transformaria a intranet em um portal corporativo.

Antes de iniciar as mudanças planejadas, a equipe de comunicação dedicou-se a monitorar o número de visitas e de páginas acessadas, o tempo de visitação, as principais páginas de entrada e de saída para verificação dos pontos a ser melhorados. Esses mesmos mecanismos de avaliação foram utilizados após a implantação das mudanças.

Por último, deve-se observar o exemplo de um programa desenvolvido por uma organização sem fins lucrativos perante a imprensa, proposto para posicioná-la como especialista em uma temática específica relativa ao setor. O aumento da exposição dessa ONG na mídia como fonte para discussões acerca do tema de interesse, a compreensão da organização e de seu posicionamento por parte dos jornalistas serão indicadores da consecução dos objetivos das ações propostas. Nesse caso, para medir os resultados a organização poderá aplicar diferentes metodologias, como a análise quantitativa e qualitativa do *clipping*, que se configura como pesquisa de dados secundários, assim como pesquisa de dados primários conduzida diretamente com os jornalistas de diferentes editorias dedicados à temática.

A escolha dos métodos

Para a escolha da metodologia adequada à mensuração de resultados, o profissional deve considerar, como exposto anteriormente, os objetivos pretendidos com a ação para, em seguida, estabelecer os indicadores de resultado e finalmente definir as técnicas de coleta de dados mais apropriadas para a verificação. Nos exemplos apresentados, verifica-se a possibilidade do uso de base de dados secundários gerados pela própria equipe de comunicação com o estabelecimento de rotinas de controle das ações, como:

- número de cadastros efetuados pelo público para participação em uma ação proposta;
- número de acessos ao *site* ou publicação eletrônica;
- monitoramento do tempo de consulta ao *site* ou publicação;
- levantamento das seções mais acessadas ou lidas;
- número de contatos realizados pelo público ativado;
- controle do número e da natureza dos contatos realizados pelo público – solicitação de informações, reclamações ou sugestões;
- controle de renovação de contratos e/ou parcerias;
- contagem do número de novos contratos e/ou parcerias firmados.

Nesse caso, pode-se observar o que Lindenmann (*op. cit.*), em seu modelo Régua da Efetividade, denomina nível básico da mensuração e que está voltado à produção, aos produtos de comunicação. Em um nível intermediário, Lindenmann localiza as medidas dos resultados obtidos pelas relações públicas, ou seja, avalia o grau de atenção, retenção e entendimento das mensagens-chave pelos públicos. Nesse caso, bem como no terceiro nível da régua, considerado pelo autor como nível avançado por verificar os efeitos causados pelas ações de relações públicas no público, ou seja, mudança de opinião, comportamento ou atitude, a pesquisa de dado primário se fará necessária.

Para tanto, o profissional deverá lançar mão dos métodos e técnicas de coleta de pesquisa qualitativa ou quantitativa de acordo com a natureza dos dados que pretende levantar, bem como dos objetivos de pesquisa, conforme já exposto na primeira parte deste capítulo.

Considerações finais

Os temas tratados pelas autoras no presente artigo, acerca da pesquisa como instrumento estratégico de relações públicas, versaram sobre as principais abordagens e metodologias de pesquisa investigativa, além de mostrar importantes parâmetros da pesquisa avaliativa.

Para o profissional de relações públicas, ter acesso à opinião e às expectativas dos diversos públicos que se relacionam com a organização por meio de pesquisas – como funcionários, clientes, comunidade, parceiros, imprensa, entre outros – é um importante norteador de planos de comunicação aderentes aos objetivos da organização e às necessidades dos públicos de relacionamento. Quando bem empregada, a pesquisa torna-se um importante eixo condutor para a criação e manutenção das estratégias de comunicação para otimização do relacionamento da organização-públicos, além de possibilitar mecanismos de avaliação dessas mesmas estratégias, para recondução ou mudanças no planejamento.

Vale ressaltar que as autoras não tinham a pretensão de esgotar neste capítulo a discussão sobre tão vasto e complexo tema. Por esse motivo, muitos assuntos relacionados ao tema pesquisa, como cálculo amostral e escalas, foram intencionalmente excluídos. O propósito das autoras ao publicar este capítulo foi contribuir para a ampliação da literatura voltada à pesquisa em relações públicas, ainda carente de obras publicadas em português.

Referências bibliográficas

ALMEIDA, A. C. *Como são feitas as pesquisas eleitorais e de opinião*. Rio de Janeiro, FGV: 2002.

ANDERSON, Forrest W.; HADLEY, Linda. *Guidelines for setting measurable public relations objectives*. Gainesville: University of Florida, Institute for Public Relations, 1999. Disponível em: <http://www.instituteforpr.com>. Acesso em: out. 2003.

ANDRADE, C. T. de S. *Curso de relações públicas: relações com os diferentes públicos*. 6. ed. rev. e ampl. São Paulo: Pioneira Thomson Learning, 2003.

BABBIE, Earl. *Métodos de pesquisas de survey*. 2ª reimpr. Belo Horizonte: Editora UFMG, 2003.

BRODY, E. W.; STONE, Gerald C. *Public relations research*. Nova York: Greenwood Press, 1989.

BROOM, Glen M.; DOZIER, David M. *Using research in public relations: applications to program management*. Nova Jersey: Prentice Hall, 1990.

CANFIELD, B. R. *Relações públicas:* princípios, casos e problemas. São Paulo: Pioneira, 1970.

CARLSON *et al.* "Pesquisa de opinião para relações públicas". In: LESLY, Philip. *Os fundamentos de RP e da comunicação.* São Paulo: Pioneira, 1995.

CUTLIP, Scott M.; CENTER, Allen H.; BROOM, Glen M. *Effective public relations.* 6. ed. Nova Jersey: Prentice Hall, 1985.

DOWNS, Carl W. *Communication audits.* Ilinóis: Scott, Foresman & Co., 1988.

FORTES, W. G. *Relações públicas* – processo, funções, tecnologia e estratégias. 2. ed. rev. e ampl. São Paulo: Summus, 2003.

GALERANI, Gilceana. *Avaliação em comunicação organizacional.* Brasília/DF: Embrapa Soja, Assessoria de Comunicação Social Embrapa, 2006.

GRUNIG, James. "Guia de pesquisa e medição para elaborar e avaliar uma função excelente de relações públicas". *Revista Brasileira de Comunicação Organizacional e Relações Públicas.* Ano 2, n. 2, 1º sem. 2005.

KUNSCH, Margarida. M. Khohling. *Planejamento de relações públicas na comunicação integrada.* São Paulo: Summus, 2003.

LAGE, N. *Controle da opinião pública.* Petrópolis: Vozes, 1998.

LIKELY, Fraser. *Communication and public relations: made to measure.* [s. d.]. Disponível em: <http://www.instituteforpr.com>. Acesso: em out. 2003.

LINDENMANN, Walter. *Guidelines and standards for measuring and evaluating public relations effectiveness.* A Booklet of the Commission on Public Relations Measurement and Evaluation. Gainesville: University of Florida, Institute for Public Relations, 2002. Disponível em: <http://www.instituteforpr.com>. Acesso em: out. 2003. Versão revisada por Likely, Fraser do original Lindenman, Walter. *Guidelines and standards for measuring and evaluating public relations effectiveness.* Gainesville: University of Florida, Institute for Public Relations, 1997.

_____. *Public relations research for planning and evaluation.* Resource Booklet. Virgínia, 2003. Disponível em: <http://www.instituteforpr.com>. Acesso em: out. 2003.

_____. *An 'efectiveness yardstick' to measure public relations success.* Public Relations Quarterly, Nova York, v. 38, n. 1, p. 7-9, 1993.

LOPES, Valéria de Siqueira Castro. *Gestão da imagem corporativa: um estudo sobre a mensuração e a valoração dos resultados em Comunicação Corporativa e Relações Públicas.* 2005, 280 f. Tese (Doutorado em Ciências da Comunicação) – Escola de Comunicações e Artes, Universidade de São Paulo, São Paulo.

MATTAR, F. N. *Pesquisa de marketing: metodologia, planejamento.* 5. ed. São Paulo: Atlas, 1999.

MACDANIEL, C.; GATES, R. *Pesquisa de marketing.* São Paulo: Pioneira Thomson Learning, 2003.

NEWSOM, D.; TURK, J. V.; KRUCKEBERG, D. *This is PR: the realities of public relations.* 6. ed. Belmont: Wadsworth Publishing Company, 1996.

NOVELLI, A. L. R. "Pesquisa de opinião". In: DUARTE, J.; BARROS, A. (Orgs.). *Métodos e técnicas de pesquisa em comunicação*. São Paulo: Atlas, 2005.

PAVLIK, John V. *La investigación en relaciones públicas*. Barcelona: Ediciones Gestión 2000, 1999. Biblioteca Clásicos de las Relaciones Públicas.

TRUJILLO, V. *Pesquisa de mercado qualitativa & quantitativa*. São Paulo: Scortecci, 2001.

VILLAFAÑE, Justo. *La gestión profesional de la imagen corporativa*. Madri: Ediciones Pirámide, 1999.

WATSON, Tom. "Integrating planning and evaluation". In: HEATH, Robert L. *Handbook of public relations*. Thousand Oaks, Califórnia: Sage, 2001.

WILSON, Laurie J. *Strategic program planning for effective public relations campaigns*. 3. ed. Dubuque: Kendall/Hunt Publishing Company, 2000.

ZIKMUND, W. G. *Princípios da pesquisa de marketing*. 2. ed. São Paulo: Pioneira Thomson Learning, 2006.

Os autores

Agatha Camargo Paraventi

É graduada em Relações Públicas pela Faculdade Cásper Líbero e pós-graduada em Gestão Estratégica em Comunicação Organizacional e Relações Públicas pela Escola de Comunicações e Artes da Universidade de São Paulo (ECA-USP). Já foi diretora de relações públicas e hoje é diretora-tesoureira da Associação Brasileira de Relações Públicas (ABRP). Atua como professora na Faculdade Cásper Líbero (SP) e no Centro Universitário Belas Artes de São Paulo e é gerente de marketing e *e-commerce* da Gimba Suprimentos de Escritório. Acumula experiência nas áreas de relações com imprensa, organização de eventos e planejamento de relações públicas.

Backer Ribeiro Fernandes

Doutorando e professor conferencista da ECA/USP, é mestre pela Universidade Metodista de São Paulo, relações-públicas formado pela Faculdade Cásper Líbero. É professor do curso de Relações Públicas da Fundação Armando Alvares Penteado (Faap-SP) e da pós-graduação (*lato sensu*) em Comunicação Empresarial e Marketing Institucional da Universidade Metodista e da Universidade Braz Cubas. É diretor da Communità, consultoria especializada em comunicação para a sustentabilidade.

Carolina Frazon Terra

Graduada em Relações Públicas pela Universidade Estadual Paulista Júlio de Mesquita Filho (Unesp-Bauru), tem especialização em Gestão Estratégica de Comunicação Organizacional e Relações Públicas. É doutoranda e mestre em Interfaces Sociais da Comunicação pela Escola de Comunicações e Artes da Universidade de São Paulo (ECA-USP). Iniciou sua carreira em Bauru, onde atuou em empresas como Fiat e Associação Hospitalar de Bauru. Operou por cerca de quatro anos como relações-públicas da Vivo e foi coordenadora de comunicação corporativa do MercadoLivre. É diretora de mídias sociais da agência Ideal e docente de cursos de Relações Públicas e Publicidade e Propaganda da Fundação Escola de Comércio Álvares Penteado (Fecap) e da pós-graduação em Comunicação Digital da ECA-USP. É autora do livro *Blogs corporativos*, publicado pela Difusão Editora, e editora do blog *RPalavreando* (http://rpalavreando.blogspot.com).

Cínthia da Silva Carvalho

Graduada em Comunicação Social e em Relações Públicas, é mestre e doutora em Comunicação Social pela Pontifícia Universidade Católica do Rio Grande do Sul (PUC-RS). É professora titular da Universidade Feevale (RS), onde responde pela habilitação em Relações Públicas do curso de Comunicação Social, e líder do projeto de pesquisa *Comunicação corporativa em tempos de conteúdo gerado pelo consumidor: desafios e tendências*, vinculado ao grupo de pesquisa *Comunicação e cultura, linha de pesquisa mídia, cultura e tecnologia*, contemplado com o edital Jovens Pesquisadores nº 06/2008 – Faixa A (financiamento e duas bolsas de iniciação científica).

Else Lemos

Relações-públicas pela Universidade Federal de Goiás (UFG), é especialista em Gestão Estratégica em Comunicação Organizacional e Relações Públicas e mestre em Ciências da Comunicação pela Escola de Comunicações e Artes da Universidade de São Paulo (USP-SP). Atua em comunicação institucional em empresa do segmento farmacêutico e é professora assistente na Faculdade Cásper Líbero (SP). Foi responsável pela revisão e normatização da *Revista Brasileira de Comunicação Organizacional e Relações Públicas, Organicom*, no período de 2006 a 2008, ano em que passou a atuar como diretora-administrativa da Abrapcorp. A ênfase do seu trabalho é: relações públicas, comunicação institucional, políticas e processos de comunicação, ensino de comunicação e gestão do conhecimento.

Ethel Shiraishi Pereira

Relações-públicas, pós-graduada em Administração e Organização de Eventos pelo Serviço Nacional de Aprendizagem Comercial (Senac-SP), é mestre em Comunicação e Mercado pela Faculdade Cásper Líbero (SP). Iniciou sua carreira no setor automobilístico e, desde então, presta serviços a importantes empresas e entidades de classe. Atualmente, é membro do grupo de pesquisa *Comunicação na*

Sociedade do Espetáculo da Faculdade Cásper Líbero (SP) e professora do curso de Relações Públicas; é docente do mesmo curso no Centro Universitário Belas Artes e na Fundação Armando Álvares Penteado (Faap-SP), além de sócia e consultora em comunicação da Mistura Fina Comunicação Organizacional.

Flavio Schmidt

É graduado em Relações Públicas pela Universidade Anhembi Morumbi e em Letras Vernáculas pela Faculdade de Ciências Sociais de Moema (SP). Tem especialização em Administração de Recursos Humanos e Planejamento Estratégico pela Escola Superior de Administração de Negócios (Esan-SP). Atua há mais de vinte e cinco anos nas áreas de pesquisa, diagnóstico, planejamento e desenvolvimento de atividades estratégicas de relações públicas, operando em pesquisa e auditoria de opinião, comunicação interna, publicações, gerenciamento de crise, relações governamentais, programas de responsabilidade social e sustentabilidade. Foi presidente dos Conselhos Regional e Federal de Profissionais de Relações Públicas, ganhando o prêmio "POP" de 1987 e 2007, e, em 2006, reconhecido como destaque profissional pelo Conselho Regional dos Profissionais de Relações Públicas (Conrerp). Atuou como professor de Teoria e Técnicas de Relações Públicas, comunicação dirigida e marketing na Universidade Anhembi Morumbi e recebeu o título de professor *honoris causa* pelo Instituto Superior de Relaciones Públicas y Ceremonial da Cidade de La Plata (Argentina). É diretor executivo do Conselho Federal de Profissionais de Relações Públicas e proprietário da PróImagem e coordenador do *site* www.universorp.net.

Júlio César Barbosa

Doutor em Ciências da Comunicação pela Escola de Comunicações e Artes da Universidade de São Paulo (ECA-USP), atuou como coordenador e vice-coordenador de relações públicas da Faculdade Cásper Líbero (SP) e pesquisador do Centro Interdisciplinar de Pesquisa da Faculdade Cásper Líbero (SP), instituição na qual também é professor de pós-graduação. Tem experiência na área de comunicação com ênfase em relações públicas e foi presidente da Associação Brasileira de Relações Públicas (ABRP), onde atua como conselheiro. É orientador de monografias de pós-graduação e de trabalhos de conclusão de curso de graduação.

Luiz Alberto de Farias

Doutor em Comunicação e Cultura pela Universidade de São Paulo (USP-SP), é mestre e especialista em Comunicação e graduado em Relações Públicas pela Faculdade Cásper Líbero (SP) e em Jornalismo pela Universidade Cruzeiro do Sul (Unicsul-SP).

É professor doutor da USP-SP e professor titular da Faculdade Cásper Líbero (SP). É editor da *Revista Brasileira de Comunicação Organizacional e Relações Públicas, Organicom*, e ex-editor do jornal *Intercom* e da Associação Brasileira de Pesquisadores de Comunicação Organizacional e de Relações Públicas (Abrapcorp). Está na segunda gestão da ABRP. É autor de *A literatura de relações públicas* (Summus, 2004) e coautor de diversas obras, entre elas *Comunicación estratégica en las organizaciones* (Trillas/México, 2006), *Hiperpublicidade* (Thomson, 2007), *Comunicação brasileira no século XXI* (Intercom, 2007), *Unidade e diversidade na comunicação* (Intercom, 2008), *Gestão estratégica de comunicação organizacional e relações públicas* (Difusão, 2008) e *Comunicação organizacional* (Saraiva, 2009), e co-organizou *Aprender na prática* (Edições Inteligentes, 2007). É presidente do Conselho de Relações Públicas do Centro Interamericano de Comunicação (CIC) e conselheiro do Conselho Regional de Profissionais de Relações Públicas (Conrerp) de São Paulo e do Paraná.

Maria José da Costa Oliveira

Graduada em Comunicação Social com habilitação em Relações Públicas pela Universidade de Mogi das Cruzes (SP), com especialização em Administração de Marketing pela Universidade São Judas Tadeu e mestrado e doutorado em Ciências da Comunicação pela Universidade de São Paulo (SP). Atualmente, é professora titular da Faculdade Integrada Metropolitana de Campinas. Tem experiência na área de comunicação com ênfase em relações públicas e propaganda. Atua principalmente nos temas cidadania e relações públicas.

Paulo Régis Salgado

Graduado em Comunicação Social pela Universidade Anhembi Morumbi (SP), em Instrução de Educação Física pela Escola de Educação Física da Polícia Militar do Estado de São Paulo e em Formação de Oficiais (CFO) pela Academia de Polícia Militar do Barro Branco (APMBB). Tem especialização no curso superior de Polícia (CSP) e mestrado pelo Centro de Aperfeiçoamento e Estudos Superiores da Polícia Militar de São Paulo no curso de Aperfeiçoamento de Oficiais (CAO).

Rudimar Baldissera

Doutor em Comunicação, mestre em Comunicação e Semiótica, especialista em Gestão de Recursos Humanos e bacharel em Relações Públicas, é professor adjunto e pesquisador do curso de Comunicação e do Programa de Pós-Graduação em Comunicação e Informação (PPGCOM) da Faculdade de Biblioteconomia e Comunicação da Universidade Federal do Rio Grande do Sul (UFRGS-RS). É autor de artigos, capítulos de livros e da obra *Comunicação organizacional*: o treinamento de recursos humanos como rito de passagem (Editora da Unisinos, 2000). Pesquisa e atua, principalmente, nos seguintes temas: comunicação organizacional, relações públicas, identidade e imagem-conceito, comunicação turística, poder e cultura organizacional e comunicação estratégica.

Sérgio Andreucci Jr.

Graduado em Relações Públicas pela Faculdade Cásper Líbero (SP), é especialista em Gestão Estratégica de Negócios pela Fundação Getulio Vargas (FGV-SP) e em Administração em Marketing pela Fundação Escola de Comércio Álvares Penteado (Fecap), e mestre em Comunicação e Mercado pela Faculdade Cásper Líbero (SP), onde atua como professor do curso de Relações Públicas. Professor convidado dos cursos de pós-gradução *lato sensu* em Comunicação da Escola de Comunicações e Artes de São Paulo (ECA/USP). É diretor da agência Andreucci Comunicação, diretor de marketing da Cisne Negro Cia. de Dança e especialista em projetos de marketing cultural. Ex-vice-presidente, atualmente é conselheiro da ABRP e sócio participante do Clube de Criação de São Paulo (CCSP).

Tânia Câmara Baitello

Graduada em Comunicação Social com habilitação em Relações Públicas, pós-graduada em Comunicações de Marketing e mestre em Planejamento e Gestão da Comunicação pela Faculdade Cásper Líbero (SP), onde responde pela coordenação do curso de Relações Públicas (gestão 2007-2010) e leciona, há diversos anos, disciplinas como gerenciamento da comunicação organizacional, assessoria e consultoria em relações públicas e orientação de projetos experimentais. Foi professora de pós-graduação da Fundação Armando Alvares Penteado (Faap-SP) no curso de Gestão de Empreendimentos Imobiliários. Profissional premiada com o prêmio "Opinião Pública 2003", é também diretora da Global Comunicação.

Valéria de Siqueira Castro Lopes

É graduada em Relações Públicas pela Universidade do Estado do Rio de Janeiro (Uerj-RJ), mestre e doutora em Ciências da Comunicação pela Escola de Comunicações e Artes de São Paulo (ECA/USP). É docente dos cursos de graduação em Relações Públicas da ECA/USP e da Faculdade Cásper Líbero (SP), bem como do curso de pós-graduação *lato sensu* de Gestão Estratégica em Comunicação Organizacional e Relações Públicas da ECA/USP. É ex-vice-presidente de planejamento e atual conselheira da Associação Brasileira de Relações Públicas (ABRP). Diretora da Abrapcorp e sócia-diretora da Mistura Fina Comunicação Organizacional.

Vânia Penafieri

É mestre em Comunicação e Semiótica pela Pontifícia Universidade Católica de São Paulo (PUC-SP), graduada em Relações Públicas e especialista em Comunicação e Marketing pela Faculdade Cásper Líbero (SP). É professora de Pesquisa de Opinião e de Mercado desde 2001, consultora de pesquisa corporativa do Símbolo Instituto – educação, comunicação e pesquisa –, bem como docente dos cursos de graduação em Relações Públicas da Universidade Cruzeiro do Sul (Unicsul-SP) e do Centro Universitário Belas Artes de São Paulo, atuando também como coordenadora dos projetos experimentais de conclusão de curso de Relações Públicas. Atuou na área de comunicação e relações públicas do Grupo Saraiva.

leia também

RELAÇÕES PÚBLICAS COMUNITÁRIAS
A COMUNICAÇÃO NUMA PERSPECTIVA DIALÓGICA E TRANSFORMADORA
Margarida M. Krohling Kunsch e Waldemar L. Kunsch (orgs.)

Atualmente é possível falar de relações públicas comunitárias, atividade comprometida com os interesses dos segmentos sociais organizados ou com o interesse público. O profissional que quer trabalhar pela mudança social precisa adotar princípios libertadores na aplicação das "funções" e das "técnicas" de relações públicas.
REF. 10361   ISBN 978-85-323-0361-5

A LITERATURA DE RELAÇÕES PÚBLICAS
PRODUÇÃO, CONSUMO E PERSPECTIVAS
Luiz Alberto de Farias

A obra coloca em discussão os caminhos da atividade de Relações Públicas a partir da questão literária dirigida à área. Além disso, analisa aspectos como o papel dos intelectuais, sua produção e as instituições de ensino superior. Também são discutidos temas como cultura e poder no ambiente corporativo e seus desdobramentos.
REF. 10851   ISBN 85-323-0851-1

RELAÇÕES PÚBLICAS E SUAS INTERFACES
Cleuza G. Gimenes Cesca (org.)

Unindo especialistas do Brasil, da Espanha e de Portugal, Cleuza Gimenes Cesca apresenta mais uma obra indispensável para estudantes e profissionais de Relações Públicas. Entre os temas abordados estão o relacionamento com o público interno, os desafios na era da internet, a nomenclatura do setor e o papel da informação nesse segmento.
REF. 10278   ISBN 85-323-0278-5

COM CREDIBILIDADE NÃO SE BRINCA!
A IDENTIDADE CORPORATIVA COMO DIFERENCIAL NOS NEGÓCIOS
Luciane Lucas (org.)

Com texto leve e direto, o livro reúne artigos que tratam de aspectos práticos da comunicação corporativa, como a aplicação de técnicas para a redação de peças de comunicação, o uso estratégico da pesquisa e do clipping no cenário de negócios e o planejamento de RP para entidades empresariais. Também evidencia o papel da identidade corporativa na construção da reputação empresarial.
REF. 10856   ISBN 85-323-0856-2

www.gruposummus.com.br

IMPRESSO NA

sumago gráfica editorial ltda
rua itauna, 789 vila maria
02111-031 são paulo sp
tel e fax 11 **2955 5636**
sumago@sumago.com.br